◆ 大学生学习与发展研究丛书 ◆

总主编 曹红

U0593012

# 多变量视角的
# 大学生学习心理机制研究

主　编　李雄鹰

副主编　张耀文　郭霞　何宇涵　索梦弦　夏爽　任聪颖

A Study on the Learning Psychological Mechanisms
of College Students from a Multi-dimensional Perspective

兰州大学出版社
LANZHOU UNIVERSITY PRESS

**图书在版编目（CIP）数据**

多变量视角与大学生学习心理机制研究 / 李雄鹰主编. -- 兰州 : 兰州大学出版社，2025．2．-- （大学生学习与发展研究丛书 / 曹红总主编）． -- ISBN 978-7-311-06787-8

Ⅰ．G442

中国国家版本馆 CIP 数据核字第 2025H7N349 号

---

责任编辑　厍　南　宋　婷
封面设计　陈　欣

---

书　　名　多变量视角的大学生学习心理机制研究
DUO BIANLIANG SHIJIAO DE DAXUESHENG XUEXI XINLI JIZHI YANJIU
作　　者　李雄鹰　主　编
出版发行　兰州大学出版社　（地址：兰州市天水南路222号　730000）
电　　话　0931-8912613(总编办公室)　0931-8617156(营销中心)
网　　址　http://press.lzu.edu.cn
电子信箱　press@lzu.edu.cn
印　　刷　甘肃日报报业集团有限责任公司印务分公司
开　　本　720 mm×1020 mm　1/16
成品尺寸　170 mm×240 mm
印　　张　19.25
字　　数　303千
版　　次　2025年2月第1版
印　　次　2025年2月第1次印刷
书　　号　ISBN 978-7-311-06787-8
定　　价　85.00元

---

（本书若有破损、缺页、掉页，可随时与本社联系）

# 前　言

21世纪是科技高速发展的信息化时代，是属于创造性人才的时代。

习近平总书记在《论坚持全面深化改革》一书中提到："千秋基业，人才为先。实现中华民族伟大复兴，人才越多越好，本事越大越好。我国是一个人力资源大国，也是一个智力资源大国，我国十三亿多人大脑中蕴藏的智慧资源是最可宝贵的。知识就是力量，人才就是未来。"①

随着全球化的发展，世界各地的高等教育也经历着深刻变革，各国政府通过不断加大对高等教育的投资来改善高等教育质量，提升国际竞争力。传统的学科和课程不断被拓展，从一维单向视角走向跨学科、多学科、交叉学科等纵深和横断视角研究。在这样的背景下，高等教育不只是"传道授业解惑"的认知场域，也不只是追求学术自由的"象牙塔"，而是从理论走向实践，关注人全面发展的"动力站"。

① 习近平:《论坚持全面深化改革》，中央文献出版社，2018，第117页。

学习心理学是高等教育中的重要议题之一，大学生学习心理学的前沿研究需要结合当前社会背景，并以"育人为本"的理念为指导。

学习是学生的首要任务，大学生学习与中小学生学习相比较，有共同点，也有在独特性，体现在：

第一，主观能动性增强。相较于中学阶段，大学生学习过程更加注重自主性。他们拥有更多的自主权和自主选择的能力，可以根据自己的兴趣和需求制订学习计划，选择适合自己的学习资源。

第二，专业化定向性提升。大学教育注重学科专业知识的深入学习。大学生需要在自己的专业领域内构建扎实的知识体系，深入理解学科的核心概念和理论，并通过实践来巩固和应用所学知识。

第三，知识结构广度拓展。除了专业知识的学习，大学生还需要接触和学习其他领域的知识，扩展自己的学科广度。通过课程选修和自主选择相关学习资源，大学生可以拓展自己的知识面，提升自己的综合素质。

第四，批判性思维培养。大学生在学习过程中需要培养批判性思维能力，他们需要学会质疑和独立思考，发展自己的观点和见解，并能够从多个角度分析和评价问题。

第五，创造性思维凸显。"明者因时而变，知者随事而制"，大学对学生的要求已不是单纯的知识掌握，而是学习事物运行背后的逻辑和发展过程，以及运行规律和研究方法。因此，大学生要善于因时制宜、知难而进、开拓创新。大学为学生提供了多元化的学习体验和自由的学习环境，鼓励学生发散性思考，培养好奇心和探究精神。

相对于中学生学习特点来看，大学生在学习过程中表现出来的心理特点也存在成长过渡阶段的独特性：

第一，适应性的认知阶段。这一阶段的学生学习心理处于被迫改变和适应中。相比于中学阶段，刚入学的大学生在学习上有更多的自主性，这种自主性来源于对学习环境的不适应性和学习方法的不确定性，学生需要自主决定学习内容和学习方式。学生的学习动机也会出现阶段性不适应，甚至面临新的选择和冲突。大学生学习的动机多样化，不仅包括学术动机，还包括社交、职业发展等方面的动机，不同的动机在不同的学习任务中起到不同的作用。

第二，发展性的学习阶段。在逐渐适应大学阶段学习生活和日常生活后，大学生的知识量和知识深度将不断横向和纵深延展。这一阶段，学生的注意力主要集中在课程任务和学术研究两方面。在课程任务中，学生需要运用已有的认知去完成专业课作业，学习动机趋向集中和稳定，学习目标更加明确，学习意识不断增强，学习方式也更加丰富，比如小组学习、合作学习和项目式学习等。

第三，创造性的应用阶段。随着知识储备的持续积累，大学生的价值感和责任感增强，学习动机开始关注价值感，学习效果也会回馈社会，自我评价能力和判断能力会与日俱增，尤其在学习策略调整和学习质量监控方面表现更为突出。通过不断适应和调整自己的心态，大学生可以发展积极的学习态度，培养健康的心理素质，以应对学习和生活中的各种挑战。

在漫长的求学生涯中，学生的学习行为与心理健康二者相互影响，相互制约。学生潜移默化形成的学习心理品质存在巨大的差异性和可塑性，许多大学生在学习过程中面临着各种困惑和挑战。学生心理健康是高校教学与育人工作的重中之重，事关我国人才培养的质量。因此，深入了解和研究大学生的学习心理，对于教育工作者帮助大学生提高学习动力、增强学习效果和促进他们的全面发展具有重要意义。

学习心理的重要性已不言而喻。在当代教育中，学习心理已被广泛应用于教学实践和学生辅导中。教师和辅导员们对大学生学习心理的了解，能够更好地帮助他们指导学生培养学习动机，改善学习方法，调适学业情绪，提升学习效果。同时，深刻把握学生的学习心理使得教育工作者能够为大学生提供更全面的学习支持和心理辅导，从而帮助他们解决学习上的困难和心理问题。通过深入研究和理解大学生学习心理，教师群体和学校管理者能够为大学生提供更全面的学习支持，帮助他们培养学习动机，克服学习困难，实现学业目标。

深入了解学习心理对个人发展至关重要。学习心理研究告诉我们，学习成果不仅取决于智力因素，更与心理因素密切相关。大学阶段是个人成长和发展的关键时期，学习心理问题可能会对个人产生长期的影响，所以，大学生应了解自己的学习风格、认知能力和学习动机，了解个人的学习心理问题，如学习焦虑、注意力不集中、自信心不足等，及时解决和调整相关问题，从而提高学习成绩和发展潜力。

大学生应积极学习心理健康知识，以更加健康的情绪面对学习压力。在大学阶段，学习任务的增多和挑战的加剧会给学生带来一定的压力，而正视自己的学习心理能使学生认识到学习压力的源头，并找到适应和缓解压力的有效方法。通过应用积极的学习心理，大学生可以调整学习态度和情绪，提高学习动力，增强自信心和自我管理能力，从而更好地应对挑战和压力，取得更好的学业成就。

积极的学习心理是学生自我发展的内部源泉，健康的学习心理可以帮助学生培养积极的学习态度，树立合理的学习目标，增强自我激励能力。例如，学生通过设定具体的学习目标并制订合理的学习计划，可以更加有动力地投入学习。学习过程中的积极情绪和足够的自信心可以提升学习效果，运用学习心理技巧和方法能够帮助学生调适心理压力、控制紧张情绪，从而更好地应对学习任务，提高学习效率。

但在笔者审视学习心理的过程中，发现大学生学习心理的适应能力和素质结构仍存在诸多问题。一方面，学习心理因素可能导致学生产生学习焦虑，过度担心评价和结果，忽视内在动机和兴趣，缺乏自信心,这种焦虑状态会干扰学习过程,从而影响学习质量。另一方面,学习心理因素可能对学生的自尊心产生负面影响,使得学生形成自卑心理,特别是在与他人的比较和竞争中消极退缩,还可能因为自卑而产生抑郁情绪,导致学习节奏紊乱。

从研究内容看,当前大学生或多或少存在心理障碍。例如"空心病",这是由于大学生缺乏支撑意义感和存在感的价值观,即"不知道自己是谁""自己为何而活",内心空空如也。再如大学生"身份认同感不足",因为难以满足自我对更高层次的需求导致行为受限,无法发挥最大的潜力以实现自我,最终制约学习成就的取得。

总而言之,高校教育工作者应不断解读学习心理品质的内涵和特性,明确影响学生学习心理的因素,积极化解学生的不良学习情绪,及时干预学生的学习心理障碍和问题。本书旨在全面介绍大学生学习心理的相关知识,为教育工作者、学生和家长提供一个全面的学习心理参考指南。笔者希望能够通过深入探讨大学生学习心理的理论基础、实践策略和案例研究,帮助教师、家长更好地理解大学生学习心理的重要性,并且提供一些提高大学生学习积极性和学习效果的实用方法与技巧。与此同时,也为学生读者提供一个系统而实用的学习心理知识框架,帮助他们理解和应用学习心理的理论与实践,达到学业和个人发展的最佳效果。

基于以上社会背景和研究目的,本书构建了以在校大学生的学习过程和学业情绪为核心的学习心理研究体系,帮助大学生提升学习心理素质。坚持"五育"各美其美,实现"五育"美美与共的全面育人理念。

本书采用了全面的研究方法和理论框架,结合了心理学、教育学和认知科学的理论与实践,旨在为读者提供全面而深入的学习心理知识。本书还将分享一些具体的案例和经验,以帮助读者更好地应用学习心理原理和方法于实际学习环境中。通过阅读本书，读者将能够理解学习心理的重要性，充分认识到它在大学生学习中的价值和意义。尽管本书只是一个开始，但相信它会唤起读者对学习心理的浓厚兴趣，并为读者未来的学习和发展提供有益的指导。我们鼓励读者进一步深入研究学习心理，并将其应用于实践中。

本书力图通过对理论的探索和验证，推动大学生学习心理的进步与发展，与此同时，运用理论指导实践，在一定程度上预测和解释学生学习心理的现状、发展和变化过程。本书的框架建构主要基于学习心理学中的重要理论，如马斯洛的需求层次理论、身份动机理论、社会适应理论和归因理论等。这些理论提供了理解学习心理的基本原理，并为研究大学生学习心理，从而更好地理解问题、提出假设和验证假设提供了框架和指导。

笔者对学习心理持有积极的态度和独特的观点。首先，学习心理是研究和理解人们学习过程、学习策略、学习态度和学习成就的心理学分支。大学生学习心理具有巨大的潜力和可塑性，每个人都可以通过有效的学习策略和心理调适来提升自己的学习成就。其次，学习心理是一个终身的学习和探索过程，不仅适用于大学阶段，也可以在职业生涯和个人发展中发挥重要作用。本书旨在系统性地揭示大学生学习心理的重要性和影响因素，帮助读者更好地了解和应用学习心理知识。

通过本书的阐述和分析，希望读者能够更好地理解学习心理的本质和重要性。我们鼓励读者积极运用学习心理知识，改善学习方法和学习体验。同时，我们也希望能有更多读者加入学习心理研究的行列，不断拓展对学习心理的认知，为学习心理领域的发展贡献自己的智慧和力量。

最后，希望这本《多变量视角的大学生学习心理机制研究》能够成为大学生们学习的良师益友，帮助每一位学生读者在学业上取得更加优异的成绩，并在心理上获得更加健康的发展。同时，也希望读者能够将本书所传达的理念融入实际学习中，结合个人情况进行灵活应用，不断探索适合自己的学习心理策略，并将其转化为自己学习的动力和信念。

我们更希望通过本书唤起大学生们对于学习心理的重视和关注。大学生活是一个自我认知与个人成长的过程，在不断面对各种挑战的同时，学生们也要关注自身心理健康的发展。学习心理不仅是应对学业压力的工具，而且是帮助每个人了解自己、认识他人、提升人际关系的一种心智手段。通过应用学习心理的知识和技巧，学生们可以更好地面对考试、任务和困难，实现自我提升和自我实现。

请相信，学习心理的启迪和指引，将助力你开启更加美好的学习之旅！

编　者

2024年10月

# 目　录

# 第一章
# 大学生学习心理机制研究概述

## 第一节　学习与学习心理机制

### 一、学习

　　学习是贯穿个体终身的活动，也是大学生在校期间的主线任务。从广义概念来看，学习是人生而为人的义务，人的一生每时每刻都潜移默化地、相对持久地在体会和经验中不断学习和完善，不断塑造和成就更完美的自己。从狭义概念来看，学习需要特定的学习主体、学习场所和指导教师。

　　从幼儿园开始，孩子就踏上了校园学习的旅程。在幼儿园阶段，学习主要通过游戏和活动来进行，这一阶段是幼儿对世界的好奇心和探索欲最旺盛的时期。到了小学，儿童开始学习阅读和写作，这一阶段是孩子语言能力和逻辑思维能力的初步形成时期。到了中学，少年走向身心逐渐成熟的复杂变换期，开始学习更多的学科知识，这一阶段是个体的知识和技能得到系统化的时期。到了大学，青年开始深入学习专业知识，这一阶段是个体专业素养和批判性思维能力得到提升的时期。

　　在这个知识爆炸的时代，个体的成长必须经历不断的学习和自我知识体系更新，以便更好地适应社会的变化。随着学习内容的多样化和深入化，学习的方式方法也在发生变化。从幼儿园到小学，教师是儿童学习的"支架"，儿童的学习任务和学习效果几乎是自我体系以外的部分，自我学习意识还处在懵懂期。到了中学，自主学习和探究学习开始进入学生视野，学生开始主动寻找学习资源，主动加入学习团体。到了大学，学生的主动学习意识再次深化，终身学习逐渐成为新的目标，因为大学教育更加注重培养学生独立思考和解决问题的能力。

随着学习的复杂化和拓展化，学习的内容体系也在发生变化。从幼儿园到小学，语文、体育和数学几乎是学习的全部重心。到了中学，学科开始多元化、单元化，自然科学和人文科学以物理、化学、生物、历史、地理等学科的形式补充进入青少年原有的知识结构体系。到了大学，专业化和标准化的知识，如法律、医学、工程学等使青少年从面到点进行系统性的纵深追击，但学习的横断面也在不断扩大。

随着时代要求和自身学习需求的变化，学生的学习目标也在发生变化。从幼儿园到小学，学习基础知识是最主要的目标，语文和数学、科学和体育为学生的成长打下坚实的基础。进入中学，理论知识开始进入浅层的应用阶段，小车下滑斜坡实验、洋葱鳞片叶外表皮实验、酸碱溶液实验等可以让学生解放头脑与双手。步入大学，新的知识集群和社交环境需要学生具备批判性思维、创新等高级认知能力。

## 二、学习心理机制

学习心理是教育心理学研究领域的一个重要分支，涵盖了就学阶段的大、中、小、幼各个时期，研究内容涉及学习方式、学习思维、学习类型、信息加工、记忆策略等各个方面。它不仅是基础教育阶段和高等教育阶段的重要研究课题，而且为心理学的研究提供了一个庞大的课题。

就研究对象来看，学习心理以学习者为研究对象，以学生的学习过程和学习阶段为研究内容，探索学习者的心理素质结构，对学习效果和学习质量进行分析和评价，对学习内在规律和心理素质演进交叉融合进行研究。

就研究内容来看，学习心理的研究内容涵盖了学习过程中的各种心理机制。而学习心理机制是指影响学习过程的心理因素，这些因素在个体学习活动中起着关键作用。学习心理机制包括学习动机、注意力、记忆、认知加工等，它们共同作用于学习过程，影响学习的效果和效率。通过了解这些心理机制的作用和规律，研究者可以更好地理解学习心理的本质。

了解大学生的学习心理特点是掌握大学生学习心理作用机制的关键一环。大学生学习心理的特点主要体现在以下几个方面：

第一，自主性。大学生学习不再像中小学那样依赖教师的指导，而是主要需要自我管理和自我调节。这种自主性要求大学生具备自我激励、自我监控和自我评估的能力。第二，专业性。大学生的学习内容更加专业化，需要掌握一定的专业知识和技能。这就要求大学生具备扎实的基础知识和较强的学习能力。第三，批判性。大学生的学习不只是接受知识，更重要的是批判性的思考和创新。这就要求大学生具备批判性思维和创造性思维。第四，社会性。大学生的学习不仅是个体的学习，还是社会性的学习，大学生需要通过与他人的交流和合作来提升自己的社会交往能力和团队协作能力。

调整和优化个体学习过程中的心理作用机制是提高学习效率和稳定学习情绪的核心。常见的调整学习心理的策略有：

第一，建立积极的学习态度。积极的学习态度是提高学习效果的关键，大学生应该树立正确的学习目标，保持对学习的热情，相信自己有能力学好每一门课程。第二，培养良好的学习习惯。良好的学习习惯可以提高学习效率，大学生应该养成定时复习、积极做笔记、主动参与课堂讨论等习惯。第三，提高自我管理能力。自我管理能力是大学生自主学习的保障，大学生应该学会管理自己的时间和情绪，避免拖延和焦虑。第四，增强批判性思维。批判性思维是大学生应具备的重要能力之一，大学生应该学会提问、分析和评价，而不仅仅是无差别地收信息。第五，提升人际交往能力。人际交往能力是大学生社会性学习的基础，大学生应该学会尊重他人、倾听他人，以及与他人进行有效沟通。

## 三、大学生学习心理机制的研究意义

伴随着大科学时代的科研范式变革以及人才发展数字化改革，我国高等教育从"内涵式"迈向"高质量"发展，对学生的学习质量提出了更高的要求。伴随着学习动机匮乏、专业认同感不强、学习积极性下降、就业前景堪忧等现实问题，学生的心理问题也愈发显现。除学业问题以外，困扰大学生的家庭环境、婚恋关系、人际交往等压力也日渐增加。

从心理学角度来看，大学生学习心理的作用机制与学习质量密切相关。学习心理机制涉及学习动机、学习态度、学习策略等多个方面。学习动机是指学生学习的动力来源，包括内在动机和外在动机。内在动机是指学生出于兴趣、好奇心等内在因素进行学习，而外在动机则是指来自外部的奖励、惩罚等因素。学生的学习动机会直接影响其学习质量，因此，大学生应该培养积极的学习动机，提高学习的自主性和主动性。

从教育学的角度来看，大学生学习心理的作用机制和学习质量也与教学方法、教学环境等因素密切相关。教学方法的多样性和灵活性可以满足不同学生的学习需求，激发学生的学习兴趣，提高其学习效果。此外，良好的教学环境也对学生的学习心理和学习质量有着重要的积极影响，包括教室氛围、师生关系、学习资源等方面。

从认知科学的角度来看，大学生学习心理机制与学习质量还涉及学习认知过程、记忆、思维等方面。学习认知过程是指学生获取、组织和利用知识的过程，包括注意、感知、记忆、思维、解决问题等认知活动。大学生应该运用合理的学习策略和方法，提高自己的学习认知能力，包括提高注意力、加强记忆训练、培养批判性思维等，从而提高学习质量。

综上所述，大学生学习心理与学习质量是一个复杂的系统工程，需要从多个角度进行分析和研究，综合运用心理学、教育学、认知科学等多个学科的知识。只有综合考虑各种因素，才能更好地促进大学生的学习心理健康，提高其学习质量。

以"跨学科性"为特点的知识生产模式Ⅱ正在向以"创新驱动"为特点的知识生产模式Ⅲ加速转型，传统闭合式科研范式正在向全方位开放科研范式驱动升级，这对人才培养的多元性、复合型、创造性提出了更高的要求。学习心理与学习质量作为人才培养的内生环节，牵涉甚广。

大学生学习心理机制和学习质量的关系体现了学生主体和客观环境的互动，正是跨学科的视角为我们提供了更为全面深入地理解这些问题的可能性。未来，随着教育整体水平的提高和教育理念的不断更新，大学生学习质量与学习心理机制间的关系将更加紧密。教育机构和教育工作者应该更多关注学生的个性发展和心理健康，促进他们全面发展。通过全面、科学的学科整合，激励学生充分发挥个人潜能，在跨学科的实践中提升自身综合素质。同时，教育机构和教育工作者在教育过程中应该重视学生的心理健康，关注学生的学习动机和态度，营造积极的学习氛围，提高他们的学习质量和整体素质。这样，学生才能在学业上取得更好成绩的同时，更加适应社会发展的需求，实现自身价值与社会价值的统一。

　　大学生的首要任务是学习，学生的学习质量关乎个体的未来发展，解决学生的现实学业问题，是保证学习有效率、人才有质量的关键条件。大学生在校期间因学业、就业、社交和情感等诸多因素引发学习心理问题在所难免。因此，在"三全育人"理念指导下，通过"心理育人"机制，探索提升大学生学业质量新路径，掌握大学生学习状况并对其开展多样化的教育教学举措，有效提升学生学习心理，解决学生学业问题，进一步促进学生身心发展是当前高等院校思想政治教育工作的重要课题[①]。教育学研究者认识到，全面提升大学生的学业质量不仅需要关注他们的学术表现，还需要关注他们的心理健康和个人发展。为此，教育机构和教育工作者应着力构建和完善"心理育人"机制，旨在通过心理健康教育、心理咨询服务和心理危机干预等手段，全方位地关心和支持大学生的成长。

　　在这一机制下，笔者积极开展调研工作，深入了解大学生的学习状况和需求。通过问卷调查、访谈和数据分析等方法，收集了大量关于大学生学习动机、学习方法、学习压力和心理健康等方面的信息。这些信息为本书提供了宝贵的数据支撑，使教育机构和教育工作者能够更有针对性地开展教育教学工作。

　　基于对大学生学习状况的深入把握，笔者设计并实施了一系列多样化的教育教学举措。这些举措包括但不限于开设心理健康教育课程、举办学习策略工作坊、提供个性化学习辅导和建立学习互助小组等。希望能够通过这些举措帮助大学生树立积极的学习态度，掌握有效的学习策略，提高学习能力和心理素质。同时，笔者在教研工作中还特别注重培养学生的自主学习能力、批判性思维和创新精神。相信只有让学生真正成为学习的主体，他们才能在未来的学习和生活中取得成功。因此，教育工作者在教育

---

　　① 王秋惠：《"三全育人"理念下探索提升大学生学业质量新路径——以"心理育人"为抓手》，《理论观察》2022年第12期，第142页。

教学过程中，应鼓励学生积极参与课堂讨论，提出自己的观点和思路，培养他们独立思考和解决问题的能力。

总之，在"三全育人"理念指导下，通过"心理育人"机制，笔者在教研工作中不断探索提升大学生学业质量的新路径，希望通过持续努力，不断完善教育教学体系，为大学生提供更加优质的教育服务，助力他们成长为具备良好心理素质的高素质人才。

# 第二节　学习心理机制的理论支撑

## 一、马克思主义的相关理论

马克思主义理论是社会科学的重要组成部分，它由马克思和恩格斯创立。马克思主义理论体系庞大，涵盖了经济学、哲学、政治学、社会学等多个领域，其核心内容包括历史唯物主义、辩证唯物主义、阶级斗争理论和剩余价值理论等。

根据马克思主义理论，首先，社会存在决定社会意识。"人的本质不是单个人所固有的抽象物，在其现实性上，它是一切社会关系的总和"[1]，社会关系是影响社会心态形成和变化的关键因素。如果要培育积极的社会心态，其前提和必要条件是社会关系的改善和社会存在的进步，任何跳过社会关系和社会存在探讨积极社会心态培育的研究都是在建造空中楼阁。只有构建起和谐的社会关系和坚实的社会存在，人与人之间才能更加和谐、信任、理解和支持。这种积极的社会关系氛围，能够减少社会冲突和矛盾，增强社会凝聚力和向心力。

其次，社会意识反作用于社会存在。只有那些正确的、积极的社会意识才会对社会发展起到推动和促进的作用。物质生活始终制约着人民的政治生活、精神生活和社会生活[2]。因此，在积极社会心态培育的过程中，

---

[1] 马克思　恩格斯：《马克思恩格斯选集》（第一卷），中共中央马克思恩格斯列宁斯大林著作编译局编译，人民出版社，2012，第147-153页。

[2] 马克思　恩格斯：《马克思恩格斯全集》（第三十一卷），中共中央马克思恩格斯列宁斯大林著作编译局译，人民出版社，1972，第412-415页。

应注意对物质生活层面进行改善和优化，催生积极社会心态的同时加强社会关系的建设和维护，排除消极社会心态对积极社会心态产生的负面影响。

大学生作为社会的成员，其学习心理受到社会存在的深刻影响。社会的政治发展、文化背景、经济水平等因素都会直接或间接地影响大学生的学习动机、兴趣、态度和行为模式。例如，一个国家的教育资源分配、教育政策导向、就业市场的需求等，都会对大学生的学习目标和学习方式产生影响。反过来说，大学生的学习心理也反作用于社会存在。具有积极学习心理的大学生往往能更好地适应社会发展的要求，成为社会的有用之才。他们可以通过学习和创新，为社会带来新的思想和技术，推动社会进步。反之，消极的学习心理可能导致个人发展受阻，甚至对社会产生负面影响。

马克思关于社会存在与社会意识辩证关系的理论为我们提供了理解大学生学习心理的视角。通过教育和引导，帮助大学生树立正确的世界观、人生观和价值观，可以促进他们形成积极的学习心理，进而提高整个社会的人力资源素质，推动社会的和谐发展。

## 二、积极心理学理论

人本主义思潮兴起后引发的人类潜能运动为积极心理学的产生奠定了基础，自此，心理学家开始重视对正常人心理活动中积极一面的研究。时任美国心理学会主席的塞利格曼在1998年提出了积极心理学的观念，其后塞利格曼和希斯赞特米哈伊在《积极心理学导论》一文中明确阐释了积极心理学的概念，标志着积极心理学成为一个研究领域并逐渐进入大众视野。

积极心理学是相对于消极心理学而言的，消极心理学也就是我们常见的传统心理学，主要从负向的、病理性的角度来研究心理问题、心理疾病等的诊断与治疗。比如，常见的与"心理"相关的词有抑郁、焦虑、强迫、创伤等，潜在的观念即把人的本质嵌套进了疾病模式。然而，较少涉及潜能、乐观、希望等方面，对人的积极心理品质缺乏研究，以致在一定程度上限制了心理学的发展与应用。

积极心理学是致力于研究人的发展潜力和美德等积极品质的一门科学[1]，其最基本的假设就是，人们的美好和卓越，疾病、混乱和悲痛同样都是真实存在的[2]。随着和平与发展成为时代的主题，人们对心理学的需求已经不再满足于滞后地对心理缺陷的修补，而在于未来社会发展对人的心理能量的前瞻性需求。心理资本的概念也就由积极心理学为基础衍生发展而来。

积极心理学的研究内容主要有三个主题：积极的主观体验、积极的个人特质和积极的机构。其中，积极的机构可以促进积极特质的发展和显现，进而促进积极主观体验的产生。学校作为最常见且与学生个体嵌套最深的"积极的机构"，在培养学生积极的个人特质和积极的主观体验中承担着重要角色。

## 三、埃里克森自我同一性理论

埃里克森的自我同一性理论是解释个体身份认同和心理发展的重要框架，尤其适用于大学生这一特定群体。该理论认为，个体在一生中会经历一系列的心理发展阶段，每个阶段都有其特定的心理任务和挑战。

根据埃里克森的理论，刚步入大学的学生处于青年期，这一时期是人的一生中最具决定性的关键阶段，面临着获得同一感而克服同一性危机的核心任务。是否完成上述核心任务关系到个体能否形成良好的意志品质和人格力量，能否更好地领悟自身价值和人生真谛，从而更好地解决成年期和老年期所必须面对的新危机[3]。霍尔将青年时期形容为"疾风怒涛"，青年们"激切、怀疑、不安、不信任"[4]。心理跌宕起伏的不安时期遇上初入大学时的'新"育人模式和"新"学习体验，学生在这样的转变中难免会遭遇困难与挫折，起初是不适和不安，进而会怀疑自己的能力，陷入自

---

① Kennon Sheldon and Laura King, "Why Positive Psychology Is Necessary," *American Psychologist* 56, no. 3(2001): 216–217.

② 克里斯托弗·彼得森:《积极心理学》,徐红译,群言出版社,2010,第3页。

③ 埃里克 H.埃里克森:《同一性:青少年与危机》,孙名之译,浙江教育出版社,1998,第210–215页。

④ 张日昇《青年心理学:中日青年心理的比较研究》,北京师范大学出版社,1993,第145页。

我否定的泥潭，甚至出现严重的心理问题和人格障碍。

对于大学生来说，他们正处于埃里克森理论中的青年期，这个阶段的主要任务是建立自我同一性，即个体对"自己是谁""来自哪里""要去往何处"的认识和接受。这个过程涉及价值观、信仰、职业选择、性别角色等方面的探索和认知。

当大学生能够成功地建立起积极的自我同一性时，他们对未来会有更清晰的规划，对学习会有更强的内在动机和目标导向。这种积极的自我认同感能够激发学生的学习热情，提高他们的学习动力和效率。然而，如果大学生在这一阶段遭遇了自我同一性的混乱或危机，他们可能会体验到角色混淆、目标模糊和价值冲突，这些都可能对他们的学习心理产生负面影响，例如，感到迷茫、焦虑或抑郁，这些情绪状态会降低他们的学习效率和成绩。

教育工作者和家长应当关注大学生的自我认同发展，提供必要的支持和引导，帮助他们建立起积极的自我同一性，从而促进他们的学习和发展。

## 四、生态系统理论

布朗芬布伦纳在其生态系统理论中将人生活于其中并与之相互作用的、不断变化的环境称为行为系统，并将其由小到大分为微系统、中系统、外系统和宏系统四个层次[①]。

该理论认为，微系统是最靠里的层次，是个体活动和交往的直接环境。对于大学生而言，大学就是他们日常生活的主要微系统，这里的学习氛围、教学质量、师生关系和同学交往状况等都会对他们的学习心理产生影响。

第二个环境层次是中系统，中系统是指各微系统之间的联系或相互关系，微系统之间联系越强、联系越有意义，人的发展越优化。在大学环境中，这种联系可能是学科之间的交叉融合，也可能是不同学生群体之间的交流互动。各个微系统的交融有助于学生开阔视野，丰富学习经验，从而

---

① 刘杰、孟会敏：《关于布郎芬布伦纳发展心理学生态系统理论》，《中国健康心理学杂志》2009年第17期，第250-252页。

正面影响学习心理。

第三个环境层次是外系统，主要指那些个体并未直接参与却对他们的发展产生影响的系统。

第四个环境层次是宏系统，存在于以上三个层次的文化、亚文化和社会环境之中，本质上是广阔的意识形态范畴，即在不同文化背景中会拥有的不同的观念[①]。

因此，教育工作者和学生家长应该意识到，大学生的学习心理不仅受他们自身主观因素的影响，还受到他们所处环境的多重影响。为大学生提供积极和支持性的环境，对促进其学习动机和满意度提升至关重要。此外，还应该考虑到时序系统的影响，为大学生提供适当的过渡期支持和指导，以帮助他们顺利地从校园生活过渡到社会生活。

## 五、马斯洛需要层次理论

美国心理学家马斯洛在其文章《人类激励理论》中首次提到需要层次理论[②]，其后在《动机与人格》一书中论述了需要层次理论的具体内容。他认为，人类的需要主要包括生理需要、安全需要、归属和爱的需要、尊重需要、自我实现的需要这五类（认知需要和审美需要没有被归入需要层次系列），它们之间是依次递进的关系，在低层次的需要基本得到满足的前提下，更高一级的需要才会产生。

具体来看，生理需要是指个体在成长过程中，食物、睡眠、呼吸等方面需要得到满足。安全需要指的是当生理需要得到满足后，个体便会追求安全、稳定等方面的需要。归属和爱的需要指生理需要、安全需要均得到满足后，个体接下来将会希望获得并追寻爱情、友情、集体归属感等，表现为个体渴望能够得到积极的情感体验（爱他人和被爱）以及能够融入集体、结识朋友。尊重需要是指尊重自我和获得他人尊重的需要，当这一需要获得满足后，个体会对周围的一切充满自信，保持积极向上的生活态

---

① Paige Harden, Erik Turkheimer and John C Loehlin, "Genotype by Environment Interaction in Adolescents' Cognitive Aptitude," *Behavior Genet* 37, no.2(Mar. 2007): 273–283.

② Abraham Maslow, "A Theory of Human Motivation," *Psychological Review* 50(1943): 370–396.

度，相信自己有能力做好力所能及的事情。自我实现的需要是最高一级的需要，体现为个体有发展个人潜能、完成人生理想的需要[1]。

与高中时期集中于学业和生活的、单一的基本需求不同，大学生不再只关注学习和身体发育，而是开始寻求社交、娱乐活动、知识和技能累积等更为复杂、更为深入的高层次需求。随着年龄的增长和经验的积累，对于大学生来说，了解自己的需求并学会如何管理时间和资源变得尤为重要。

因此，马斯洛需要层次理论为学段衔接过程中大学生学习积极性发生的变化提供了理论依据，即学生在学习上表现出的积极或消极变化可能与其归属与爱、尊重等方面的需要是否满足相关。大学生的学习心理受到他们多种需求的共同影响，家庭、学校和社会应该从满足大学生的基本需求开始，逐步引导他们追求更高层次的需求，从而激发他们的学习动机，提高他们的学习效果。

## 六、社会适应理论

心理学家斯宾塞最早使用了"社会适应"这一概念[2]。从一般意义上说，社会适应指的是个体在与周围环境相互作用的过程中，追求与周围环境达成和维持和谐平衡状态的过程[3]。当外界环境发生变化时，人们往往需要做出必要的反应或改变以适应周围环境发生的变化，这种适应一般体现在心理和行为两个层面[4]。具体来看，个体从刚开始接触新环境的不适应到后来的逐渐适应，通常要经过认知调节、态度转变和行为选择三个阶段[5]。

认知调节是适应过程的起始阶段，包括内部、外部评价两部分。在这

---

[1] 亚伯拉罕·马斯洛:《动机与人格》(第三版),许金声等译,中国人民大学出版社,2013,第15-25页。

[2] 杨彦平:《社会适应心理学》,上海社会科学院出版社,2010,第12页。

[3] 陈建文:《人格与社会适应》,安徽教育出版社,2009,第45页。

[4] 杨彦平:《社会适应心理学》,上海社会科学院出版社,2010,第12页。

[5] 唐靓瑜:《社会适应理论视角下城郊新市民群体幸福感研究——基于上海市闵行区的实证调查》,硕士学位论文,华东师范大学社会学系,2015,第23页。

一环节，主体对外部环境的变化及其对自身发展的影响作用进行正确判断，并在这一基础上进一步判断自身内在状态。

态度转变是由个体认知过程中发生的种种变化引发的情绪态度上的某些改变，这些改变可能是积极的，也可能是消极的。从本质上说，态度的转变是内在心理动力系统与外显行为反应之间的中介调节过程。而从现实生活来看，个体在情感态度上发生的转变大多是为了更好地适应外在环境发生的变化。

行为选择主要指的是个体对原先的行为方式做出合适的调整和改变，这一过程是以认知调节和态度改变为前提和基础的。从根本上来说，面对外界环境的变化，个体做出的每一个行为抉择都应是其心理适应外化的具体表现，也可将其理解成认知调节和态度转变的外在执行过程①。

从社会适应理论的视角来看，大学生的学习心理是一个复杂且多维度的现象，它不仅受个体内部因素的影响，还受其所处的社会环境和文化背景的影响。社会适应理论强调了个体与环境之间的互动关系，以及个体如何调整自己的行为以适应不断变化的外部条件。大学生在学习过程中可能会遇到各种挑战，如学习压力、时间管理、目标设定等，这些问题都可能影响他们的学习心理。社会适应理论可以帮助教育工作者理解大学生是如何处理这些挑战的，以及指导学生通过调整自己的学习策略和心态来适应大学生活。例如，一些大学生可能因为不适应大学的自主学习模式而感到焦虑和挫败。在这种情况下，社会适应理论指出，这些学生可能需要发展新的自我调节技能，如时间管理、目标设定和反馈寻求，以便更有效地管理自己的学习过程。

此外，社会适应理论还强调社会支持和同伴关系在个体适应过程中的重要性。对于大学生来说，良好的同伴关系可以为他们提供情感支持，帮助他们应对学习压力。同时，积极的师生关系也可以提高学生的学习动机和满意度，从而改善他们的学习心理。总的来说，社会适应理论为教育工作者提供了一个理解大学生学习心理的新视角。它提醒教育工作者，要关注大学生在社会环境中的适应能力，指导他们通过调整自己的行为和心态来适应不断变化的学习环境。对于教育工作者来说，这意味着需要为学生

① 陈建文：《人格与社会适应》，安徽教育出版社，2009，第55-56页。

提供更多的支持和服务，以帮助他们更好地适应大学生活，从而提高他们的学习质量和心理健康。

## 七、归因理论

归因是个体对行为结果与原因之间关系的判断[1]，某一行为发生后，人们总禁不住思考导致这一行为发生的具体原因，其实这时人们就在不知不觉地对某一事件的后果进行归因。海德在《人际关系心理学》一书中首次提出"归因理论"这一概念[2]，他十分注重对归因过程的研究，认为在归因过程中最重要的是明确行为的发生或改变是由个人还是外在环境引起的。其中，导致行为发生或改变的个人因素主要包含个体的情绪、能力、性格、努力程度等；导致行为发生或改变的外界环境因素主要指的是情境因素，包括工作任务的难易程度、他人的期望、外部的奖罚等内容[3]。

此后，维纳等多位心理学家对海德的归因理论加以丰富和发展。维纳的成败归因理论认为，个人能力、努力程度、身心状况是内部原因，是行为者自身的因素；任务难度、运气是外部原因，是外在环境因素[4]。由此可以看出，维纳的成败归因理论强调将行为的成败归因于内外部两方面的因素，这与海德的归因理论有相似之处。

对于大学生来说，他们在学习过程中的成功与失败都是对其归因能力的考验。正确的归因能够帮助大学生维持积极的学习态度和动机，不恰当的归因则可能导致学生学习动机的减弱和学习热情的降低。例如，当一个学生在考试中取得好成绩时，如果他将其归因于自己的坚持和努力，那么这种积极的自我认知会增强他的自信心和对未来成功的期望，从而激励他在今后的学习中更加努力。相反，如果一个学生将失败归咎于外部因素，

---

① 张爱卿:《归因理论研究的新进展》,《教育研究与实验》2003 年第 1 期, 第 38-41 页。

② Fritz Heider, *The Psychology of Interpersonal Relations*,（New York: John Wiley & Sons Inc., 1958）, p.13.

③ 张爱卿:《归因理论研究的新进展》,《教育研究与实验》2003 年第 1 期, 第 38-41 页。

④ 向海英:《成就动机的归因理论与教学改革》,《山东师大学报》(社会科学版)2000 年第 6 期, 第 55-65 页。

如任务太难或运气不好，那么，他可能会错过从失败中学习的机会，并且在面对未来的挑战时缺乏必要的坚持和努力。

此外，归因理论还可以帮助教育工作者理解大学生的学习倦怠现象。学习倦怠是一种消极的学习心理，表现为学生对学习缺乏热情，感到疲惫和无助。研究表明，大学生的归因方式、成就动机与学习倦怠之间存在显著的相关性。例如，那些倾向于将失败归咎于自身能力不足的学生更容易体验到学习倦怠，因为他们可能会感到自己无法控制学习结果，从而导致动机下降和情绪受挫。

因此，了解和运用归因理论对于促进大学生的健康学习心理是非常重要的。教育工作者可以通过引导学生进行积极的自我归因来帮助他们建立正确的成败观，从而激发他们的学习潜能，提高其学习质量。同时，这也要求教育工作者自身具备正确的归因模式，能够合理地评价学生的学习成果，适时地给予鼓励和指导，与学生共同创造一个有利于学习和成长的良好环境。

## 八、情绪智力理论

情绪管理的研究起源于20世纪后期情绪智力理论的提出。1990年，美国心理学家梅耶和萨洛维在吸收认知心理学、情绪心理学和教育学研究成果的基础上首次提出情绪智力的明确概念并发展出较为完整的理论。他们将情绪智力的三因素描述为：第一，情绪的评估和表达，即通过言语和非言语信号对他人移情，从而能对自我和他人情绪知觉、识别、评估、表达的能力；第二，情绪的调节（管理情绪），即对自我和他人的情绪进行适应性的调节和控制的能力；第三，情绪的运用，即适应性地利用情绪信息促进思维、注意、动机、意志行为等心理过程成功进行的能力[1]。

后来，哈佛大学博士戈尔曼在梅耶理论基础之上综合大量科学成果，又将五个维度细分，扩大其理论模型，丰富其内容[2]。1997年，梅耶又对

---

[1] 曹会：《大学生情绪智力、社会支持与应对方式关系的研究》，硕士学位论文，南京师范大学心理学系，2014，第4-5页。

[2] 林崇德、白学军、李庆安：《关于智力研究的新进展》，《北京师范大学学报》（社会科学版）2004年第1期，第25-32页。

其情绪智力模型进行修正，发展为了解自身情绪、管理自身情绪、自我激励、识别他人的情绪和处理人际关系五个构面，情绪管理被涵括在其中。此外，戈尔曼的情绪智力理论中的自我激励部分也可以被视为情绪的运用①。

对于正处在情绪变动期的大学生来说，情绪智力的良好水平对其个人发展至关重要。首先，情绪智力高的学生能更准确地识别自己的情绪状态，如学习时的兴奋、焦虑或挫败感。这种自我觉察能力有助于他们理解自己在何时何地、因为什么而学习效果更佳或更差，从而有针对性地调整学习策略。其次，情绪智力高的学生能更好地管理自己的情绪。例如，他们可能发展出有效的情绪调节策略，通过运动、冥想或与朋友交谈来缓解学习压力，保持学习的持续性和高效率。再次，情绪智力也包括同理心，即理解他人情绪的能力。这在大学生的学习环境中尤为重要，因为良好的师生关系和同伴关系可以提高学习动机和满意度。具有高同理心的学生能更好地与同学和老师沟通，寻求学习上的帮助，并在团队项目中发挥积极作用。最后，情绪智力还包括运用情绪信息来激励个人行为的能力。这意味着情绪智力高的学生可以利用积极情绪来增强学习动力，把负面情绪转化为解决问题的动力。

综上所述，情绪智力理论为教育工作者提供了一个理解大学生学习心理的全新视角。它强调情绪智力不仅是认知能力，也是影响学生学习态度、动机和行为的重要因素。因此，教育工作者和家长可以通过培养大学生的情绪智力来提高他们的学习质量和心理健康水平。

## 九、情绪认知理论

情绪心理学家认为，情绪产生于评价过程。美国心理学家阿诺于20世纪50年代提出，情绪体验是有机体对刺激事件的意义被觉知后产生的，而刺激事件的意义来源于评价。她认为评价补充着知觉，并使人产生去做某种事情的倾向，任何评价都带有感情体验的成分，她强调来自环境的影响

---

① 吴佳钰:《3—6岁儿童情绪管理能力的现状研究——以广州市为例》,硕士学位论文,广州大学,2013,第10-14页。

要经过主体评估情境刺激意义的过程，才能产生情绪[①]。从情绪的评价理论中可以看出，用认知来调控情绪的可行性。

拉扎勒斯认为情绪是人与环境相互作用的产物，情绪是对个体事件知觉到有害或有益的反应。因此，在情绪活动中，人们需要不断地评价刺激事件与自身的关系[②]。

情绪认知理论与大学生的学习心理有着密切的联系。首先，大学生的学习心理状态很大程度上取决于他们对学习情境的认知评估。例如，一个学生如果认为考试失败是由于自己不够努力，而不是能力不足，那么，他可能会继续保持积极的学习态度和动机；相反，如果他认为失败是不可控的因素导致的，那么，他可能会感到沮丧和无助。其次，情绪认知理论强调情绪调节的重要性。大学生可以通过改变对学习情境的认知评估来调节自己的情绪反应。例如，他们可以通过重新定义失败（将其视为学习的机会等）来减少负面情绪的影响，从而保持积极的学习态度。再次，情绪认知理论还指出，情绪和认知是相互作用的。也就是说，情绪可以影响认知过程，如注意力和记忆，而认知过程也可以影响情绪体验。例如，积极的情绪可以提高学习效率，而消极的情绪则可能导致大学生的注意力分散和记忆力下降。

情绪认知理论提醒教育工作者，要关注大学生对学习情境的认知评估，以及他们如何通过改变认知来调节自己的情绪反应。对于教育工作者来说，这意味着需要为学生提供更多的支持和服务，以帮助他们更好地管理自己的情绪，从而提高他们的学习质量和心理健康水平。

## 十、身分认同理论

身份认同理论是由社会心理学家亨利·塔杰菲尔（Henri Tajfel）和约翰·特纳（John Turner）在20世纪70年代提出的，也称为社会认同理论（Social Identity Theory，SIT）。该理论源于对群体间行为，特别是对种族中心主义（Ethnocentrism）现象的研究，即个体往往偏好自己的群体（内群

---

[①] 孟昭兰：《情绪心理学》，北京大学出版社，2005，第26页。

[②] 彭聃龄主编《普通心理学》，北京师范大学出版社，2012，第435页。

体）并贬低其他群体（外群体）[1]。

在社会比较中，当个体所属群体处于优势地位时，个体便会产生强烈的群体认同，并建立积极的自尊和自我概念。而当自己所属群体受到威胁时，个体会采取各种策略来提高自尊，并获取积极的社会认同。如果个体过分偏爱所属群体，过分寻求通过社会比较来提升自尊和地位，便会使群体偏见和群体冲突发生的可能性上升[2]。社会认同理论为我们理解个体与群体间的关系提供了深刻的见解，特别是在解释群体、偏见和冲突等行为方面具有重要的应用价值。

对于大学生来说，他们的身份认同包含了学生、社会成员等多重角色。就学生身份来看，毋庸置疑，学习掌握专业知识和技能是他们的首要任务。但在为将来的职业生涯做准备的过程中，他们可能会面临学习、时间管理、人际交往等挑战，积极的身份认同可以帮助他们更好地应对这些挑战。例如，一个认同自己勤奋好学的大学生可能会更有动力去克服困难，取得好成绩。就社会成员的身份来看，大学生的身份认同中包含了对自己在社会中角色的理解和期待。大学教育是连接学校与社会的重要桥梁。在大学期间，学生们不仅要学习专业知识，还要通过各种课程和活动培养成为社会成员所需的技能和素质。同时，他们也面临着毕业后的职业选择，这自然促使他们思考和设定自己在社会中的角色和期望。

## 第三节　学习心理机制涉及的相关变量

谈到大学生学习心理机制，具体来说，可以从大学生在学习过程中表现出的学习动机、心理适应能力、情绪情感和意志品质等个性心理特征变量详细描述大学生的学习心理过程。

---

[1] 张淑华、李海莹、刘芳:《身份认同研究综述》,《心理研究》2012年第1期,第21–27页。

[2] 赵晓露:《"90后"大学生自我概念、群体身份认同及其关系的研究》,硕士学位论文,华东师范大学,2012,第13页。

## 一、学习动机

大学生的学习动机受到多种因素的影响，如心理资本、学习积极性、自尊和身份认同等涉及主观学习心理的变量。有研究表明，心理资本作为一种非物质的自身资本，包括自我效能感、乐观情绪、韧性等积极心理能力，能够有效足进大学生更好地应对学习中的挑战，提升学习动力和学业成就①。这种内在动机包括对知识的渴望、对个人成长的追求和自我实现的愿望，往往能够激发学生的学习兴趣和热情，使他们更加专注地投入学习。

外在动机包括来自家庭、社会和学校的期望、奖励和惩罚等，如社会心态、社会氛围、家庭经济地位、父母教养方式等客观影响个体学习心理的变量。有研究发现，父母教养方式对大学生学业拖延有中等程度的影响，情感温暖能减轻大学生学业拖延，惩罚严厉、拒绝否认、偏爱等教养方式则会加重学业拖延②。种种外在因素都会对学生的学习动机产生影响，例如，家庭对学业成绩的期望过高或者过低都会致使孩子的学习心理发生诸多负面变化。

## 二、心理适应能力

大学生身处于新的学习环境和社会环境，需要面对新的学习、人际关系和自我管理等方面的挑战。心理适应能力包括对新环境的适应能力、应对挫折和困难的能力，以及自我调节和情绪管理的能力，常常与个体的自我效能感、个人取向和社会取向的自我价值观息息相关。

## 三、情绪情感

大学生的情绪情感受到学业压力、人际关系、自我认知等多种主客观变量的影响。积极的情绪情感有助于提高学习效率和生活质量，消极的情

---

① 冯静颖、柯江林、黄楚琼：《大学生心理资本对学习满意度的影响》，《中国青年社会科学》2015年第5期，第88-92页。

② 童星：《大学生学业拖延与父母教养方式的关系:基于我国定量研究的元分析》，《高教探索》202■年第3期，第36-42页。

绪情感则可能负面影响学习动力和心理健康。因此，大学生需要学会管理情绪，保持积极的心态，以更好地面对学习和生活中的挑战。

### 四、意志品质

意志品质包括毅力、自律和决心等特质变量，对大学生的学习和成长至关重要。大学生需要具备坚定的意志品质，以克服学习中的困难和挑战，保持学习的持久性和稳定性。

综上所述，大学生的学习心理机制与学习动机、心理适应能力、情绪情感和意志品质等多种变量相关。了解和关注这些影响大学生学习心理过程的变量，有助于帮助大学生更好地适应学习和生活，提高学习效率和心理健康水平。同时，学校和社会也应该为大学生提供相应的支持和资源，帮助他们更好地发展和成长。

## 第四节　大学生学习心理机制的现状研究

### 一、大学生学习心理机制的一般问题

大学生学习心理机制的现状研究是一个复杂而且深刻的话题，涉及学生的认知、情感、动机、学习策略等多个方面。在外在空间的多重撞击下，大学生潜在空间作用力不断被削弱，甚至会被摧垮，心理病理现象愈发明显[①]。从学生学习过程的一般心理问题来看，常常出现以下几种情况：

第一，学习压力。大学生常因课程难度、考试成绩和学业竞争等而感到巨大压力。这种压力可能导致焦虑、失眠、注意力分散等问题，进而影响学生学习效果和身心健康。

第二，学习动机问题。学习动机不当是学习心理问题的重要表现之一，包括学习动机不足和学习动机过强两方面。学习动机不足表现为无明确的学习目标、厌倦学习甚至逃避学习。学习动机过强则可能导致成

---

① 白瑄：《客体关系视角下大学生心理健康潜在空间探索》，《教育理论与实践》2024年第18期，第60-64页。

就动机和奖励动机过强，学习强度过大，反而影响学生学习效果和心理健康。

第三，考试焦虑。考试焦虑是大学生中普遍存在的心理问题，表现为考前担忧、焦虑、烦躁不安，考试时注意力不集中、记忆力下降、思维僵化，甚至出现生理反应，如头痛、食欲下降等。这种焦虑情绪严重影响学生的考试表现和心理健康。

第四，注意力不集中。部分大学生在上课时易受环境干扰，难以专心听讲，导致学习效率低下。这可能与学习动力不足、学习焦虑过低、生活事件导致的心理应激等因素有关。

第五，自我认知问题。大学是青年自我认知的重要阶段，学生可能会对自己的身份、能力、价值观产生疑问，导致自卑、自我否定等心理问题。这种自我认知的困惑可能影响学生的学习动力和积极性。

第六，情感问题。大学生在情感上也常面临挑战，如恋爱关系的建立和维护、情感的处理和调整等。这些问题可能给学生带来心理上的困扰，影响他们的学习和生活。

第七，职业规划困惑。面对毕业后的就业问题，许多学生会感到迷茫和焦虑，不确定的职业前景和职业目标的选择等问题常常让学生感到压力重大。

对信息时代大学生学习心理机制的研究既是挑战又是机遇，构建满足学生成长需求特点的学习心理健康服务体系，及时发现并科学解决学生学习和生活中的心理健康问题，优化大学生心理健康服务水平是当前大学教育的重中之重[①]。不同类型、多重方面理想与现实的差距逐渐使大学生学习心理过程中的隐性问题走向显性，主要表现为情绪低落、兴趣减退、思维迟缓、意志活动退化等，严重时可能导致自伤、轻生等极端行为发生，也就是抑郁症的典型表征。综合以往的大学生心理健康研究状况来看，这些病理性表征主要来自个体自身、家庭和社会三个关键的教育空间。而存在这些表征问题的学生大都自体虚弱，无力应对挫折，更不会寻求外界帮助，沉浸在悲伤情绪中无法自拔，以至于怀疑现实的意义，认为自己的存

---

① 姜露、唐清华、涂斯婧：《互联网时代背景下大学生心理健康服务体系的构建与实现》，《中国学校卫生》2023年第12期，第1921页。

在没有价值①。

## 二、大学生学习心理机制一般问题的可能成因

大学生在学习过程中可能会遇到各种心理问题，这些问题可能由多种因素引起。从诸多面向大学生的调查数据和访谈过程可知，环境的改变和角色的转换可能会引发心理冲突。大学生活与高中生活有很大的不同，学生们需要适应新的学习环境和教学方法，这可能会导致一些学生感到困惑和不安。此外，从被动的受教育者转变为主动的学习者，这一角色的转变也可能让一些学生感到不适应。其他心理问题的成因还包括：

第一，家庭教育缺位。对于大学生来说，没有得到父母足够且有效的关爱，容易导致焦虑、孤独、攻击性强、叛逆等心理问题产生。在家庭教育中，父母任何一方的缺席对孩子来说都将产生创伤，儿童在成长的过程中可能会因失去榜样的力量而缺乏责任感、缺乏自信和缺乏情感支持。另外，儿童对父母任何一方的过度依赖也会使得儿童在幼年时期对性别认知模糊，逐渐影响其独立性和自理能力。事实上，家庭教育的重要性早已不言而喻。

第二，网络媒介影响。网络媒介无所不至的渗透掀起了教育界翻天覆地的变化。一方面，网络媒介冲破了传统教育环境和时空的桎梏，增加了教育的灵活性、适应性和多样性，在促进教育资源共建共享的同时，也加速了终身学习和学习型社会的建设。另一方面，网络的复杂性、新颖性与丰富性也在挑战家长知识的权威，提升家庭教育的难度。网络成瘾障碍已成为影响青少年身心健康和正常学业表现的重要因素②，青少年分辨能力和自我约束能力薄弱，互联网上海量资源的诱惑在一定程度上加快了青少年的世界观、人生观和价值观的扭曲。

第三，学习方式异化。随着高等教育事业由外延式发展向内涵式发展转型，学生个体的学习策略对教育收获的影响显得越发重要。但就目前情

---

① 白瑄:《客体关系视角下大学生心理健康潜在空间探索》,《教育理论与实践》2024年第18期,第60-64页。

② 方晓义、刘璐、邓林园等:《青少年网络成瘾的预防与干预研究》,《心理发展与教育》2015年第1期,第100-107页。

况来看，我区的学生并未真正达到"深度学习"，高阶思维能力和解决问题的能力都有待提高。有研究者调查发现，当代大学生普遍存在在线学习方式异化的问题，这一现象形成一种"网课之困"，随之而来的是师生关系疏离、"躺平"习惯流行、糊弄交差横行、师生权力倒置等诸多"怪象"，高等教育质量存在下降的风险[①]。

第四，学校教育僵化。当前大学生对于心理健康教育效果的满意度普遍不高[②]。究其原因，一是大学中开设的心理健康教育课程和专门的学习心理辅导课程资源非常有限，使得学生的实际心理诉求得不到满足和重视。二是传统的、公式化的考核模式和标准化的固定答案成为学生心中的"唯一解"，'有事找度娘'的处理方式使得学生惯于复制粘贴而失去自我思考能力，久而久之便成了"优秀的沉默绵羊"。

第五，外界压力影响。随着毕业日的临近，学生们可能会因为找工作而感到越来越大的压力。就业压力是一个不容忽视的因素，这种压力可能会影响他们的学习状态和情绪。人际关系不良也是一个不容忽视的因素。大学是一个小型社会，学生们需要学会如何处理各种各样的人际关系，如果他们在人际交往中遇到困难，可能会引发情绪问题甚至人格障碍。

总的来说，大学生学习心理体系中存在问题的成因是多方面的，包括环境变化、角色转换、家庭教育、学习压力、人际关系和就业压力等。这些因素可能会单独或共同作用于学生，导致他们出现各种学习心理问题。

---

① 曹志伟:《网课之困:深度媒介化背景下大学生群体的学习异化与问题反思——基于高校网课的田野调查》,《中国青年研究》2024 年第 2 期,第 111-119 页。

② 张慧:《大学生心理健康教育的困境及出路》,《中国电化教育》2023 年第 12 期,第99-105 页。

# 第二章
# 调研个人

## 第一节　积极心理资本与学习

### 一、问题提出

#### （一）新时代高校人才培养的历史使命

新时代的中国青年，站在国家发展和个人成长的交汇点，承载着人民的厚望和国家的期待。面对世界百年未有之大变局，青年人应以己之力回报人民和国家的殷切希望，以阳光、自信、踏实、奋斗的品格迎接挑战，这是新时代青年必须迈过的一道坎。在全球化的今天，国与国之间的竞争，尤其是科技和人才的竞争日益激烈。谁能在科技和人才竞争中占据优势，谁就能在未来的发展中占据有利地位。因此，高等教育机构肩负着一流人才培养的重要历史使命。

首先，高等教育是国家体系创新和科技进步的重要引擎。通过培养高水平的科研人才，高校能够进行前沿科学研究，推动技术创新和产业升级，为国家经济发展注入源源不断的动力。例如，高校可以与企业合作，将科研成果转化为实际的生产力，促进高新技术产业的形成和发展。

其次，高等教育是文化传承与创新的重要平台。通过在保护和研究传统文化的同时吸纳和融合现代元素，高等教育能够在维护文化多样性的同时，推动文化的现代化进程。这不仅有助于提升国民的文化素养，还能增强国家的文化软实力和国际影响力。

再次，高等教育是人才培养的主阵地。通过提供优质的教育资源，高等教育能够培养出各类专业人才，满足社会各行各业的需求。这些人才将成为国家经济社会发展的中坚力量，推动各行各业的繁荣发展。

最后，高等教育是社会公平和社会流动的重要推动者。通过提供平等的教育机会，高等教育能够帮助来自不同背景的人实现社会阶层的上升，从而促进社会的整体流动性和公平性。

党和国家高度重视高等教育的发展，出台了一系列的政策和措施以推动高等教育的发展，培养更多的一流人才。但何为"一流人才"，到目前为止似乎还没有权威界定。从当前出台的政策和高校人才培养模式看，"一流人才"要具备高度的创造力、批判性思维能力、解决问题的能力和领导力等综合素质，其培养目标是能够在全球范围内竞争和合作的高素质人才。这些人才不仅要有扎实的专业知识，还要有良好的道德品质、国际视野和创新精神。他们应该能够在各自的领域内推动科技进步、社会发展，以及人类文明进步。

王严淞对108所原"985工程"和"211工程"高校的人才培养目标进行关键词的归类划分发现，无论是从"定性描述"还是"定型描述"出发，综合来看，高校要培养具备扎实的基础、较强的能力、能够主动创新、可以服务社会的人才。这种人才定位其实是单方面强调一流人才的"知识性"，但大学应当是"育人"，而非"制器"，一流人才培养的最终目标不仅是要学生拥有一流的知识和能力，更重要的是实现学生的自我价值和自我成长①。

## （二）大学生心理适应不良问题不容忽视

曾任耶鲁大学教授的美国教育作家威廉·德雷谢维奇在《优秀的绵羊》一书中这样描述一群典型的精英名校大学生："他们双修专业，擅长体育，谙熟多种乐器，掌握几门外语……我们似乎不得不向这一群内外兼修、无所不能的精英名校生投以一种羡慕敬仰的目光……但是现实与我们的印象大相径庭……当那层不可一世的自信和完美无缺的光鲜外表被剥离之后，你会惊讶地发现，这群年轻人身上寄居着令人窒息的恐惧、焦虑、

---

① 王严淞：《论我国一流大学本科人才培养目标》，《中国高教研究》2016年第8期，第13-19页。

失落、无助、空虚和孤独。"①教育精英的价值缺失和矛盾心理并非特例，而是一种全球现象。教育精英通常拥有较高的智商和情商，善于利用资源和手段来实现自己的利益最大化，却往往忽视了社会责任和公共利益。

在市场经济的大潮中，社会环境的浮躁和功利化也对教育产生的不良影响推波助澜。在2016年的一次演讲中，北京大学心理咨询师、精神科医生徐凯文提到了两组数据：北京大学的一届新生中，超过30%学生存在厌学情绪，认为学习没有意义；更有40.4%的学生认为活着没有意义，只是按照别人的逻辑活下去而已，其中最极端的就会放弃自己、选择自杀②。

由身处象牙塔尖的大学生正在遭受的一系列"心理亚健康"折磨可想而知，其他普通高等院校学生的心理状况可能同样令人忧虑。有相当比例的大学生在大学四年里找不到自己的兴趣和目标，浑浑噩噩、漫无目的地沉浸在当前的"空虚"中，无意义感和无价值感使他们在挫折的"陡崖"面前一击即溃。正如徐凯文老师指出的，部分大学生心理障碍的原因是价值感缺陷，对人生和生活感到迷茫。如果学生的心理状态不佳，对未来没有目标，在生活的大熔炉面前缺乏毅力和韧性，即便家庭和学校为学生创设多么优越的学习条件和环境，其真实的学业效果也会大打折扣。高校实现高质量人才培养的目标前路艰险，道阻且长。学习心态的作用至关重要，如果大学生时刻保持积极性，状态饱满昂扬，心态会是一剂良药；如果大学生萎靡不振，情绪常常崩溃，心态则是一副枷锁，会限制一切。

获取信息的方式多样化和价值观的多元化使得千禧一代大学生的学习方式、学习动机、学习适应性等发生了巨大变化，自主学习能力、时间管理能力和自我约束能力越来越成为进入大学的新生必须具备的能力。物质生活充沛和信息资源泛滥时代下的新生代青年，一方面志存高远，视野开阔，涉猎广泛，在社会活动和社会交往中追求独特和个性，另一方面又过度依赖虚拟世界，缺乏对现实生活的关注和投入。另外，有相当一部分学生常常以消极的心态对待学习和生活，逃课、挂科、沉迷网络游戏，甚至休学或退学等现象在大学生群体中屡见不鲜。

---

① 威廉·德雷谢维奇：《优秀的绵羊》，林杰译，九州出版社，2016，第17-18页。

② 金玉熙：《弗洛伊德人格结构理论对大学生"空心病"现象的启示》，《教育现代化》2018年第34期，第244-246页。

大学早已不是"乌托邦",面对逐渐到来的学业问题、人际关系问题、自我认知问题和职业规划问题等一系列现实的需求,大学生在学习活动中的适应性、延展性和灵活性在一定程度上决定着其学习效率、学习质量和心理健康。学习适应不良也是大学生出现各种心理问题的主要原因之一。因此,大学生能否适应大学学习直接关乎其能否健康成长、成才,关乎高校的人才培养质量,关乎国家振兴和社会发展。

**(三)心理资本逐渐成为未来的核心竞争力**

在诸多资本禀赋(物质资本、人力资本、社会资本和心理资本等)中,心理资本的作用尤为重要。心理资本对其他资本而言有重要的孕育功能,同时也有助于其他资本发挥功能[1]。

心理资本的核心要素——自信心、希望、乐观和韧性——为个体提供了必要的心理素质和动力基础。人拥有不可预测的无限潜能,源于内心深处,源于心理资本。自信心是个体面对挑战时的驱动力,它能增强个体的自我效能感,促使个体勇于尝试新事物,并能在失败后迅速恢复、继续前进。希望作为一种对未来的积极预期,使个体能够设定清晰的目标,并为之制定实现路径。乐观的态度让个体在面对困难时能保持积极向上的心态,这在经济波动或市场不确定性较高的情况下尤为重要。心理资本的这些核心要素相互作用,共同构成了一个强大的内在动力系统,它不仅孕育了其他形式的资本,还确保了这些资本能在各种环境下有效地发挥作用。高校应将心理资本开发引入人才培养过程,有意识地开发大学生的积极心理潜能,培育、提升大学生的心理资本,从而使大学生在未来社会中更具竞争优势[2]。

教师在教育过程中扮演着至关重要的角色,但他们无法单方面决定教育的效果。教育的力量在于它能够启发和引导学生,但最终的成效取决于学生自身的接受程度、适应能力和将知识内化为自己智慧的努力。首先,教育是一个双向的过程,它要求师生之间的互动与合作。教师的责任是传授知识和引导学生,但学生必须主动参与,提出问题,进行思考,并将所

---

[1] 柯江林等:《大学生心理资本研究》,知识产权出版社,2015,第13页。

[2] 林萍、吴贵明:《心理资本培育:大学生就业能力提升的应有之题》,《福建论坛》(人文社会科学版)2011年第12期,第215-218页。

学的知识与现实生活联系起来。这种主动的学习态度是掌握知识的关键。其次，每个学生的学习能力、兴趣和动机都是独特的，这就要求教育必须个性化，适应每个学生的特殊需要。教育工作者需要观察和理解每个学生的特点，采用适合他们的教学方法，鼓励他们按照自己的节奏学习。再次，教育的真正目的是培养学生独立思考和解决问题的能力，而不仅仅是灌输知识。这意味着，学生需要学会如何将知识融会贯通，形成自己的见解，并在现实生活中加以运用。这个过程就是所谓的"内化"，即学生把外在的知识转化为自己的思想和能力。尽管学校提供了优质的教育资源，教师投入了大量的精力和时间，但只有当学生愿意接纳这些资源，积极主动地适应学习环境，并将知识转化为自己的能力时，教育才能真正实现其价值。

就像帕斯卡雷拉（Pascarella）和特伦齐尼（Terenzini）在《大学怎样影响学生的发展》一书中提出的，大学教育的质量高低，大学对学生所产生的影响，在很大程度上是由学生个体的学习努力和学习参与程度决定的，优秀的大学应当把政策、管理、资源配置等落脚和围绕在鼓励学生更好地参与到学习中来[1][2]。因此，助力大学生成长的各个单元，调动学生学习的自主性、能动性和独立性是高等教育更为迫切的焦点。如何以正能量挖掘和培养学生的潜在优势，如何提升学生的自信水平和心理韧性，这些都是当前最受关注的重点。

## 二、文献回顾

### （一）大学生心理资本的文献综述

"心理资本"这一概念最早于1997年出现在经济学领域的文献中，美国著名经济学家古登史密斯（Goldsmith）、韦姆（Veum）和达里蒂（Darity）认为，心理资本是指能够影响个体生产率的一些个性特征，这些特征反映了一个人的自我观点和自尊感，支配着一个人的动机和对工作的一般

---

[1] Ernest Pascarella and Patric Terenzini, *How College Affects Students: A Third Decade of Research* (San Francisco: Jossey-Bass Publishers, 2005), p.602.

[2] 吕林海、张红霞:《中国研究型大学本科生学习参与的特征分析——基于12所中外研究型大学调查资料的比较》,《教育研究》2015年第9期,第51-63页。

态度①。具体来说，古登史密斯、韦姆和达里蒂认为，心理资本主要包括两个方面：一是自尊，即个体对自己的评价和感受；二是控制点，即个体认为自己能够控制生活的程度。这两个方面的结合，形成了个体的心理资本，这种资本对个体的生产率有着直接的影响。在研究中，他们还发现，心理资本并不是固定不变的，而是可以通过教育和培训等方式进行培养和发展的。这意味着，通过提升个体的心理资本，可以有效地提高他们的生产率和绩效。

管理学家路桑斯（Luthans）很敏锐地觉察到积极心理学的先进性和广泛适用性，将这一先进的思想融入企业的组织与管理领域，开创了心理资本的新概念，将其定义为"个体一般积极性的核心心理要素"，其具体表现为"符合积极组织行为标准的心理状态，它超出了人力资本和社会资本之上，并能够通过有针对性的投入和开发而使个体获得竞争优势。"②之后，路桑斯和其研究团队又对这一概念进行修订，认为心理资本是指个体积极心理的发展状态，有四个构成成分，分别是：自信（自我效能），即个体有信心面对挑战性工作并积极努力以获得成功；乐观，指个体对现在或未来的成功积极的归因；希望，指个体为了获取胜利而对目标的坚持及必要时的调整；韧性，指个体受挫或遇困时能坚持、自我复原并超越甚至取得成功的能力③。

从现有心理资本相关文献中可以看出，心理资本的核心内涵主要集中于综合论，该理论认为心理资本是介于特质和状态之间的一种"类状态"，既可以被开发，又相对稳定。比如，阿弗里欧（Avolio）在其研究中指出，心理资本同时具备特征性和状态性④，路桑斯等人修订后的心理资本概念

① Arthur H. Goldsmith, Jonathan R. Veum and William Darity, "The Impact of Psychological and Human Capital on Wages," *Economic Inquiry* 35, no.4(1997): 815–829.

② Fred Luthans, Bruce J. Avolio, Fred O. Walumbwa and Weixing Li, "The Psychological Capital of Chinese Workers: Exploring the Relationship with Performance," *Management and Organization Review* 1, no.2(2005): 249–271.

③ 弗莱德·路桑斯等:《心理资本:打造人的竞争优势》,李超平译,中国轻工业出版社,2008,第1页。

④ Bruce J. Avolio and Fred Luthans, *The High Impact Leader: Moments Matter in Accelerating Authentic Leadership Development* (New York: McGraw-Hill, 2006): 17.

表示，心理资本作为一个整体，比情绪状态具有更好的测量稳定性，但同时又没有人格或自我评价特质那么稳定①。综合论认为，心理资本不是单一的心理特质或状态，而是由多种心理要素组成的综合体，这些要素可能包括自信、乐观、希望、韧性、自我效能感等，它们相互作用，共同构成了个体的心理资本。

**1.大学生心理资本的概念**

积极心理学领域逐渐孕育出大学生心理资本的概念，它通常指的是大学生在面临挑战和困境时所表现出的积极心理状态，包括自信、乐观、希望和韧性这四个核心要素。这些心理状态被认为是大学生成功应对学业和生活压力、实现个人目标和提升幸福感的关键因素。虽然18至22岁的大学生生理发育已经达到成人水平，但其心理成熟还需要更长的时间。心理成熟不仅包括认知能力的提升，还包括情感调控、人际交往和自我认识等多方面的能力。大学生需要从被照顾的角色转变为独立承担责任的成年人，这种角色的转变要求学生具备更强的自我管理能力、决策能力和责任感。然而，并非所有学生都能迅速适应这种转变，部分学生可能会在这个过程中遇到困难。

在我国，对大学生心理资本的研究起步较晚，但近年来，随着积极心理学的普及和教育理念的更新，这一概念逐渐受到学术界和教育界的重视。诸多学者纷纷投身于对这一领域的研究之中，他们从不同的学科背景和专业特点出发，致力于挖掘该概念的内涵、外延及其在实际应用中的价值与意义。

我国学者的早期研究主要集中在心理资本的理论框架和测量工具的开发上，试图以此来理解和量化大学生的心理资本水平。肖雯和李林英是国内最早明确界定大学生心理资本概念的研究者，他们认为，大学生心理资本是大学生在人生发展的特殊阶段所具备的积极能力的总和，这些积极能

---

① Fred Luthans, Bruce J. Avolio, James B. Avey and Steven M. Norman, "Positive Psychological Capital: Measurement and Relationship with Performance and Satisfaction," *Personnel Psychology* 60, no.3(2007): 541-572.

力可以通过有效的测量和开发来帮助大学生获得自我肯定与成就[1]。

随着时间的推移，研究者们开始关注如何有效提升大学生的心理资本，以及心理资本与其他重要变量（学业成绩、就业能力、心理健康等）之间的关系。这些研究不仅丰富了人们对大学生心理资本的认识，也为高等教育实践提供了有价值的参考。

当前，我国大学生心理资本的研究正在向更深层次和更广范围拓展，涉及心理资本的动态变化、跨文化比较，以及如何通过教育和辅导等手段来培育和提升大学生的心理资本等方面。这表明大学生心理资本的研究在我国正处于一个快速发展期，未来有望在教育实践中发挥更大的作用。

**2.大学生心理资本的结构及测量**

（1）大学生心理资本的结构

基于中国特殊的文化环境，国内一些学者提出了本土化的大学生心理资本结构概念。如肖雯、李林英认为，大学生心理资本由自我效能、乐观、韧性、感恩和兴趣五个维度构成[2]。张轩辉提出，大学生心理资本包含自信、乐观、韧性、情绪智力、成就动机、创造力和希望七个维度[3]。蒋苏芹认为，大学生心理资本应包含九大维度，分别是成就动机、自尊希望、乐观幸福、责任意识、自我效能感、情绪智力、坚韧自强、包容宽恕和创新能力[4]。而王海燕和吴国蔚在对大学生心理资本构成的研究中得出了和柯江林的研究相似的结论，认为大学生心理资本可划分为人际型和事务型两类，人际型心理资本包括感恩、包容、诚信、谦虚，事务型心理资本包括进取、担当、韧性、希望、乐观、自信[5]。其他大部分学者在其研

---

[1] 肖雯、李林英：《大学生心理资本问卷的初步编制》，《中国临床心理学杂志》2010年第6期，第691—694页。

[2] 肖雯、李林英：《大学生心理资本问卷的初步编制》，《中国临床心理学杂志》2010年第6期，第691—694页。

[3] 张轩辉：《大学生心理资本结构及现状调查研究》，《兰州教育学院学报》2014年第9期，第71—73页。

[4] 蒋苏芹：《大学生心理资本的内涵与结构研究》，硕士学位论文，南昌大学，2011，第17页。

[5] 王海燕、吴国蔚：《大学生心理资本构成研究》，《黑龙江高教研究》2013年第10期，第109—113页。

究中对大学生心理资本的概念及构成要素基本上借助于路桑斯等人的观点，把大学生心理资本划分为四个维度，即自信（自我效能感）、希望、乐观和韧性。

在互联网时代背景下，对大学生心理资本的结构研究进一步细化，涵盖了做人型、做事型和人际型三个维度，每个维度下又有若干子维度，如做人型心理资本下的自信、自省等，做事型心理资本下的上进、专注等，以及人际型心理资本下的同理、包容等。大学生心理资本结构的发展和演变经历了从简单到复杂，从一维到多维的转变，反映了教育者和研究者对大学生心理需求的深入理解和响应，以及对提升大学生心理资本和整体幸福感的持续探索。

（2）大学生心理资本的测量

大学阶段是人格健全和心理成熟的关键阶段，也是大学生心理资本开发与积累的重要时期。大学生心理资本的测量通常涉及一系列的评估工具和方法，旨在量化个体在自信、乐观、希望和韧性等方面的水平。这些测量工具的设计基于心理资本的理论模型，并且经过了严格的心理测量学评估，以确保其有效性和可靠性。常用的测量工具包括自编问卷、标准化量表和结构化访谈等。

不同于普通的企业员工，大学生的心理资本处于一个迅速发展变化的阶段，其测量有别于一般心理资本的测量。学者张阔编制的积极心理资本问卷包括希望、乐观、自我效能感、韧性四项结构要素，共26道题项[1]；蒋苏芹编制的大学生心理资本问卷包括成就动机、自尊希望、乐观幸福、责任意识、自我效能、情绪智力、坚韧自强、包容宽恕、创新能力九项结构要素，共71道题项[2]；肖雯编制的大学生心理资本测量量表包括自我效能、乐观、韧性、感恩、兴趣五项结构要素，共52道题项[3]。

---

[1] 张阔、张赛、董颖红：《积极心理资本:测量及其与心理健康的关系》,《心理与行为研究》2010年第1期,第58-64页。

[2] 蒋苏芹：《大学生心理资本的内涵与结构研究》,硕士学位论文,南昌大学,2011,第23页。

[3] 肖雯、李林英：《大学生心理资本问卷的初步编制》,《中国临床心理学杂志》2010年第6期,第691-694页。

对大学生心理资本的测量是一个系统的过程，涉及问卷或量表的设计、样本的选择、数据的收集和分析等多个步骤。通过测量，研究者可以深入了解大学生的心理资本状况，并为后续的教育干预和心理资本提升提供依据。

### （二）大学生学习适应的文献综述

#### 1.大学生学习适应的概念

美国学者丁度（Tinto）的一项研究发现，在无法完成大学学业的美国大学生中，多达57%的受访者是由于在大一阶段无法适应大学生活而辍学的，学习适应困难是导致他们辍学的最重要因素[1]。因此，从20世纪80年代开始，大学生学习适应便成为国外高等教育研究的热点话题，我国学者对大学生学习适应问题的关注则起始于21世纪初。

尽管学习适应研究已经进行了40多年，但是，学界对于何为学习适应仍然缺乏受广泛认可的精确定义。对于学习适应概念的争议主要集中于"能力论"和"过程论"的理论观点上[2]。

持"能力论"的学者认为，学习适应本质上反映的是大学生在大学学习中根据不同的学习环境、学习内容和学习过程调整身心状态和学习方式的能力。田澜认为，学习适应是一种个体对自我身心状态和外部学习环境的平衡能力，通过调整学习适应状态，个体能够达到学习过程和学习条件之间的动态平衡。葛明贵和余益兵认为，学习适应是一种能力和心理倾向，是个体在学习中克服困难和完成学业的心理倾向性[3]。李炳煌认为，学习适应是个体对学习障碍和学习困难的心理超越，即学习的心理适应能力[4]。

持"过程论"观点的学者则认为，学习适应是个体根据学习的内外环

---

① 董艳、Mary Peat：《中澳两所大学促进大学新生角色转换的对比研究》，《中国大学教学》2006年第3期，第57-59页。

② 包艳丽：《大学生专业承诺、学习适应与学习倦怠研究》，硕士学位论文，电子科技大学，2015，第8页。

③ 葛明贵、余益兵：《大学生学习适应性及其影响因素》，《安徽师范大学学报》（人文社会科学版）2005年第5期，第602-606页。

④ 李炳煌：《大学生学习动机与学习适应关系研究》，《煤炭高等教育》2006第3期，第105-107页。

境不断调整身心状态的连续和波动的过程。冯廷勇等人明确指出，学习适应是个体根据学习环境和学习需求的需要，调整自我学习状态，以期达到学习状态与学习环境相一致的心理和行为过程[①]。杨艳玲认为，学习适应是个体在学习过程中的自我概念重构过程[②]。总体来说，大多数国内外的学者更倾向于"能力论"的观点。

## 三、研究设计与成果

### （一）研究设计

#### 1.研究方法

文献研究法和问卷调查法是本研究中最为关键的两个研究方法。

文献研究法主要指搜集、鉴别、整理文献，并通过对文献的研究形成对事实的科学认识的方法。本书通过文献研究法梳理心理资本和学习适应性的国内外研究成果，明晰大学生学习心理发展的变化过程及影响因素。

问卷调查法是一种国内外社会调查中较为广泛使用的方法。它使用设计好的问卷工具进行调查，以设问的方式表述问题，通过邮寄、个别分送或集体分发等多种方式发放问卷，由调查者按照表格所问来填写答案。本书使用成熟可靠的量表，选取适当的调查对象，深入分析心理资本和学习适应性之间的变化机制。

#### 2.研究工具

（1）积极心理资本问卷

积极心理资本问卷（Positive PsyCap Questionnaire，PPQ）由李阔教授于2010年以大学生为被试编制而成。在本研究中，该问卷的克隆巴赫系数为 0.917，$\chi 2/df=11.805$，$CFI=0.927$，$GFI=0.901$，$NNFI=0.914$，$RMSEA=0.06$，拟合指数符合常规标准，量表结构效度良好。

---

① 冯廷勇、苏缇、胡兴旺、李红：《大学生学习适应量表的编制》，《心理学报》2006年第5期，第762-769页。

② 杨艳玲：《大学新生学习适应的问题与对策》，《国家教育行政学院学报》2005年第9期，第155-162页。

（2）大学生学习适应性量表

大学生学习适应性量表由冯廷勇教授于2002年编制而成，问卷共有29个题项，分为五个维度。问卷采用李克特（Likert）的5点评定计分法，"完全不符合"计1分，"完全符合"计5分，中间各选项分值依次递增，有18个项目为反向计分题项。本研究中，学习适应总量表的克隆巴赫系数为0.843，表现出良好的内部一致性信度，$\chi2/df=7.489$，CFI=0.970，GFI=0.920，NNFI=0.900，RMSEA=0.06，拟合指数符合常规标准，量表结构效度良好。

**3.样本基本情况**

本研究以甘肃省某高校本科生为调查对象，以随机发放问卷的方式进行取样，通过纸质问卷和网络问卷两种问卷形式进行调查。共回收1621份有效问卷，有效率为94%。

**（二）研究结果**

**1.大学生心理资本与学习适应的总体水平和差异分析**

用独立样本T检验单因素方差分析法和LSD事后检验分析性别、年级、学习成绩、家庭教养方式等大学生心理资本和学习适应的总体水平，以及大学生心理资本和学习适应在各维度上的差异情况。

（1）大学生心理资本的总体水平和差异分析

被测大学生在积极心理资本问卷上的得分情况如表2-1所示。

表2-1　大学生心理资本总体状况

| 维度 | 样本数 | 均值（M） | 标准差（SD） |
|------|--------|-----------|--------------|
| 自我效能 | 1621 | 4.52 | 0.97 |
| 希望 | 1621 | 5.18 | 1.00 |
| 乐观 | 1619 | 5.05 | 0.98 |
| 韧性 | 1621 | 4.33 | 1.06 |
| 心理资本 | 1619 | 4.77 | 0.81 |

1）心理资本在性别变量上的差异分析

大学生心理资本在性别上的差异分析结果如表2-2所示，性别在大学生心理资本总体上存在显著差异，男生心理资本总体水平显著高于女生。在各维度中，性别在自我效能和韧性两个维度上表现出显著差异，男生在自我效能和韧性方面强于女生，但在希望和乐观两个维度上性别差异不显著。

表2-2　大学生心理资本在性别上的差异分析

| 维度 | 性别 | 均值（M） | 标准差（SD） | T值 | p值 |
|---|---|---|---|---|---|
| 自我效能 | 男（N=712） | 4.61 | 0.97 | 3.318 | 0.001 |
| | 女（N=909） | 4.45 | 0.97 | | |
| 希望 | 男（N=712） | 5.22 | 0.98 | 1.360 | 0.174 |
| | 女（N=909） | 5.15 | 1.01 | | |
| 乐观 | 男（N=712） | 5.09 | 1.00 | 1.656 | 0.098 |
| | 女（N=909） | 5.01 | 0.96 | | |
| 韧性 | 男（N=712） | 4.45 | 1.04 | 4.298 | 0.000 |
| | 女（N=909） | 4.23 | 1.06 | | |
| 心理资本 | 男（N=712） | 4.84 | 0.80 | 3.322 | 0.001 |
| | 女（N=909） | 4.71 | 0.82 | | |

2）心理资本在独生子女与否上的差异分析

大学生心理资本在独生子女与否上的差异分析如表2-3所示，独生子女与非独生子女只在自我效能维度上存在显著差异，独生子女大学生的自我效能水平显著高于非独生子女大学生。独生子女大学生在心理资本总分及希望和韧性维度上略高于非独生子女大学生，在乐观维度上低于非独生子女大学生，但差异都没有达到显著性水平。

表2-3　大学生心理资本在独生子女与否上的差异分析

| 维度 | 独生子女与否 | 均值（M） | 标准差（SD） | T值 | p值 |
|---|---|---|---|---|---|
| 自我效能 | 独生（N=426） | 4.65 | 0.97 | 3.223 | 0.001 |
| | 非独生（N=1195） | 4.47 | 0.97 | | |
| 希望 | 独生（N=426） | 5.25 | 1.01 | 1.533 | 0.125 |
| | 非独生（N=1195） | 5.16 | 0.99 | | |

多变量视角的大学生学习心理机制研究

续表2-3

| 维度 | 独生子女与否 | 均值(M) | 标准差(SD) | T值 | p值 |
|---|---|---|---|---|---|
| 乐观 | 独生(N=426) | 5.01 | 1.02 | -0.775 | 0.439 |
| | 非独生(N=1195) | 5.06 | 0.96 | | |
| 韧性 | 独生(N=426) | 4.36 | 1.06 | 0.784 | 0.433 |
| | 非独生(N=1195) | 4.32 | 1.06 | | |
| 心理资本 | 独生(N=426) | 4.82 | 0.83 | 1.462 | 0.144 |
| | 非独生(N=1195) | 4.75 | 0.81 | | |

3）心理资本在是否担任过班干部上的差异分析

经检验，大学生心理资本以及各维度在是否担任过班干部上差异非常显著，现在且曾经担任班干部的大学生在心理资本整体水平以及自我效能、希望、乐观和韧性四个维度的得分都显著高于没有担任过任何职务的大学生。具体得分情况如表2-4所示。

表2-4 大学生心理资本在是否担任过班干部上的差异分析

| 维度 | 是否担任过班干部 | 均值(M) | 标准差(SD) | T值 | p值 |
|---|---|---|---|---|---|
| 自我效能 | 是(N=534) | 4.82 | 0.88 | -8.952 | 0.000 |
| | 否(N=1087) | 4.37 | 0.98 | | |
| 希望 | 是(N=534) | 5.38 | 0.94 | -5.552 | 0.000 |
| | 否(N=1087) | 5.09 | 1.01 | | |
| 乐观 | 是(N=533) | 5.18 | 0.99 | -3.798 | 0.000 |
| | 否(N=1086) | 4.98 | 0.96 | | |
| 韧性 | 是(N=534) | 4.44 | 1.05 | -3.062 | 0.002 |
| | 否(N=1087) | 4.27 | 1.06 | | |
| 心理资本 | 是(N=533) | 4.95 | 0.78 | -6.524 | 0.000 |
| | 否(N=1086) | 4.68 | 0.81 | | |

4）心理资本在不同年级大学生中的差异分析

大学生心理资本水平在年级上的差异分析结果如表2-5所示。从表中可以看出，四个年级的大学生在自我效能维度上的得分不存在显著差异，但在心理资本总分及希望、乐观和韧性三个维度上的得分差异非常显著

（p<0.01）。

表2-5 大学生心理资本水平在年级上的差异分析

| 维度 | 大一<br>（N=600） | 大二<br>（N=285） | 大三<br>（N=432） | 大四<br>（N=304） | F值 | p值 |
|------|------|------|------|------|------|------|
| 自我效能 | 4.51±0.99 | 4.52±0.88 | 4.59±1.03 | 4.42±0.94 | 1.861 | 0.134 |
| 希望 | 5.30±1.00 | 5.04±0.99 | 5.20±1.02 | 5.07±0.94 | 5.769 | 0.001 |
| 乐观 | 5.14±0.98 | 4.94±0.97 | 5.06±1.00 | 4.95±0.94 | 3.949 | 0.008 |
| 韧性 | 4.48±1.04 | 4.29±1.02 | 4.26±1.06 | 4.16±1.09 | 7.537 | 0.000 |
| 心理资本 | 4.85±0.81 | 4.70±0.78 | 4.78±0.84 | 4.65±0.79 | 5.096 | 0.002 |

进一步进行LSD事后多重比较发现，在心理资本整体水平上，大一学生最高，而大四学生最低，且大一显著高于大二（p<0.01）和大四（p<0.001），大三显著高于大四（p<0.05）。

在自我效能维度上，大三>大二>大一>大四，其中，大三学生自我效能水平显著高于大四学生（p<0.05）。在希望维度上，大一>大三>大四>大二，其中，大一显著高于大二（p<0.001）和大四（p<0.01），大三显著高于大二（p<0.05）。在乐观维度上，大一>大三>大四>大二，其中，大一显著高于大二（p<0.01）和大四（p<0.01）。在韧性维度上，大一>大二>大三>大四，其中，大一显著高于大二（p<0.05）、大三（p<0.01）和大四（p<0.001），具体情况见图2-1。

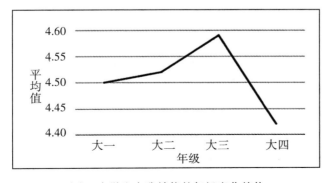

（a）大学生自我效能的年级变化趋势

多变量视角的大学生学习心理机制研究

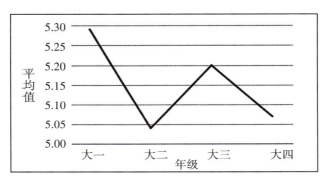

（b）　大学生希望的年级变趋势

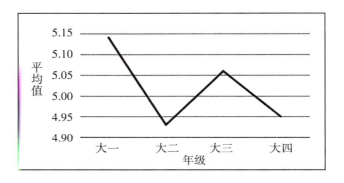

（c）　大学生乐观的年级变趋势

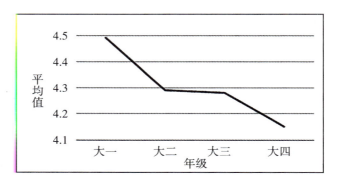

（d）　大学生韧性的年级变趋势

图2-1　大学生心理资本各维度年级变化趋势

5）心理资本在学习成绩变量上的差异分析

大学生心理资本在学习成绩上的差异分析如表2-6所示，心理资本及自我效能、希望和乐观三个维度在学习成绩上的差异极其显著（p<

0.001）。进一步事后多重比较发现，心理资本整体水平以及自我效能、希望和乐观三个维度在学习成绩优秀、良好、中等和较差上均存在显著差异，均表现为优秀＞良好＞中等＞较差。

表2-6　大学生心理资本在学习成绩上的差异分析

| 维度 | 优秀<br>（N=119） | 良好<br>（N=691） | 中等<br>（N=716） | 较差<br>（N=95） | F值 | p值 |
|------|------|------|------|------|------|------|
| 自我效能 | 5.16±0.91 | 4.70±0.90 | 4.30±0.92 | 3.95±1.19 | 53.215 | 0.000 |
| 希望 | 5.72±0.80 | 5.36±0.96 | 5.02±0.94 | 4.47±1.28 | 44.751 | 0.000 |
| 乐观 | 5.34±0.92 | 5.16±0.95 | 4.96±0.93 | 4.55±1.28 | 17.151 | 0.000 |
| 韧性 | 4.35±1.02 | 4.43±1.09 | 4.24±1.01 | 4.21±1.16 | 4.061 | 0.007 |
| 心理资本 | 5.15±0.71 | 4.91±0.80 | 4.63±0.76 | 4.30±1.02 | 35.367 | 0.000 |

6）心理资本在家庭教养方式上的差异分析

大学生心理资本在家庭教养方式上的差异分析如表2-7所示，大学生心理资本及各维度在不同家庭教养方式上的差异极其显著（p＜0.001）。

表2-7　大学生心理资本在家庭教养方式上的差异分析

| 维度 | 溺爱型<br>（N=38） | 放任型<br>（N=270） | 专制型<br>（N=208） | 民主型<br>（N=1105） | F值 | p值 |
|------|------|------|------|------|------|------|
| 自我效能 | 4.33±1.10 | 4.45±0.94 | 4.27±0.99 | 4.59±0.96 | 7.41 | 0.000 |
| 希望 | 5.15±1.04 | 4.91±1.03 | 4.98±0.93 | 5.29±5.18 | 14.387 | 0.000 |
| 乐观 | 4.86±1.23 | 4.95±0.94 | 4.72±1.02 | 5.14±0.96 | 12.008 | 0.000 |
| 韧性 | 4.16±1.13 | 4.16±1.01 | 3.98±1.04 | 4.44±1.05 | 14.226 | 0.000 |
| 心理资本 | 4.63±0.91 | 4.62±0.77 | 4.49±0.78 | 4.86±0.81 | 17.033 | 0.000 |

（2）大学生学习适应的总体水平和差异分析

表2-8是大学生学习适应的总体状况，由表可知，大学生学习适应总体状况良好，5级评分学习适应总均分为3.63，略高于中值。在具体的五

个维度上，从调查大学生在学习态度上的适应最好，在环境因素上得分最低。五个维度得分由高到低排序依次是学习态度（3.94）、教学模式（3.87）、学习能力（3.85）、学习动机（3.41）、环境因素（3.06）。

表2-8　大学生学习适应的总体状况

| 维度 | 样本数 | 均值（M） | 标准差（SD） |
|---|---|---|---|
| 学习动机 | 1621 | 3.41 | 0.67 |
| 教学模式 | 1620 | 3.87 | 0.74 |
| 学习能力 | 1620 | 3.85 | 0.64 |
| 学习态度 | 1621 | 3.94 | 0.81 |
| 环境因素 | 1621 | 3.06 | 0.84 |
| 学习适应总状况 | 1619 | 3.63 | 0.53 |

1）学习适应在性别变量上的差异分析

表2-9是大学生学习适应在性别上的差异分析，如表所示，大学生学习适应及各维度在性别变量上有一定的差异，但并未达到显著性水平，即男生和女生之间在学习适应上的差异不存在统计学意义。

表2-9　大学生学习适应在性别上的差异分析

| 维度 | 选项 | 均值（M） | 标准差（SD） | T值 | p值 |
|---|---|---|---|---|---|
| 学习动机 | 男（N=712） | 3.41 | 0.68 | -0.011 | 0.991 |
| | 女（N=909） | 3.41 | 0.66 | | |
| 教学模式 | 男（N=712） | 3.84 | 0.76 | -1.444 | 0.149 |
| | 女（N=909） | 3.90 | 0.73 | | |
| 学习能力 | 男（N=712） | 3.88 | 0.62 | 1.459 | 0.145 |
| | 女（N=909） | 3.83 | 0.65 | | |
| 学习态度 | 男（N=712） | 3.93 | 0.86 | -0.521 | 0.603 |
| | 女（N=909） | 3.95 | 0.77 | | |
| 环境因素 | 男（N=712） | 3.05 | 0.87 | -0.312 | 0.755 |
| | 女（N=909） | 3.06 | 0.82 | | |
| 学习适应 | 男（N=712） | 3.62 | 0.55 | -0.323 | 0.747 |
| | 女（N=909） | 3.63 | 0.52 | | |

2）学习适应在是否独生子女上的差异分析

检验结果表明，学习适应总体情况在是否独生子女上的差异非常显著，独生子女大学生的学习适应水平显著高于非独生子女大学生，具体数值见表2-10。

表2-10　大学生学习适应在是否独生子女上的差异分析

| 维度 | 选项 | 均值（M） | 标准差（SD） | T值 | p值 |
|---|---|---|---|---|---|
| 学习动机 | 独生（N=426） | 3.46 | 0.69 | 2.036 | 0.042 |
| | 非独生（N=1195） | 3.39 | 0.66 | | |
| 教学模式 | 独生（N=426） | 4.01 | 0.70 | 4.667 | 0.000 |
| | 非独生（N=1195） | 3.82 | 0.75 | | |
| 学习能力 | 独生（N=426） | 3.90 | 0.58 | 1.728 | 0.084 |
| | 非独生（N=1195） | 3.84 | 0.65 | | |
| 学习态度 | 独生（N=426） | 4.03 | 0.79 | 2.687 | 0.007 |
| | 非独生（N=1195） | 3.91 | 0.83 | | |
| 环境因素 | 独生（N=426） | 3.21 | 0.85 | 4.347 | 0.000 |
| | 非独生（N=1195） | 3.00 | 0.84 | | |
| 学习适应 | 独生（N=426） | 3.72 | 0.52 | 4.339 | 0.000 |
| | 非独生（N=1195） | 3.59 | 0.53 | | |

3）学习适应在是否担任过班干部上的差异分析

表2-11是大学生学习适应在是否担任过班干部上的差异分析，表中显示，大学生学习适应在是否担任过班干部上差异非常显著。具体来说，现在担任或曾经担任过班干部的大学生，其总体学习适应水平、学习动机和学习能力都显著高于没有担任过任何职务的大学生（$p < 0.001$）。

表2-11　大学生学习适应在是否担任过班干部上的差异分析

| 维度 | 选项 | 均值（M） | 标准差（SD） | T值 | p值 |
|---|---|---|---|---|---|
| 学习动机 | 是（N=534） | 3.52 | 0.66 | 4.921 | 0.000 |
| | 否（N=1087） | 3.35 | 0.67 | | |
| 教学模式 | 是（N=533） | 3.93 | 0.77 | 2.214 | 0.027 |
| | 否（N=1087） | 3.84 | 0.73 | | |
| 学习能力 | 是（N=533） | 3.98 | 0.59 | 5.787 | 0.000 |
| | 否（N=1087） | 3.79 | 0.65 | | |

续表2-11

| 维度 | 选项 | 均值(M) | 标准差(SD) | T值 | p值 |
|---|---|---|---|---|---|
| 学习态度 | 是(N=534) | 3.99 | 0.82 | 1.695 | 0.090 |
| | 否(N=1087) | 3.92 | 0.81 | | |
| 环境因素 | 是(N=534) | 3.08 | 0.84 | 0.865 | 0.387 |
| | 否(N=1087) | 3.04 | 0.84 | | |
| 学习适应 | 是(N=532) | 3.70 | 0.53 | 3.954 | 0.000 |
| | 否(N=1087) | 3.58 | 0.53 | | |

4）学习适应在不同年级上的差异分析

表2-12是大学生学习适应在年级上的差异分析，如表所示，大学生学习适应和学习态度、环境因素两个维度在年级上显现出极其显著的差异（$p<0.001$），学习动机、教学模式和学习能力三个维度在年级上也有显著差异（$p<0.05$）。

表2-12　大学生学习适应在年级上的差异分析

| 维度 | 大一<br>（N=600） | 大二<br>（N=285） | 大三<br>（N=432） | 大四<br>（N=304） | F值 | p值 |
|---|---|---|---|---|---|---|
| 学习动机 | 3.44±0.70 | 3.26±0.65 | 3.45±0.67 | 3.42±0.60 | 5.818 | 0.001 |
| 教学模式 | 3.94±0.71 | 3.75±0.73 | 3.85±0.81 | 3.89±0.70 | 4.443 | 0.004 |
| 学习能力 | 3.83±0.60 | 3.79±0.64 | 3.87±0.69 | 3.93±0.60 | 2.954 | 0.031 |
| 学习态度 | 4.15±0.73 | 3.83±0.81 | 3.83±0.87 | 3.80±0.79 | 22.019 | 0.000 |
| 环境因素 | 3.22±0.82 | 2.98±0.84 | 2.96±0.88 | 2.94±0.78 | 12.706 | 0.000 |
| 学习适应 | 3.72±0.51 | 3.52±0.52 | 3.59±0.58 | 3.60±0.50 | 10.518 | 0.000 |

5）学习适应在学习成绩变量上的差异分析

大学生学习适应及各维度在学习成绩上的单因素方差结果如表2-13所示，学习适应总体水平和各维度在优秀、良好、中等和较差四个学习成绩等级上的差异极其显著，均表现为优秀＞良好＞中等＞较差，即学习适应性越好则学习成绩越优秀。进一步检验发现，学习动机、教学模式和学习能力在学习成绩的每个等级上的差异均十分显著（p<0.001），而学习态度在学习成绩"优秀"和"良好"之间的差异不显著，环境因素仅在学习成绩"优秀"和"较差"之间有显著差异（p<0.05）。

表2-13 大学生学习适应及各维度在学习成绩上的差异分析

| 维度 | 优秀<br>（N=119） | 良好<br>（N=691） | 中等<br>（N=716） | 较差<br>（N=95） | F值 | p值 |
|---|---|---|---|---|---|---|
| 学习动机 | 3.92±0.96 | 3.54±0.62 | 3.27±0.62 | 2.83±0.76 | 75.425 | 0.000 |
| 教学模式 | 4.12±0.78 | 3.97±0.71 | 3.79±0.72 | 3.46±0.81 | 21.770 | 0.000 |
| 学习能力 | 4.12±0.59 | 3.96±0.57 | 3.75±0.62 | 3.44±0.86 | 39.773 | 0.000 |
| 学习态度 | 4.19±0.71 | 4.08±0.75 | 3.83±0.82 | 3.44±0.94 | 28.002 | 0.000 |
| 环境因素 | 3.16±0.90 | 3.09±0.86 | 3.03±0.82 | 2.90±0.84 | 2.405 | 0.000 |
| 学习适应 | 3.92±0.52 | 3.73±0.51 | 3.53±0.50 | 3.21±0.60 | 50.269 | 0.000 |

6）学习适应在家庭教养方式变量上的差异分析

学习适应和家庭教养方式的F检验结果表明，学习动机及各维度在不同家庭教养方式上表现出十分显著的差异，详见表2-14。大学生学习适应整体水平在家庭教养方式上由高到低排序依次为：民主型、放任型、专制型、溺爱型。进一步检验得出，民主型家庭教养方式下的大学生学习适应总体水平以及各维度得分均显著高于溺爱型、放任型和专制型家庭教养方式下的大学生。

表2-14 大学生学习适应及各维度在家庭教养方式上的差异分析

| 维度 | 溺爱型<br>（N=38） | 放任型<br>（N=270） | 专制型<br>（N=208） | 民主型<br>（N=1105） | F值 | p值 |
|---|---|---|---|---|---|---|
| 学习动机 | 3.26±0.71 | 3.23±0.67 | 3.30±0.61 | 3.48±0.67 | 13.015 | 0.000 |
| 教学模式 | 3.54±0.88 | 3.79±0.74 | 3.72±0.72 | 3.93±0.73 | 9.432 | 0.000 |
| 学习能力 | 3.80±0.71 | 3.78±0.68 | 3.76±0.60 | 3.89±0.63 | 3.868 | 0.009 |

续表2-14

| 维度 | 溺爱型<br>(N=38) | 放任型<br>(N=270) | 专制型<br>(N=208) | 民主型<br>(N=1105) | F值 | p值 |
|---|---|---|---|---|---|---|
| 学习态度 | 3.63±0.89 | 3.80±0.87 | 3.76±0.79 | 4.02±0.78 | 11.956 | 0.000 |
| 环境因素 | 2.86±0.82 | 3.00±0.81 | 2.85±0.84 | 3.11±0.84 | 6.777 | 0.000 |
| 学习适应 | 3.42±0.58 | 3.52±0.54 | 3.48±0.50 | 3.69±0.53 | 15.983 | 0.000 |

**2.大学生心理资本与学习适应的相关分析**

大学生心理资本与学习适应的相关分析结果如表2-15所示，大学生心理资本总分与各维度得分与大学生学习适应总分及各维度得分之间的相关性十分显著（p<0.001）。大学生心理资本能显著正向预测学习适应。

**表2-15 大学生心理资本与学习适应的相关分析**

| 维度 | 自我效能 | 希望 | 乐观 | 韧性 | 心理资本总分 |
|---|---|---|---|---|---|
| 学习动机 | 0.559*** | 0.683*** | 0.462*** | 0.410*** | 0.649*** |
| 教学模式 | 0.259*** | 0.386*** | 0.282*** | 0.370*** | 0.401*** |
| 学习能力 | 0.562*** | 0.614*** | 0.519*** | 0.320*** | 0.616*** |
| 学习态度 | 0.211*** | 0.430*** | 0.272*** | 0.286*** | 0.370*** |
| 环境因素 | 0.140*** | 0.193*** | 0.132*** | 0.296*** | 0.237*** |
| 学习适应总分 | 0.454*** | 0.615*** | 0.442*** | 0.462*** | 0.608*** |

注：***表示 $p<0.001$。

**3.大学生心理资本与学习适应的回归分析**

（1）人口统计学变量对学习适应的OLS回归分析

以性别、政治身份、年级等人口统计学变量为自变量，以学习适应总分和各维度为因变量进行OLS回归分析，结果如表2-16所示。

1）模型1的OLS回归分析

模型1以学习适应总分为因变量，回归方程显著（F=17.824，p<0.001）。结果表明：

①大二（β=-0.186，p<0.001）、大三（β=-0.16，p<0.001）和大四（β=-0.152，p<0.001）学生的学习适应得分比大一学生低。

②溺爱型家庭教养方式的大学生学习适应得分显著低于放纵型家庭教养方式的大学生（β=-0.172，p<0.05），民主型家庭教养方式的大学生学习适应得分显著高于放纵型家庭教养方式的大学生（β=0.113，p<0.01）。

③理科学生的学习适应得分显著低于文科学生（β=0.068，p<0.01）。

④被试的学习成绩越好，学习适应得分越高（β=0.185，p<0.001）。

⑤被试的家庭经济状况越好，学习适应得分越高（β=0.065，p<0.001）。

2）模型2的OLS回归分析

模型2以学习动机维度为因变量，回归方程显著（F=19.287，p<0.001）。结果表明：

①大二（β=-0.168，p<0.001）学生的学习动机显著低于大一。

②有班级职务的学生的学习动机显著高于没有班级职务的学生（β=0.089，p<0.05）。

③有校级职务的学生的学习动机显著低于没有校级职务的学生（β=-0.075，p<0.05）。

④被试的学习成绩越好，学习动机得分越高（β=0.284，p<0.001）。

⑤被试的家庭经济状况越好，学习动机得分越高（β=0.084，p<0.001）。

⑥民主型家庭教养方式的学生学习适应得分显著高于放纵型家庭教养方式的大学生（β=0.194，p<0.001）。

3）模型3的OLS回归分析

模型3以教学模式维度为因变量，回归方程显著（F=9.011，p<0.001）。结果表明：

①大二（β=-0.176，p<0.01）和大三（β=-0.119，p<0.05）学生对教学模式的适应水平显著低于大一学生。

②文科学生对教学模式的适应显著高于理科学生（β=0.094，p<0.05）。

③被试的学习成绩越好，对教学模式的适应越好（β=0.165，p<

0.001）。

④生源地为城镇的学生对教学模式的适应水平显著高于农村学生（β=0.121，p<0.001）。

⑤溺爱型家庭教养方式的学生对教学模式的适应显著低于放纵型家庭教养方式的学生（β=-0.321，p<0.05）。

4）模型4的OLS回归分析

模型4以学习能力维度为因变量，回归方程显著（F=11.523，p<0.001）。结果表明：

①女生的学习能力得分显著低于男生（β=-0.106，p<0.01）。

②大四（β=0.106，p<0.05）学生的学习能力得分显著高于大一学生。

③有班级职务的学生学习能力显著高于没有班级职务的学生（β=0.072，p<0.05）。

④有校级职务的学生的学习能力显著高于没有校级职务的被试（β=0.1，p<0.01）。

⑤被试的学习成绩越好，对教学模式的适应越好（β=0.183，p<0.001）。

⑥被试的家庭经济状况越好，学习能力得分越高（β=0.072，p<0.01）。

⑦民主型家庭教养方式的学生的学习能力得分显著高于放纵型家庭教养方式的学生（β=0.094，p<0.05）。

5）模型5的OLS回归分析

模型5以学习态度分维度为因变量，回归方程显著（F=12.943，p<0.001）。结果表明：

①大二（β=-0.321，p<0.001）、大三（β=-0.366，p<0.001）和大四（β=-0.412，p<0.001）学生的学习态度得分显著低于大一学生。

②被试的学习成绩越好，学习态度得分越高（β=0.244，p<0.001）。

③被试的家庭经济状况越好，学习能力得分越高（β=0.072，p<0.01）。

④民主型家庭教养方式的学生的学习态度得分显著高于放纵型家庭教养方式的学生（β=0.13，p<0.05）。

6）模型6的OLS回归分析

模型6以环境因素分维度为因变量，回归方程显著（F=9.011，p<0.001）。结果表明：

①中共党员学生对环境因素的适应水平显著高于共青团员学生（β=0.201，p<0.05）。

②大二（β=-0.214，p<0.001）、大三（β=-0.282，p<0.001）和大四（β=-0.336，p<0.001）学生对环境因素的适应水平显著低于大一学生。

③文科学生对环境因素的适应水平显著高于理科学生（β=0.123，p<0.01）。

④家庭经济状况越好，学生对环境因素的适应水平越高（β=0.102，p<0.01）。

⑤独生子女学生对环境因素的适应水平高于非独生子女学生（β=0.114，p<0.05）。

⑥专制型家庭教养方式的学生对环境因素的适应水平显著低于放纵型家庭教养方式的学生（β=-0.154，p<0.05）。

表2-16　人口统计学变量对学习适应的OLS回归分析

| 变量 | 模型1 | 模型2 | 模型3 | 模型4 | 模型5 | 模型6 |
|---|---|---|---|---|---|---|
| 性别<br>（参照组：男性） | 0.008 | −0.029 | 0.04 | −0.106** | 0.071 | 0.064 |
| 政治身份<br>（参照组:共青团员） | | | | | | |
| 中共党员 | 0.06 | 0.042 | 0.026 | −0.035 | 0.069 | 0.201* |
| 群众 | 0.005 | −0.082 | 0.027 | −0.127 | 0.054 | 0.155 |
| 年级<br>（参照组：大一） | | | | | | |
| 大二 | −0.186*** | −0.168*** | −0.176** | −0.052 | −0.321*** | −0.214*** |
| 大三 | −0.16*** | −0.028 | −0.119* | −0.011 | −0.366*** | −0.282*** |
| 大四 | −0.152*** | −0.043 | −0.079 | 0.106* | −0.412*** | −0.336*** |
| 学科<br>（参照组：理科） | 0.068** | 0.009 | 0.094* | 0.062 | 0.054 | 0.123** |
| 班级职务<br>（参照组：无职务） | 0.045 | 0.089* | 0.015 | 0.072* | 0.030 | 0.021 |

多变量视角的大学生学习心理机制研究

续表2-16

| 变量 | 模型1 | 模型2 | 模型3 | 模型4 | 模型5 | 模型6 |
|---|---|---|---|---|---|---|
| 学校职务<br>（参照组：无职务） | -0.029 | -0.075* | -0.022 | 0.1** | -0.050 | -0.099 |
| 学习成绩 | 0.185*** | 0.284*** | 0.165*** | 0.183*** | 0.244*** | 0.046 |
| 生源地<br>（参照组：农村） | 0.058 | 0.042 | 0.121** | -0.004 | 0.061 | 0.078 |
| 家庭经济状况 | 0.065*** | 0.084*** | 0.047 | 0.072** | 0.016 | 0.102** |
| 独生子女<br>（参照组：否） | 0.036 | -0.029 | 0.082 | -0.03 | 0.038 | 0.114* |
| 家庭教养方式<br>（参照组：放纵型） | | | | | | |
| 溺爱型 | -0.172* | -0.006 | -0.321* | 0.03 | -0.283 | -0.279 |
| 专制型 | -0.046 | 0.072 | -0.074 | -0.012 | -0.061 | -0.154* |
| 民主型 | 0.113** | 0.194*** | 0.099 | 0.094* | 0.13* | 0.048 |
| 常数项 | 44.37*** | 28.66*** | 33.65*** | 38.32*** | 32.59*** | 24.47*** |
| N | 1619 | 1621 | 1619 | 1619 | 1620 | 1620 |
| $\Delta R^2$ | 0.143 | 0.153 | 0.073 | 0.094 | 0.106 | 0.06 |

注：*表示 $p < 0.05$，**表示 $p < 0.01$，***表示 $p < 0.001$。

（2）心理资本总分对学习适应的OLS回归分析

以心理资本总分为自变量，以学习适应总分和各维度为因变量进行OLS回归分析，结果如表2-17所示。

模型7以学习适应总分为因变量，回归方程显著（F=69.884，$p < 0.001$），心理资本总分对学习适应总分具有显著的正向预测效应（β=0.37，$p < 0.001$）。

模型8以学习动机为因变量，回归方程显著（F=85.536，$p < 0.001$），心理资本总分对学习动机具有显著的正向预测作用（β=0.495，$p < 0.001$）。

模型9以教学模式为因变量，回归方程显著（F=24.565，$p < 0.001$），心理资本总分对教学模式具有显著的正向预测作用（β=0.345，$p < 0.001$）。

模型10以学习能力为因变量，回归方程显著（F=65.65，$p < 0.001$），心理资本总分对学习能力具有显著的正向预测作用（β=0.467，$p < 0.001$）。

模型11以学习态度为因变量，回归方程显著（F=24.302，$p < 0.001$），

心理资本总分对学习态度具有显著的正向预测作用（β=0.322，p＜0.001）。

模型12以环境因素为因变量，回归方程显著（F=11.567，p＜0.001），心理资本总分对环境因素具有显著的正向预测作用（β=0.222，p＜0.001）。

表2-17　心理资本总分对学习适应总分和各维度得分的OLS回归分析

| 变量 | 模型7 | 模型8 | 模型9 | 模型10 | 模型11 | 模型12 |
|---|---|---|---|---|---|---|
| 性别<br>（参照组：男性） | 0.022** | 0.039 | 0.09* | 1.344*** | 2.129*** | 1.841*** |
| 政治身份（参照组：共青团员） | | | | | | |
| 中共党员 | 0.05 | 0.052 | 0.033 | −0.042 | 0.116** | 0.096* |
| 群众 | 0.048 | −0.052 | 0.049 | −0.027 | 0.073 | 0.204* |
| 年级<br>（参照组：大一） | | | | | | |
| 大二 | 0.03*** | −0.096** | −0.132** | 0.015 | −0.278*** | 0.168 |
| 大三 | 0.027*** | 0.034 | −0.076 | 0.047 | −0.326*** | −0.184** |
| 大四 | 0.032** | 0.049 | −0.015 | 0.192*** | −0.352*** | −0.254*** |
| 学科<br>（参照组：理科） | 0.021* | −0.011 | 0.077* | 0.043 | 0.039 | 0.113** |
| 班级职务<br>（参照组：无职务） | 0.025 | 0.001 | −0.047 | −0.01 | −0.025 | −0.017 |
| 学校职务<br>（参照组：无职务） | 0.025 | −0.088** | −0.03 | 0.088** | −0.058 | −0.104* |
| 学习成绩 | 0.015*** | 0.173*** | 0.088*** | 0.078*** | 0.172*** | −0.003 |
| 生源地<br>（参照组：农村） | 0.026*** | 0.102** | 0.167*** | 0.054 | 0.103* | 0.108* |
| 家庭经济状况 | 0.015 | 0.011 | −0.005 | 0.003 | −0.032 | 0.069* |

续表2-17

| 变量 | 模型7 | 模型8 | 模型9 | 模型10 | 模型11 | 模型12 |
|---|---|---|---|---|---|---|
| 独生子女<br>（参照组:否） | 0.027 | −0.019 | 0.083 | −0.022 | 0.04 | 0.114* |
| 家庭教养方式<br>（参照组:放纵型） | | | | | | |
| 溺爱型 | 0.071* | −0.001 | −0.316** | 0.034 | −0.281* | −0.277* |
| 专制型 | 0.038 | 0.122** | −0.046 | 0.033 | −0.037 | −0.138 |
| 民主型 | 0.028 | 0.092** | 0.028 | −0.003 | 0.062 | 0.001 |
| 心理资本 | 0.013*** | 0.495*** | 0.345*** | 0.467*** | 0.322*** | 0.222*** |
| 常数项 | 20.748*** | 5.438*** | 15.785*** | 14.959*** | 16.038 | 12.595*** |
| N | 1616 | 1618 | 1617 | 1617 | 1618 | 1618 |
| $\Delta R^2$ | 0.42 | 0.47 | 0.199 | 0.405 | 0.197 | 0.1 |

注：*表示$p<0.05$，**表示$p<0.01$，***表示$p<0.001$。

## 五、结论与建议

### （一）结论

在新时代培育新青年的背景下，国家对高等教育提出了新的要求，即培养一流人才，这是推动我国高等教育内涵式发展的关键途径。为了实现这一目标，高校需要转变人才培养理念和方法。除了关注传统的教学设施、师资队伍和课程教材等要素外，更应注重对学生自身能力的培养。其中，心理资本和学习适应是两个重要因素，它们反映了大学生的心理状态和学习状态，对一流人才的培养质量有着重要影响。本研究主要探讨了心理资本对学习适应的影响机制。研究结果表明：

第一，大学生心理资本和学习适应水平存在群体间差异。不同性别、年级、是否独生子女、是否有担任班干部经历，以及不同学习成绩和家庭教养方式的大学生在心理资本和学习适应方面都存在显著差异。这些差异表明，高校在人才培养过程中需要考虑到这些因素，以便更好地满足学生的个性化需求。

第二，大学生心理资本和学习适应总体状况良好，各维度发展不平衡。大学生心理资本整体处于中等略偏上水平，其中，希望水平最高，韧性水平最低。大学生学习适应整体状态良好，但在五个维度中，被试学生学习态度的适应最好，对环境因素的适应最弱。因此，大学生的心理资本和学习适应都存在较大的提升空间，应促进各维度的均衡发展。

**（二）建议**

根据以上研究结论，在未来的一流人才培养中，应重视学生心理资本和学习适应水平的提升，针对各个年级制订相应的教育策略，并利用二者之间的关系和影响机制，通过多方努力提升学生的心理资本水平，发挥学生的主体性作用，促进学生学习适应水平的提高，为一流人才培养奠定基础。

**1.改革人才培养模式，全面提升大学生的学习适应能力**

（1）深化教育教学改革，重视并加强大学生学习适应能力的培育

一流人才培养目标的实现离不开教育教学改革的深入推进。当前，高校教育教学改革的重点之一就是提升大学生的学习适应能力，这包括改革课堂教学模式，鼓励教师采用更加灵活多样的教学方法（翻转课堂、项目式学习等），以提高学生的学习兴趣和参与度。同时，高校还应加强课程体系建设，确保课程内容与学生的实际需求和未来发展紧密结合，使学生能够在学习中获得实际应用知识和技能的机会。此外，高校还应加大对学生自主学习能力的培养，提供更多的学习资源和支持，帮助学生建立终身学习的观念和能力。

心理资本属于心理健康的范畴，但又不只是心理咨询中心的职责，高校的一切部门和相关人员都应肩负起提升学生心理资本的职责。为此，第一，高校应设立专门的心理健康教育课程，由专业的心理健康教育教师进行授课，定期对学生进行心理健康教育，提高学生的心理素质，培养学生的心理适应能力。第二，高校应创新人才培养内容、过程与方法，在人才培养方案制订中纳入定期对心理健康教育教师进行的培训，提高他们的专业素质和教学能力，以便能更好地进行心理健康教育。另外，应将心理健康教育与思想政治教育有机地结合起来，提高学生的心理素质和社会适应

能力。第三，建立心理健康档案，开展心理健康教育活动。高校应建立学生的心理健康档案，定期对学生进行心理健康测评，及时发现并解决学生的心理问题。高校要优化人才培养管理与服务，以生为本，为学生的学习与发展创设人性化的氛围。高校还应定期举办心理健康教育活动，如心理健康讲座、心理健康知识竞赛等，提高学生对心理健康的认识和重视程度。

（2）关注学生心理状态，充分提高大学生的心理适应能力

根据前文的研究结论，大学生的心理资本与学习适应显著相关，心理资本能够正向预测学习适应。教育部在《关于加快建设高水平本科教育全面提高人才培养能力的意见》中指出，要坚持以促进学生全面发展为中心，既注重"教得好"，又注重"学得好"，激发学生学习兴趣和潜能，以实现培养学生社会责任感、创新精神和实践能力的目标。

因此，在未来一流人才培养中，高校应建立健全心理健康教育工作体系。首先，在课程设置方面，高校应设立专门的心理健康教育课程，这些课程应该涵盖心理健康的基本知识、心理问题的识别和处理、压力管理和应对策略等内容。这些课程应由专业的心理健康教育教师进行授课，他们应该具备相关的专业知识和教学经验。其次，在人员配置方面，高校应建立一支专业的心理健康教育教师队伍，他们不仅需要在专业知识上有所造诣，还需要具备良好的沟通技巧和同理心，能够理解和帮助学生处理各种心理问题。此外，高校还应设立心理咨询中心，配备专业的心理咨询师，为学生提供心理咨询服务。再次，在服务提供方面，高校应提供全面的心理健康教育服务，包括心理咨询、心理测评、心理干预等。心理咨询服务可以帮助学生处理各种心理问题，心理测评可以及时发现学生的心理问题，心理干预则可以预防和解决严重的心理问题。

**2.改善学生管理策略，创设积极向上的校园文化氛围**

（1）加强校园文化建设，塑造良好的育人环境

以情育人，以景润心。校园环境是影响学生学习适应和心理资本的重要因素。良好的校园环境不仅能够提供给学生舒适的学习和生活空间，而且能够通过各种文化活动和文化氛围来影响和塑造学生的价值观和行为习惯。

　　因此，其一，高校应完善教学设施。学校图书馆、电子阅览室、体育器材室、文娱活动室等教室的相关教学硬件要配备完善，让学生在上课的时候不因为条件有限而学不到真正的知识。同时，学校篮球场、足球场等体育设施也要一应俱全。其二，高校应加强校园文化建设。高校应通过各种形式的活动，如学术讲座、文化节、体育比赛等，来丰富学生的校园生活，提高学生的文化素养，塑造良好的育人环境。其三，高校应严格要求每一位工作人员。从安保人员到学校领导者，包括在校的每一位学生，每个人都要做好自己的本职工作，学校老师无论是在校内还是校外都应注意自己的内外形象，给学生树立榜样，让校园充满活力和青春。

　　（2）加强校园网络建设，构建健康向上的网络环境

　　随着信息技术的发展，网络已经成为大学生获取信息、交流思想的重要平台。然而，网络环境中的不良信息也对大学生的学习适应和心理资本产生了负面影响。

　　其一，过度使用网络会导致学生网络成瘾，影响他们的学习和生活，甚至可能导致学生出现心理健康问题，如焦虑、抑郁等。其二，网络诈骗会损害学生的财产安全，导致他们出现焦虑、抑郁等心理问题，严重时甚至可能导致自杀等极端行为发生。其三，过度网络购物和过度网络借贷会导致学生出现财务危机，影响生活质量的同时会加重心理负荷。

　　因此，高校应加强校园网络建设，构建健康向上的网络环境，为学生身心健康发展和主动自觉学习构建良好的网络设施和网络安全。可行的措施包括：加强对校园网络的管理，防止不良信息的传播；利用网络资源，提供丰富的网络学习资源；开展网络道德教育，提高学生的网络素养。

　　（3）引导大学生建立自我调节机制

　　自我意识是自我调节的基础。大学生需要通过反思和自我观察来了解自己的情感、信念、价值观和反应模式。这有助于他们更好地理解自己的行为和情绪，从而进行有效的自我调节。

　　首先，明确的目标可以帮助大学生保持专注，并提供行为的方向。大学生们需要学会将长远的目标分解为短期的、可实现的步骤，这样可以在实现目标的过程中进行自我调节。大学生应该学会合理安排时间，制订学习计划，避免临时抱佛脚。其次，大学生可以利用课余时间参加一些学术

活动或者社团活动。课余活动既可以丰富业余生活，也可以提高自己的综合素质。其次，拥有强大的支持系统可以帮助大学生在面对困难时获得帮助。支持系统包括家人、朋友、导师和专业心理咨询师，他们可以提供一个安全的空间，让大学生分享他们的感受，寻求建议，并获得鼓励。如果课业繁重，自学效果不佳，大学生可以寻求老师和同学的帮助，一点点地积累知识，避免过于焦虑。最后，乐观和韧性是自我调节的重要部分。大学生需要学会保持积极的态度，即使在面临困难和挫折时也是如此。他们可以通过练习感恩、正面思考和时间管理来培养乐观和韧性。

大学生应该主动调整自己的看法和态度，无论进入的大学是否符合自己的理想，都要有"既来之，则安之"的心理准备。要有合理的角色定位，明确自己的"大学生"角色，主动适应新环境。同时，要有明确的大学生涯规划，结合自身优势，明确大学生活目标。此外，大学生可以通过参加各种活动，如社团活动、志愿者活动等，来提升自己的社交能力和团队协作能力，更快地融入新的校园生活。

### 3.爱与教育同行，推动新时代家风建设高质量育人

当前，我国正处于实现中华民族伟大复兴的关键时期，需要培养德智体美劳全面发展的社会主义建设者和接班人。而家庭作为社会的基本细胞，是培养孩子成长成才的重要阵地。正如美国著名家庭治疗大师萨提亚所说，一个人和他的原生家庭有着千丝万缕的联系，而这种联系有可能影响他的一生。家庭教育和家风建设有助于培养大学生的良好道德品质和行为习惯。通过家庭教育的引导，大学生可以学会感恩、尊老爱幼、勤俭节约等中华民族传统美德，树立正确的世界观、人生观和价值观。

爱是和谐家庭关系的基础，教育是学生成人成才的手段。从以往大学生心理咨询中心的来访内容来看，家庭和校园人际关系一直是困扰学生最多且最深的根源性问题。人的发展是终其一生的，各个发展阶段会面临不同主题的冲突和任务，如果成功解决冲突，就会获得积极的心理资本，并顺利进入下一发展阶段，如果不能顺利解决冲突，就会在这一时期留下心理创伤。一个人究竟是被童年治愈一生还是用一生治愈童年，成长环境带来的痛点是深入骨髓、波及生命长河的。

在本研究中，家庭教养方式与大学生心理资本和学习适应的每个维度

都表现出极其显著的相关性，民主型家庭教养方式下成长的大学生在这些方面的表现远远优于其他教养方式。这些现象都启示我们民主型教养方式的科学性和有效性。因此，在孩子的每个成长阶段，社会和家庭应该努力做到以下几点：

（1）强化家庭教育指导服务体系建设

政府和社会各界需要加大对家庭教育指导服务体系建设的投入和支持力度。首先，建立完善的家庭教育指导服务体系，为家长提供科学、专业的家庭教育指导和帮助。其次，通过开展家庭教育培训班、讲座等形式提高家长的育儿水平和能力。再次，鼓励和支持社会各界力量参与家庭教育指导服务体系建设，形成政府、学校、社会共同参与的格局。

心理学研究发现，在亲子关系初期没有建立强烈和安全的依恋关系的孩子，一生中都将缺乏与他人建立深入而亲密的人际关系的能力，安全感的满足是孩子心理健康和人格完整的必要条件。低层次的需求是高层次需求的基础，只有获得稳定的安全感和基本的生理需求，亲子关系才会建立亲密的联结。所以，为孩子创设有爱的、良好的成长环境能够为儿童今后适应社会、自信独立打下坚实的基础。

此外，父母的陪伴对孩子的性格形成和积极心理发展至关重要。调查发现，在受访家庭的教育分工中，父母共同承担教育责任的占40.6%，母亲为主的占40.3%，父亲为主的仅占11.6%，有四成家庭存在不同程度的父亲教育缺位①。这种"丧偶式育儿"很容易使孩子患上"父爱缺乏综合征"，其表现为胆小怯懦、缺乏毅力、社交障碍等。世界卫生组织最新研究表明："每天能与父亲共处2小时以上的孩子智商要更高"，有更强的责任感和人际交往能力②。所以，想要让孩子身心健康发展，就要转变家庭教育观念，摈弃"男主外、女主内"的传统家庭分工方式，让父母都深度参与到子女的教育中来，在家庭教育中发挥应有作用，承担应有的责任。

（2）培养孩子的独立意识和自主能力

独立性是孩子在成长过程中必须培养的重要素质之一。从儿童心理学角度来看，孩子天生就有一种自我实现的需要，他们渴望通过自己的努力

---

① 孙云晓：《到底怎样才算是好父亲》，《解放日报》2019年12月21日第12版。

② 郭迎新：《"隐形"爸爸》，《江苏教育》2018年第40期，第56-57页。

去完成某些事情，从而获得成就感和自信心。然而，在许多家庭中，由于父母溺爱或过度保护，孩子缺乏独立思考和解决问题的能力，这在很大程度上限制了他们的成长和发展。

为了培养孩子的独立意识，父母应该学会放手，让孩子自己去尝试和探索。当孩子遇到困难时，不要急于代替他们解决，而是鼓励他们自己寻找解决办法。对于大学生而言，他们需要逐渐摆脱对父母的依赖，学会照顾自己的日常起居、时间管理、财务管理和情绪管理等。因此，在基础教育阶段，父母就应该鼓励孩子敢想敢做，保持好奇心和探索欲，让孩子在实践中积累经验，增强自信，提高自主能力。同时，父母还应该尊重孩子的意见，让他们参与家庭决策，这样可以培养孩子的责任感和决策能力。

（3）帮助孩子树立正确的"三观"

家庭是孩子成长的摇篮，父母的教育方式对孩子的人格塑造和心理发展起着至关重要的作用。民主、和谐的家庭氛围能够为孩子提供充足的安全感和归属感，激发他们的好奇心和探索欲，培养他们的独立意识和自主能力，帮助他们树立正确的世界观、人生观和价值观。

世界观、人生观和价值观是一个人看待世界和处理问题的基本准则，它们对孩子的成长具有深远的影响。父母作为孩子的第一任教师，有责任帮助孩子树立正确的世界观、人生观和价值观。

首先，父母要以身作则，用自己的言行来影响孩子。父母的行为举止、待人接物的方式都会潜移默化地影响孩子。因此，父母应该注重自己的品行修养，为孩子树立良好的榜样。

其次，父母要教育孩子关心社会、关爱他人。让孩子明白，一个人的价值不仅在于物质上的成功，还在于对社会的贡献。父母可以通过参加公益活动、志愿服务等方式，让孩子在实践中体验助人为乐，培养他们的社会责任感。

最后，父母要引导孩子正确看待成功与失败。成功固然值得庆祝，但失败也是成长的宝贵财富。父母应该鼓励孩子勇敢面对挫折，从中吸取教训并不断进步。

（4）父母学会放手但不放纵

首先，父母应正视孩子的自主意识。处于青春期的少年特立独行，同一性和好奇心控制着他们的行为。他们开始思考自己的身份，从他人的反馈中进一步了解自己，形成连续的自我观念。这个阶段的孩子由于生理上逐渐成熟，开始有了强烈的成人感，他们试图摆脱对父母的精神依赖，渴望掌控自己的生活，建立新的社交关系，尝试新鲜事物，同时抗拒父母对他们生活的过度干预。因此，在这个阶段，家长应该适度减少对孩子心理与行为的控制，积极支持和引导孩子独立思考能力的发展，给孩子留一些属于自己的时间和空间。家长也应尝试和孩子共同处理一些生活事务，在一些事上鼓励孩子自己做决定，培养孩子的自主能力和责任意识。

其次，父母需要改变对孩子成功的定义。许多父母将孩子的未来与自己年轻时未实现的梦想联系起来，认为只有进入名牌大学才能实现所谓的"成功"。然而，每个孩子的个性和兴趣都是独一无二的，父母应该尊重孩子的选择，而不是将自己的期望强加于孩子。父母应该发现并培养孩子的兴趣和特长，帮助他们找到自己的热情所在，从而实现自我价值。初入大学阶段，孩子们进入了成年的初期，身份和角色的转变可能会引发其角色认同、自我认同、专业认同混乱等一系列的困扰，他们可能会感到迷茫和焦虑，不知道自己的方向和目标。在这个阶段，父母应该给予孩子足够的自由，让他们自己去探索和适应新的环境，与此同时，也要及时关心和呵护孩子脆弱的一面。

再次，父母需要关注孩子生活技能的培养和心理状态的健全。有些孩子在大学生活中可能因为缺乏独立生活的经验而感到困扰，这可能是因为他们在成长过程中被过度保护，没有机会学习基本的生活技能。因此，父母应该在孩子成长的过程中适当地放手，让他们学会独立，使其能够掌握基本的生活技能，适应大学生活。一只长期被关在笼子里的鸟，虽然羽翼丰满，但翅膀不曾挥动过，突然打开笼子让它飞，难免会使它受伤。所以，孩子上大学后，父母只提供物质上的支持还远远不够，更重要的是关心孩子的心理健康，给孩子精神上的支持和心灵上的依靠。许多父母在孩子的教育任务完成后，可能会忽视孩子的心理需求，然而，大学新生可能会面临许多适应性问题，他们需要父母的理解和支持。父母应该保持与孩子的沟通，了解他们的生活和学习情况，及时提供帮助和建议，让孩子感受到家庭的关爱和支持。

# 第二节  大学生"空心病"现状

## 一、问题的提出

### （一）价值多元化反复冲击，科技人才教育协同发展

伴随着我国改革开放的不断深化，国家和社会的快速发展也引发了一系列社会环境的变革。在这个信息爆炸的时代，西方文化与价值观通过互联网这个便捷的媒介迅速传播，对我国优秀的传统文化与价值观产生了巨大的冲击。重竞争、重个体、重效率的西方价值观与求和、求稳、重集体的中国传统价值观相互交融、相互碰撞，使得我国社会呈现出"价值多元化"的趋势，社会文化环境正在经历一场深刻的变革。

当社会文化环境发生变化时，传统的价值观可能会被新的价值观所取代，这可能会导致个体的价值观冲突，引发其心理困扰。这场变革所带来的新的思想意识和价值观念，使得一些人感到困惑，难以协调好新旧价值观念之间的冲突，从而产生了因为价值观模糊而带来的心理困扰。

在世界百年未有之大变局下，我国对科技、人才和教育提出了更高的要求。科技创新成为国际战略博弈的主要战场，围绕科技制高点的竞争空前激烈。科技创新中，人才是第一资源，所以必须坚持人才是第一资源的观念，全面提升人才自主培养质量，加快建设人才强国。高校是教育、科技、人才的集中交汇点，承担着为党育人、为国育才的重任，应积极探索推进教育、科技、人才"三位一体"协同融合发展的路径。教育是培养人才的第一环节，必须坚持教育的基础性、战略性支撑作用，全面提升现代大学治理水平，才能加快建设教育强国。教育、科技、人才的发展水平决定一个国家的创新发展能力。只有重视教育、科技、人才"三位一体"协同融合发展，人才才能在激烈的社会竞争中适应社会生活的变化和多元价值观的冲击，最终成长为能为国家效力的社会主义接班人。

### （二）大学生心理健康面临新挑战——"空心病"

随着社会的快速发展和变化，人们的生活节奏加快，社会竞争压力增大，人们面临的心理压力也在不断增加。对于一些心理素质较弱的人来

说，这种压力可能会引发发展性和适应性的心理问题，严重的甚至可能导致心理障碍。这些问题可能会影响到他们的日常生活和工作，甚至对他们的身心健康造成损害。

尽管大学生群体通常被认为具有较高的心理健康水平，但近年来，由于各种原因导致的心理问题或心理障碍呈现上升趋势，引发休学、退学等现象，甚至引发危及生命的事件。这一现象表明，我国大学生的心理健康状况并不乐观。随着高等教育的普及，接受高等教育的人数逐年增加，但与此同时，由于整体就业形势的严峻，大学生面临的就业压力也日益增大。

大学生作为学生群体的一部分，有其独特的心理特点。由于正处于青少年时期，大学生的认知能力已经发展到了较高的水平，他们能够进行抽象思维，理解复杂的概念和问题。然而，由于缺乏实践经验，他们的认知可能存在一定的理想化和片面性，对社会的复杂性缺乏足够的认识。另外，大学生的情绪波动较大，他们可能会因为学业、人际关系、未来规划等问题而产生焦虑、抑郁等负面情绪，也可能会因为成功和满足而体验到喜悦和自豪。

2016年11月，北京大学副教授徐凯文首次提出"空心病"一词，引起社会和大学心理健康教育工作者的广泛关注与热烈讨论。"空心病"是徐凯文通过他长期的工作经验和临床观察研究提出的，专门用来描述大学生群体中出现的一种个人消极心理现象。徐凯文认为，"空心病"是一种较为形象的描述方法，具体是指"价值观缺陷所致的精神障碍"，其表现涉及五个方面：抑郁、孤独、自我缺失、外部认同缺失、自杀倾向。"空心病"的核心问题在于缺乏支撑意义感和存在感的价值观，即不知道自己是谁、自己为何而活，不知道自己存在的价值和意义为何[①]。

"空心病"这一概念虽然已经被学界广泛讨论，但其具体的定义、成因和防治措施还没有形成系统的研究体系。因此，研究者需要进一步研究"空心病"的特点，分析其成因，并探讨如何预防和治疗这一问题。这不仅需要对大学生的心理状况进行深入的观察和研究，也需要从个人、家

---

① 金玉熙：《大学生"空心病"现象影响因素研究》，硕士学位论文，兰州大学，2019，第6页。

庭、学校和社会等多个角度进行综合考虑。只有这样，才能更好地理解和解决大学生的心理健康问题，帮助他们实现更好的发展。

自"空心病"这一概念首次提出至今已有多年，众多学者与教育工作者围绕着徐凯文在演讲中提出的"空心病"的表现症状进行讨论。虽有不少实践证明"空心病"现象在大学生群体中确实存在，但相关领域并没有较为系统的研究资料与学术成果，徐凯文本人也并未发表过任何与"空心病"有关的学术成果来佐证其观点，仅在多场演讲中提到此概念。目前，对于"空心病"具体概念的内涵与外延、影响"空心病"出现的因素，以及相应的防范措施等并未形成系统的研究体系，相关研究应探究大学生自身、家庭、学校和社会能在大学生心理健康问题出现前和发展中提供哪些帮助。

## 二、文献回顾

### （一）概念界定

#### 1."空心病"相关概念界定

对于"空心病"的界定，徐凯文最先提出，大学生群体中出现的"空心病"现象是一种由价值观缺失所致的心理障碍。胡博（2017）更提倡用"空心病态"来形容大学生群体出现的这种症状，他认为这是每个人在青春期都要面对的、对于自我认同的探求，并不能称之为一种"病"[1]。刘惠军（2017）认为，"空心病"的本质是习得性无助现象，是一种适应不良状态。这是由于学业优异的大学生进入高校后，面对"强中自有强中手"的状况，没有及时调整目标定向和动机状态而产生的一种低估自己能力，放弃对世间事物牵挂和对未来期待的现象，其中既包括对个人能力的否定，也包含对环境控制感的丧失。同时，空心病还可解释为"无动力状态"，处在这种状态下的人呈现出没有生机、无所谓的表现[2]。吴玲（2018）从现代性视角出发，将"空心病"界定为"青年群体由于缺乏支撑个体生存与发展的意义系统，以至于无法对自我的生存境遇进行有效解

---

① 胡博：《让信仰生长："空心病"现象背后的教育回归问题探析》，《兰州教育学院学报》2017年第6期，第74—75页。

② 刘惠军：《避免"空心病"，需打破"习得性无助"》，《健康报》2017年5月5日。

释与应对的一种精神世界的贫瘠状态"①。

"空心病"是一种由价值观缺失引发的心理现象，其严重程度因人而异，既可能表现为轻微的不良状态，也可能发展为严重的心理障碍。本研究拟将"空心病"现象界定为一种由不良心理状态所引发的，具备多种表现的消极心理现象，其严重程度需要加以细分，不可一概而论地判定为心理障碍或不良状态。

**2."无聊神经症"相关概念界定**

许又新（1993）在其著作《神经症》中把"强烈的孤独感、无意义感，长时间无聊，不知道自己想要什么"等症状称为"无聊神经症"。他认为这些症状并不受客观条件的限制，不以客观条件为转移，可持续数年之久，发病高峰年龄段多在而立和不惑之年，患者往往已成家立业，且在一般人眼中看起来生活状态良好②。

许又新很有建设性地提出，"所谓无聊神经症目前也许根本不算病态"，但受到传统文化影响，我国家庭教育中普遍蕴含着"鼓励子女前进的道路是有出息、出人头地"等观点，而且"我们不懂得鼓励孩子去独立地做出决定，也快不知道如何去促进孩子积极的内心世界的发展"，所以，"若无有效的社会文化防御措施，将来达到'小康'，以后（'无聊神经症'现象）恐怕会多起来""时代不同、社会文化不同，判断态的标准必然会随着发生变化"③。

**3."生命意义感"缺失相关概念界定**

国内外部分学者从积极心理学的视角出发，将人们在社会生活中体会到的空虚、无价值、无意义等多种感受归纳为"生命意义感"的缺失。关于生命意义感的定义众说纷纭，具有代表性的大致有以下几种观点：

克伦堡（Crumbaugh）在1973年提出了自己对生命意义感的理解。他认为，生命意义感是一种能够让个体感受到方向和价值的内在目标，在实现这一目标的过程中，个体有几率获得一种"成为一个有价值的人"的认

---

① 吴玲：《现代性视角下中国青年"空心病"的诊断与治疗》，《当代青年研究》2018年第1期，第79-84页。

② 许又新：《神经症》，人民卫生出版社，1993，第163-165页。

③ 许又新：《神经症》，人民卫生出版社，1993，第163-165页。

同感①。这一定义强调了生命意义感在个体生活中的导向作用，即它为个体提供了生活的目标和方向，同时也强调了价值感，即个体在生活中所追求的意义和价值。

美国心理学家欧文·亚隆（Irvin D. Yalom）在他的作品中提到了生命意义感的概念，并将之细分为"宇宙意义"与"世俗意义"两种类型。其中，"宇宙意义"被定义为超越个人的、不能被人所理解的神的意志，是个体在更广阔的存在中对定位和目的的追寻，这可能涉及对生命、宇宙和人类存在本质的思考。这种类型的意义感往往与个人的信仰、精神追求和对生命终极问题的解答有关。"世俗意义"则是指通过自我实现、自我超越等途径来实现的个体具体的人生目标与生命意义②，更侧重于个体在日常生活中所追求的目标、成就和关系，可能包括个人的职业目标、人际关系、社区参与，以及对个人幸福和满足的追求。这种类型的意义感更多地与个人的日常活动和现实世界的互动相关联。

斯塔格（Sterger，2009）指出，那些经历着意义缺失的个体可能会感受到生活变得空虚和无趣，这种感觉被称为"存在性虚无"，它描述了一种缺乏生活目的和方向的状态。只有主动追寻人生意义的个体才能实现有意义的一生，得到真切的幸福与满足。斯塔格将生命意义定义为"个体知觉到自己生命的含义与价值，并意识到自己生命中的使命与目标"③。斯塔格的研究强调了生命意义感的重要性，以及如何通过积极的方式去提升个体的生命意义感，这对于心理健康和社会工作领域都有着重要的启示。

### 4.文学作品中相关概念界定

毕业于哥伦比亚大学，在常春藤盟校工作了24年的威廉·德雷谢维奇（William Deresiewicz）在其著作《优秀的绵羊》（*Excellent Sheep*，2015）中提到，在他所接触到的众多优秀的学生中普遍存在着一种现象："当那层

---

① James C. Crumbaugh, *Everything to Gain: A Guide to Self-Fulfillment Through Logo-analysis* (Chicago: Nelson-Hall Company, 1973), p.12–35.

② Irvin D. Yalom, *Existential Psychotherapy* (New York: Basic Books, 1980), p.4–28.

③ Michael F. Steger, Patricia Frazier, Shigehiro Oishi and Matthew Kaler, "The Meaning in Life Questionnaire: Assessing the Presence Of and Search for Meaning in Life," *Journal of Counseling Psychology* 53, no.1 (2006): 80–93.

不可一世的自信和完美无缺的光鲜外表被剥离之后，你会惊讶地发现，这群年轻人身上寄居着令人窒息的恐惧、焦虑、失落、无助、空虚和孤独"[1]。他认为"当前美国精英教育系统下培养出来的学生大都聪明、有天分、斗志昂扬，但同时又充满焦虑，胆小怕事，对未来一片茫然，极度缺乏目标感""他们非常擅长解决手头的问题，却不知道为什么要解决这些问题"[2]，他将这样的学生称为"优秀的绵羊"。

德雷谢维奇指出，这种现象的产生与美国当时的教育体系和社会环境有着密切的关系。教育体系过分强调成绩和升学，而忽视了学生的个性和兴趣培养；社会环境则过分强调成功和地位，而忽视了人的情感需求和幸福感。在这种环境下成长起来的学生，虽然表面上看起来优秀，但实际上却缺乏真正的自我认识和人生目标，因此，在面对人生的选择和挫折时，往往会感到迷茫和无助。

**5. 归纳总结**

本研究将大学生的"空心病"定义为一种以人生意义感缺失为核心的消极心理现象，其主要表现包括孤独、抑郁、人际交往问题、自我评价偏差、自杀意念和自杀尝试等。这种心理现象的发展是一个动态的过程，从最初的人生意义感缺失，到出现多种表现，其严重程度会逐渐加深。大学生的"空心病"主要是由个人、家庭、学校和社会等多方面的因素共同导致的。

**（二）影响因素**

**1. "空心病"相关影响因素综述**

朱思施等人（2017）认为，影响大学生自我同一性发展的因素分为内部因素和外部因素两种。内部因素包括个人的认知发展、人格特征、心理健康水平等，外部因素包括家庭因素、学校教育、社会因素。其中，家庭因素主要包括父母教养方式、亲子互动、父母期望等内容[3]。

朱虹（2017）认为，个体的自主性发展受阻可能导致"空心病"，她

---

[1] 威廉·德雷谢维奇：《优秀的绵羊》，林杰译，九州出版社，2016，第16-42页。

[2] 威廉·德雷谢维奇：《优秀的绵羊》，林杰译，九州出版社，2016，第16-42页。

[3] 朱思施、鲁林、文敏琳、马艺丹、涂燊：《从心理学视角看大学生"空心病"现象》，《乐山师范学院学报》2017年第4期，第134-140页。

提出"父母要努力澄清自己的儿童观、教育观,不拿考试成绩作为衡量和评价的唯一标准,不因孩子成绩不够好就贬低和否定他"①。

胡博(2017)认为,"空心病态"的实质是自我价值归属危机,即人们对事件的解释决定了人们的获得感,进而影响了大学生的自我成长,导致"空心病态"的出现②。

刘惠军(2017)认为,"空心病"是由于大学生自我效能感缺失,继而引发习得性无助而导致的③。

张爽(2017)根据"空心病"的不同表现形式将其成因概括为:高考释放压力后的身心失衡,进入大学后理想与现实的落差,家庭对孩子预期过高,社会压力大,"以成绩论成败"的错误价值观指引④。

肖晓鸿(2018)认为"空心病"是"功利的应试教育、缺乏社会主义核心价值观培育、孩子在家庭中地位过高、教育理念缺失等因素共同导致的"⑤。

刁生富(2018)将"空心病"的成因概括为:"急功近利的社会氛围、普遍存在的焦虑心理、功利主义的教育模式、沉重压力与脆弱个性的反差"⑥。

吴玲(2018)从现代性视角分析青年群体的"空心病",认为其成因主要受三方面影响:"祛魅引发的传统神圣价值的消退与自我意识的觉醒;价值理性式微与工具理性膨胀之间的冲突;集体主义衰弱与个人主义强盛

---

① 朱虹:《关注"空心病",培养自主性》,《少年儿童研究》2017年第4期,第22-25页。

② 胡博:《从信仰生长:"空心病"现象背后的教育回归问题探析》,《兰州教育学院学报》2017年第6期,第74-75页。

③ 刘惠军:《避免"空心病",需打破"习得性无助"》,《健康报》2017年5月5日。

④ 张爽、韩玉:《网络"微"视域下大学生"空心病"的预警和干预》,《吉林省教育学院学报》2017年第12期,第101-103页。

⑤ 肖晓鸿:《如何让当代大学生摆脱"空心病"》,《科教导刊》(上旬刊)2018年第1期,第176-177页。

⑥ 刁生富、李士栋:《大学生空心病的成因及干预》,《教书育人》(高教论坛)2018年第6期,第52-53页。

之间的撕裂"①。

王翮（2018）认为，大学生"空心病"现象是内外因共同作用的结果，内因主要是大学生自身精神生活匮乏、理想信念缺失，外因是大学生在学习和生活中受到的错误思潮误导和家庭、学校心理健康教育缺失的影响②。

学术界对"空心病"的研究已经从最初的个体和家庭因素扩展到了社会环境因素。这包括了对大学生自身的心理状况，如自我同一性的发展、习得性无助的形成，以及处于"无动力状态"的影响等的研究，也包括了对家庭教育因素，如父母教养方式、亲子互动、父母期望、父母的教育观、考试观等的研究。然而，这些研究往往未能深层次地讨论"空心病"的触发机制，与"空心病"的具体表现联系不大，部分影响因素的分析不足以支撑具体表现。因此，需要进一步地研究，以更贴切的具体理论为指导，深入探讨"空心病"的影响因素。

### 2. "生命意义感"缺失相关影响因素综述

程明明、樊富珉（2011）等人在中国文化情境中，通过编制生命意义源量表对个体的生命意义源进行了探索与归纳，总结出包括社会关注、自我成长、关系和谐、生活享受和身心健康在内的五个维度③。

当研究对象细化为大学生时，石春、贾林祥（2013）的研究表明，大学生的性别、年龄、家庭所在地等个人基本信息均会对其生命意义感的获得产生直接或间接的影响④。

### 3.归纳总结

本节将从内部因素和外部因素两个方面来探讨"空心病"的可能影响因素。

---

① 吴玲:《现代性视角下中国青年"空心病"的诊断与治疗》,《当代青年研究》2018年第1期,第79-84页。

② 王翮:《大学生"空心病"现象的透视与引导》,《青少年学刊》2018年第2期,第36-39页。

③ 程明明、樊富珉、彭凯平:《生命意义源的结构与测量》,《中国临床心理学杂志》2011年第5期,第591-594页。

④ 石春、贾林祥:《大学生生命意义与心理健康的相关性分析》,《中国学校卫生》2013年第11期,第1347-1350页。

内部因素主要包括大学生的自我效能感、角色认同、价值观和适应性。其中，自我效能感是指个体对自己能否成功完成某项任务的信念，它影响着个体的行为选择和动机强度。角色认同是指个体对自己在社会中扮演的角色及其角色的期望和行为的认同。价值观是指个体对事物的重要性和优先级的判断。适应性是指个体适应环境变化的能力。

外部因素主要包括家庭因素、学校因素和社会因素。家庭因素包括父母的教养方式、亲子互动、父母期望、父母的教育观和考试观等。学校因素包括校园环境、心理健康教育、师生关系等。社会因素包括社会环境、舆论压力等。以上因素都可能对大学生的心理状态产生影响，导致"空心病"的发生。

### （三）防控措施

#### 1. "空心病"相关防控措施综述

胡博（2017）提出，应对"空心病"，高校应承担起至关重要的责任，帮助青年克服焦虑、重拾信仰，"积极探索，帮助缺少价值追求和信仰缺失的'空心'青年重归信仰之路，帮助他们寻找自我价值认同。要将社会主义核心价值观作为思想武器；同时用专业的心理咨询进行干预，运用积极心理学的发现赞许、正向关注、积极解释技术积极处理'空心'病态问题"[①]。

刘惠军（2017）建议在习得性无助和自我决定理论框架下理解"空心病"，这样有助于设计防御"空心病"的有效方案。同时，需要教育环境和社会环境之间的良性互动。具体方法如下："第一，帮助大学生打破参照他人来评判自己成败的思维惯性，不与他人争高下；第二，鼓励大学生积极参与社会活动和专业实践，在真实的世界中寻找人生的航向标；第三，摒弃华而不实的评价方式，帮助学生建立真正的人格自信；第四，改善微观社会生态，提升学生的自主感、胜任感、意义感和归属感"[②]。

杨鑫宇（2016）在其文章中谈道："一些大学生找不到人生意义，这其实是社会疾病的'外在症状'，只有改变社会对年轻人的过分期待与僵

---

① 胡博：《让信仰生长："空心病"现象背后的教育回归问题探析》，《兰州教育学院学报》2017年第6期，第74—75页。

② 刘惠军：《避免"空心病"，需打破"习得性无助"》，《健康报》2017年5月5日。

化的价值评价，才是对‘空心病’最好的治疗”[①]。

张爽（2017）透过网络环境对大学生心理影响的视角提出，营造良好的网络环境是防御“空心病”的关键。应当“一方面由学校借助网络力量为学生提供心理健康教育与帮助，另一方面由家庭通过网络平台与学校形成联动，共同为学生心理健康发展保驾护航”[②]。

肖晓鸿（2018）提出，可通过三条途径帮助大学生远离“空心病”：重塑大学生人生价值观、家庭教育引导孩子健全发展、学校教育注重德智体美劳全面培养[③]。

刁生富（2018）从大学生个人、学校和家庭三个角度提出防控“空心病”的措施：建立支撑意义感和存在感的价值观（学校重视大学生思想建设工作、鼓励大学生阅读经典、建立大学生思想档案库）；确立合理的期望值（社会逐渐改变对大学生苛刻的要求、给予合理期望，学校统筹人才培养方案与教学实践，家庭重视教育的作用）；尊重孩子的个性；重视心理教育和心理干预的[④]。

吴玲（2018）认为，“空心病”的核心是青年精神世界的贫瘠，任何来自外界的帮助最终必须通过青年自身的内化才能发挥作用，治疗“空心病”必须从建构共享式自我观、恢复被压抑的人类感性与增强有“抱负”的道德意识三方面进行[⑤]。

王翩（2018）建议从以下几方面对大学生“空心病”进行正确引导，以帮助其激发精神动力，完善个体人格，从而预防“空心病”发生更严重的病变。其一，思想引导，培养大学生正确的价值观念；其二，心理疏导，帮助大学生形成积极的人生态度；其三，行为指导，培养大学生健康

---

① 杨鑫宇：《空心病：在枷锁中迷茫》，《中国青年报》2016年11月29日。

② 张爽、韩强：《网络“微”视域下大学生“空心病”的预警和干预》，《吉林省教育学院学报》2017年第12期，第101-103页。

③ 肖晓鸿：《如何让当代大学生摆脱“空心病”》，《科教导刊》（上旬刊）2018年第1期，第176-177页。

④ 刁生富、蔡士栋：《大学生空心病的成因及干预》，《教书育人》（高教论坛）2018年第6期，第52-53页。

⑤ 吴玲：《现代性视角下中国青年“空心病”的诊断与治疗》，《当代青年研究》2018年第1期，第79-84页。

的生活方式[1]

胡中晓、潘敏（2018）从重塑与建构大学生价值观的角度提出，防控大学生"空心病"，要坚持价值引导，发挥社会主义核心价值观的航标作用；坚持理想引导，发挥理想信念教育的指引作用；坚持认同引导，发挥学校、家庭、社会"三位一体"协同作用[2]。

### 2."神经症"相关防控措施综述

弗兰克（Frankl）提到，"生命意义有助于克服心灵型神经官能症，即以冷漠、乏味和无目标为特征的心理病态"[3]。弗兰克的心理治疗提出了三种实现生命意义的途径：其一，向世界提供某种创造物；其二，从世界获得新体验；其三，转变对待痛苦的态度。

弗兰克在他的意义疗法（Logotherapy）中提出，处在清醒状态下的正常人，其意志都是自由的，不受环境和其他因素的影响。这种自由意味着人们有能力超越生理、心理和社会的限制，进入精神的层次。弗兰克还强调，意义治疗要根据个体生活所处的环境与其独特性来寻找目标以解决生命的意义。他认为，生命的意义因人而异、因时而异，最重要的是明白个人生命在具体时间的具体意义。

## 三、研究设计与成果

### （一）研究设计

#### 1.研究方法

本研究主要采用问卷调查法和文献分析法这两种方法进行研究。

本团队采用了自编问卷进行调查，问卷包括了三个部分的内容：第一部分是所有被试的个人基本信息调查，第二部分是"空心病"群体的筛查及对"空心病"现状的调查，第三部分是"空心病"现象的影响因素

---

① 王翾：《大学生"空心病"现象的透视与引导》，《青少年学刊》2018年第2期，第36-39页。

② 胡中晓、潘敏：《当代大学生价值观的缺失与构建——基于"空心病"的思考》，《当代教育实践与教学研究》2018年第9期，第234-235页。

③ Viktor E. Frankl, *Man's Search for Meaning: An Introduction to Logotherapy* (Boston: Beacon Press, 199□), p.21-56.

调查。

文献分析法相对于其他研究方法，在时间和空间上占有巨大的优势。本研究通过对国内外相关文献的分析，界定大学生"空心病"现象的概念，梳理大学生出现"空心病"现象的影响因素，选择适当的理论作为指导，为进一步研究奠定基础。

### 2.研究工具编制

研究工具编制的主要工作步骤包括以下几个方面：

首先，确定问卷各部分下设的维度，并借鉴内容相似的量表，编制初始问卷。

其次，结合文献综述，制定不同等级"空心病"表现的筛查分级标准。

最后，通过试测，对问卷进行因子分析、效度分析等，确定问卷的最终维度和题目，形成了大学生"空心病"现象调查问卷。

这个过程确保了本问卷具有较高的信度和效度，能够准确地反映大学生"空心病"现象及其影响因素。

### 3.问卷维度编制

通过前期的梳理，研究团队将大学生"空心病"现象调查问卷中除去个人信息的其余部分分为具体表现筛查和影响因素调查两部分，分别对其进行调查。

其中，将大学生"空心病"现象的具体表现分为六个维度：人生意义感、孤独、抑郁、人际交往、自我评价、自杀。在筛选存在"空心病"现象的研究对象时，以人生意义感的缺失为主要特征，用三级、二级、一级表示"空心病"的严重程度不断递进。

结合文献综述，笔者认为内在因素（自我效能感、大学生身份认同、价值观、适应性等），家庭因素（父母教养方式、亲子互动、父母期望、父母的教育观、考试观等），学校因素（校园环境、心理健康教育、师生关系等），社会因素（社会环境、舆论压力等）是大学生"空心病"现象出现的基础影响因素。

### 4.问卷项目收集与整理

问卷初期的编制主要参考了中文人生意义问卷（Meaning in Life Questionnaire，C-MLQ）、孤独量表（UCLA Loneliness Scale）、流调用抑郁自评量表（Center for Epidemiologic Studies Depression Scale，CES-D）、自杀态度问卷（Suicide Attitude Questionnaire，QSA）、青少年社会支持量表、核心自我评价量表（The Core Self-Evaluation Scales，CSES）、自我效能感量表（The General Self-Efficacy Scales，GSES），以及部分与大学生心理健康影响因素相关的调查问卷，如大学生角色认同问卷（周永康，2008）等。

通过对上述问卷及量表的梳理与整合，共收集80个初始条目，采取5点计分制，描述项分为"完全不符合""有点不符合""不确定""多数符合""完全符合"5个等级。

### （二）研究成果

#### 1.问卷调查基本情况

本研究以中西部高校中全国统招全日制本科在校大学生为研究对象，采取分层随机抽样和简单随机抽样方式。本研究共发放问卷2030份，回收有效问卷1743份，有效回收率为85.86%。

#### 2.大学生"空心病"现象表现的描述统计分析

本研究对1743个样本中在六个维度上得分达到筛选标准的样本数量分别进行了统计，得到符合"空心病"所定义表现的各维度分数频率，统计结果如表2-18所示：

表2-18  符合"空心病"所定义表现的各维度分数频率

| 维度 | 频数 | 百分比 |
| --- | --- | --- |
| 人际交往 | 634 | 36.37% |
| 孤独 | 617 | 35.40% |
| 抑郁 | 495 | 28.40% |
| 自杀 | 473 | 27.14% |
| 自我评价 | 450 | 25.82% |
| 人生意义 | 354 | 20.31% |

由表可知，在普通大学生群体中符合"空心病"所定义的"人生意义""孤独""抑郁""人际交往""自我评价""自杀"六个维度出现的频率从高

到低排列依次为人际交往＞孤独＞抑郁＞自杀＞自我评价＞人生意义。

（1）不同程度大学生"空心病"现象各表现在人口学信息上的差异性分析

1）三级"空心病"各表现在不同人口学信息上的差异性分析

表2-19是三级"空心病"表现（人生意义）在不同人口学信息之间的差异性分析。

表2-19　三级"空心病"表现（人生意义）在不同人口学信息之间的差异性分析

| 人口学信息 | 年级 | 数量 | 均值（M） | 标准差（SD） | F值 | p值 |
|---|---|---|---|---|---|---|
| 性别 | 男 | 14 | 8.79 | 3.286 | 0.149 | 0.679 |
| | 女 | 35 | 9.20 | 3.085 | | |
| 年级 | 大一 | 10 | 10.40 | 2.119 | 1.724 | 0.176 |
| | 大二 | 20 | 7.95 | 3.300 | | |
| | 大三 | 9 | 9.44 | 3.358 | | |
| | 大四 | 10 | 9.70 | 2.983 | | |
| 学科 | 人文社会学科 | 29 | 8.14 | 3.204 | 4.940** | 0.006 |
| | 理工学科 | 20 | 10.45 | 2.460 | | |
| 家庭所在地 | 城镇 | 25 | 8.72 | 3.247 | 0.905 | 0.413 |
| | 非城镇 | 24 | 9.46 | 2.992 | | |
| 独生子女 | 是 | 11 | 9.27 | 3.003 | 0.396 | 0.820 |
| | 否 | 38 | 9.03 | 3.183 | | |
| 发生过重大事件 | 是 | 15 | 9.53 | 3.182 | 0.083 | 0.506 |
| | 否 | 34 | 8.88 | 3.112 | | |
| 成绩班级排名 | 上（前30%） | 12 | 8.17 | 3.407 | 2.143 | 0.129 |
| | 中（中间40%） | 28 | 9.86 | 2.798 | | |
| | 下（后30%） | 9 | 7.89 | 3.296 | | |
| 家庭结构 | 完整家庭 | 44 | 9.02 | 3.151 | 1.785 | 0.179 |
| | 重组家庭 | 2 | 6.50 | 2.121 | | |
| | 单亲家庭 | 3 | 11.67 | 0.577 | | |
| 家庭教育方式 | 专断控制型 | 6 | 9.50 | 3.082 | 0.216 | 0.853 |
| | 民主商议型 | 24 | 8.92 | 3.035 | | |
| | 放任自主型 | 17 | 9.35 | 3.297 | | |
| | 溺爱纵容型 | 2 | 7.50 | 4.950 | | |

注：**表示p＜0.01。

由上表可知：

人生意义（三级"空心病"）在不同性别、年级、家庭所在地、是否为独生子女、是否发生过重大事件、成绩班级排名、不同家庭结构、不同家庭教育方式中差异性检验方差分析和差异性检验独立样本T检验的p值都大于0.05，表明人生意义（三级"空心病"）在不同性别、年级、家庭所在地、是否为独生子女、是否发生过重大事件、成绩班级排名、不同家庭结构、不同家庭教育方式之间不存在显著性差异。

2）二级"空心病"各表现在不同人口学信息上的差异性分析

表2-20是二级"空心病"各表现在不同年级之间的差异性分析。

表2-20 二级"空心病"各表现在不同年级之间的差异性分析

| 维度 | 年级 | 数量 | 均值（M） | 标准差（SD） | F值 | p值 |
|------|------|------|-----------|--------------|------|------|
| 人生意义 | 大一 | 31 | 9.19 | 3.281 | 4.636** | 0.004 |
| | 大二 | 60 | 8.53 | 3.437 | | |
| | 大三 | 34 | 9.97 | 2.540 | | |
| | 大四 | 50 | 10.52 | 2.140 | | |
| 孤独 | 大一 | 31 | 9.77 | 3.528 | 3.126* | 0.027 |
| | 大二 | 60 | 10.90 | 3.001 | | |
| | 大三 | 34 | 9.44 | 2.584 | | |
| | 大四 | 50 | 9.20 | 3.356 | | |
| 抑郁 | 大一 | 31 | 11.65 | 2.615 | 1.584 | 0.195 |
| | 大二 | 60 | 11.08 | 2.189 | | |
| | 大三 | 34 | 11.53 | 2.788 | | |
| | 大四 | 50 | 12.10 | 2.393 | | |
| 人际交往 | 大一 | 31 | 8.94 | 2.144 | 0.310 | 0.818 |
| | 大二 | 60 | 9.23 | 2.094 | | |
| | 大三 | 34 | 8.88 | 1.735 | | |
| | 大四 | 50 | 9.00 | 1.738 | | |
| 自我评价 | 大一 | 31 | 25.23 | 7.433 | 0.432 | 0.730 |
| | 大二 | 60 | 26.30 | 8.114 | | |

续表2-20

| 维度 | 年级 | 数量 | 均值（M） | 标准差（SD） | F值 | p值 |
|---|---|---|---|---|---|---|
| 自我评价 | 大三 | 34 | 24.94 | 5.280 | 0.432 | 0.730 |
| | 大四 | 50 | 25.10 | 5.277 | | |
| 二级"空心病"总表现 | 大一 | 31 | 64.77 | 10.102 | 0.227 | 0.878 |
| | 大二 | 60 | 66.05 | 10.516 | | |
| | 大三 | 34 | 64.77 | 8.276 | | |
| | 大四 | 50 | 65.92 | 8.569 | | |

注：*表示 p<0.05，**表示 p<0.01。

由上表可知：

①在人生意义中，差异性检验方差分析的 p 值为 0.004<0.01，表明人生意义在不同年级之间存在显著性差异，大四得分较高。

②在孤独中，差异性检验方差分析的 p 值为 0.027<0.05，表明孤独在不同年级之间存在显著性差异，大一得分最高。

③在抑郁、人际交往、自我评价、二级"空心病"总表现中差异性检验方差分析的 p 值都大于 0.05，表明抑郁、人际交往、自我评价、二级"空心病"总表现在不同年级之间不存在显著性差异。

表 2-21 是二级"空心病"各表现在不同学科之间的差异性分析。

表 2-21　二级"空心病"各表现在不同学科之间的差异性分析

| 维度 | 学科 | 数量 | 均值（M） | 标准差（SD） | T值 | p值 |
|---|---|---|---|---|---|---|
| 人生意义 | 人文社会学科 | 105 | 9.31 | 3.052 | -0.984 | 0.326 |
| | 理工学科 | 70 | 9.77 | 2.945 | | |
| 孤独 | 人文社会学科 | 105 | 10.14 | 3.102 | 1.075 | 0.284 |
| | 理工学科 | 70 | 9.61 | 3.311 | | |
| 抑郁 | 人文社会学科 | 105 | 11.23 | 2.3950 | -2.207* | 0.029 |
| | 理工学科 | 70 | 12.06 | 2.490 | | |
| 人际交往 | 人文社会学科 | 105 | 9.07 | 2.058 | 0.175 | 0.861 |
| | 理工学科 | 70 | 9.01 | 1.732 | | |
| 自我评价 | 人文社会学科 | 105 | 25.50 | 7.025 | -0.018 | 0.985 |
| | 理工学科 | 70 | 25.51 | 6.317 | | |

**续表2-21**

| 维度 | 学科 | 数量 | 均值(M) | 标准差(SD) | T值 | p值 |
|---|---|---|---|---|---|---|
| 二级"空心病"总表现 | 人文社会学科 | 105 | 65.25 | 9.930 | -0.496 | 0.621 |
| | 理工学科 | 70 | 65.97 | 8.704 | | |

注：*表示 p<0.05。

由上表可知：

①在抑郁中，差异性检验独立样本 T 检验的 p 值为 0.029<0.05，表明抑郁在不同学科之间存在显著差异，理工学科得分更高。

②在人生意义、孤独、人际交往、自我评价、二级"空心病"总表现中差异性检验方差分析的 p 值都大于 0.05，表明人生意义、孤独、人际交往、自我评价、二级"空心病"总表现在不同学科之间不存在显著性差异。

表 2-22 是二级"空心病"各表现在不同家庭所在地之间的差异性分析。

**表2-22　二级"空心病"各表现在不同家庭所在地之间的差异性分析**

| 维度 | 家庭所在地 | 数量 | 均值(M) | 标准差(SD) | T值 | p值 |
|---|---|---|---|---|---|---|
| 人生意义 | 城镇 | 80 | 8.88 | 3.293 | -2.503* | 0.013 |
| | 非城镇 | 95 | 10.02 | 2.654 | | |
| 孤独 | 城镇 | 80 | 10.20 | 3.358 | 1.023 | 0.308 |
| | 非城镇 | 95 | 9.71 | 3.038 | | |
| 抑郁 | 城镇 | 80 | 11.15 | 2.476 | -2.041* | 0.043 |
| | 非城镇 | 95 | 11.91 | 2.406 | | |
| 人际交往 | 城镇 | 80 | 8.93 | 1.921 | -0.759 | 0.449 |
| | 非城镇 | 95 | 9.15 | 1.940 | | |
| 自我评价 | 城镇 | 80 | 25.41 | 7.401 | -0.162 | 0.871 |
| | 非城镇 | 95 | 25.58 | 6.152 | | |
| 二级"空心病"总表现 | 城镇 | 80 | 64.56 | 10.294 | -1.237 | 0.218 |
| | 非城镇 | 95 | 66.36 | 8.626 | | |

注：*表示 p<0.05。

由上表可知：

①在人生意义中，差异性检验独立样本T检验的p值为0.013＜0.05，表明人生意义在不同家庭所在地之间存在显著性差异，非城镇得分较高。

②在抑郁中，差异性检验独立样本T检验的p值为0.043＜0.05，表明抑郁在不同家庭所在地之间存在显著性差异，非城镇得分较高。

③在孤独、人际交往、自我评价、二级"空心病"总表现中差异性检验独立样本T检验的p值都大于0.05，表明孤独、人际交往、自我评价、二级"空心病"总表现在不同家庭所在地之间不存在显著性差异。

表2-23是二级"空心病"各表现在是否独生子女之间的差异性分析。

表2-23　二级"空心病"各表现在是否独生子女之间的差异性分析

| 维度 | 独生子女 | 数量 | 均值（M） | 标准差（SD） | T值 | p值 |
|---|---|---|---|---|---|---|
| 人生意义 | 是 | 52 | 8.64 | 3.419 | -2.293* | 0.024 |
| | 否 | 123 | 9.86 | 2.753 | | |
| 孤独 | 是 | 52 | 10.98 | 3.032 | 2.890** | 0.004 |
| | 否 | 123 | 9.49 | 3.161 | | |
| 抑郁 | 是 | 52 | 11.29 | 2.252 | -0.949 | 0.344 |
| | 否 | 123 | 11.68 | 2.543 | | |
| 人际交往 | 是 | 52 | 8.94 | 1.945 | -0.460 | 0.646 |
| | 否 | 123 | 9.09 | 1.929 | | |
| 自我评价 | 是 | 52 | 25.75 | 8.208 | 0.279 | 0.781 |
| | 否 | 123 | 25.40 | 6.036 | | |
| 二级"空心病"总表现 | 是 | 52 | 65.60 | 11.118 | 0.049 | 0.961 |
| | 否 | 123 | 65.51 | 8.684 | | |

注：*表示p＜0.05，**表示p＜0.01。

由上表可知：

①在人生意义中，差异性检验独立样本T检验的p值为0.024＜0.05，表明人生意义在是否为独生子女之间存在显著性差异，非独生子女得分较高。

②在孤独中，差异性检验独立样本T检验的p值为0.004＜0.01，表明

人生意义在是否为独生子女之间存在显著性差异，独生子女得分较高。

③在抑郁、人际交往、自我评价、二级"空心病"总表现中差异性检验独立样本T检验的p值都大于0.05，表明抑郁、人际交往、自我评价、二级"空心病"总表现在是否为独生子女之间不存在显著性差异。

表2-24是二级"空心病"各表现在不同家庭教育方式之间的差异性分析。

表2-24 二级"空心病"各表现在不同家庭教育方式之间的差异性分析

| 维度 | 家庭教育方式 | 数量 | 均值(M) | 标准差(SD) | F值 | p值 |
|---|---|---|---|---|---|---|
| 人生意义 | 专断控制型 | 24 | 8.42 | 3.387 | 2.180 | 0.092 |
| | 民主商议型 | 82 | 9.31 | 3.078 | | |
| | 放任自主型 | 65 | 10.06 | 2.726 | | |
| | 溺爱纵容型 | 4 | 10.75 | 1.893 | | |
| 孤独 | 专断控制型 | 24 | 10.42 | 4.032 | 1.895 | 0.132 |
| | 民主商议型 | 82 | 10.38 | 2.870 | | |
| | 放任自主型 | 65 | 9.20 | 3.083 | | |
| | 溺爱纵容型 | 4 | 9.75 | 4.574 | | |
| 抑郁 | 专断控制型 | 24 | 11.08 | 2.376 | 0.431 | 0.731 |
| | 民主商议型 | 82 | 11.63 | 2.580 | | |
| | 放任自主型 | 65 | 11.60 | 2.397 | | |
| | 溺爱纵容型 | 4 | 12.25 | 1.708 | | |
| 人际交往 | 专断控制型 | 24 | 8.13 | 1.650 | 3.403* | 0.019 |
| | 民主商议型 | 82 | 8.93 | 1.831 | | |
| | 放任自主型 | 65 | 9.52 | 1.993 | | |
| | 溺爱纵容型 | 4 | 9.25 | 2.754 | | |
| 自我评价 | 专断控制型 | 24 | 22.50 | 7.718 | 2.406 | 0.069 |
| | 民主商议型 | 82 | 26.39 | 6.738 | | |
| | 放任自主型 | 65 | 25.31 | 6.057 | | |
| | 溺爱纵容型 | 4 | 28.50 | 7.550 | | |

续表2-24

| 维度 | 家庭教育方式 | 数量 | 均值(M) | 标准差(SD) | F值 | p值 |
|---|---|---|---|---|---|---|
| 二级"空心病"总表现 | 专断控制型 | 24 | 60.54 | 10.488 | 3.091* | 0.029 |
| | 民主商议型 | 82 | 66.63 | 9.089 | | |
| | 放任自主型 | 65 | 65.69 | 8.848 | | |
| | 溺爱纵容型 | 4 | 70.50 | 12.610 | | |

注：*表示p<0.05。

由上表可知：

①二级"空心病"的人生意义在不同年级、家庭所在地、是否为独生子女之间存在显著性差异，在不同性别、学科、是否发生过重大事件、不同成绩排名、家庭结构、家庭教育方式之间不存在显著性差异。

②孤独在不同年级、是否为独生子女之间存在显著性差异，在不同性别、学科、家庭所在地、是否发生过重大事件、不同成绩排名、家庭结构、家庭教育方式之间不存在显著性差异。

③抑郁在不同学科、家庭所在地之间存在显著性差异，在不同性别、年级、是否为独生子女、是否发生过重大事件、不同成绩排名、家庭结构、家庭教育方式之间不存在显著性差异。

④人际交往在不同家庭教育方式之间存在显著性差异，在不同性别、年级、学科、家庭所在地、是否为独生子女、是否发生过重大事件、不同成绩排名、家庭结构之间不存在显著性差异。

⑤自我评价在不同性别、年级、学科、家庭所在地、是否为独生子女、是否发生过重大事件、不同成绩排名、家庭结构、家庭教育方式之间不存在显著性差异。

⑥总表现在不同家庭教育方式之间存在显著性差异，在不同性别、年级、学科、家庭所在地、是否为独生子女、是否发生过重大事件、不同成绩排名、家庭结构之间不存在显著性差异。

3）一级"空心病"各表现在人口学信息上的差异性分析

表2-25是一级"空心病"各表现在不同年级之间的差异性分析。

多
变
量
视
角
的
大
学
生
学
习
心
理
机
制
研
究

表2-25　一级"空心病"各表现在不同年级之间的差异性分析

| 维度 | 年级 | 数量 | 均值（M） | 标准差（SD） | F值 | p值 |
|---|---|---|---|---|---|---|
| 人生意义 | 大一 | 37 | 11.19 | 1.697 | 0.600 | 0.616 |
| | 大二 | 33 | 10.70 | 2.543 | | |
| | 大三 | 16 | 10.38 | 2.778 | | |
| | 大四 | 44 | 10.66 | 2.420 | | |
| 孤独 | 大一 | 37 | 7.70 | 3.550 | 1.316 | 0.272 |
| | 大二 | 33 | 8.64 | 2.148 | | |
| | 大三 | 16 | 7.88 | 3.442 | | |
| | 大四 | 44 | 7.27 | 2.896 | | |
| 抑郁 | 大一 | 37 | 11.97 | 3.122 | 0.903 | 0.442 |
| | 大二 | 33 | 11.30 | 2.114 | | |
| | 大三 | 16 | 10.75 | 3.493 | | |
| | 大四 | 44 | 11.25 | 2.470 | | |
| 人际交往 | 大一 | 37 | 8.49 | 1.592 | 3.224* | 0.025 |
| | 大二 | 33 | 9.33 | 1.267 | | |
| | 大三 | 16 | 9.69 | 1.888 | | |
| | 大四 | 44 | 9.16 | 1.380 | | |
| 自我评价 | 大一 | 37 | 25.70 | 6.437 | 1.328 | 0.268 |
| | 大二 | 33 | 26.42 | 5.190 | | |
| | 大三 | 16 | 24.56 | 6.683 | | |
| | 大四 | 44 | 23.89 | 5.752 | | |
| 自杀 | 大一 | 37 | 6.65 | 2.418 | 3.094* | 0.029 |
| | 大二 | 33 | 8.03 | 1.759 | | |
| | 大三 | 16 | 6.75 | 1.915 | | |
| | 大四 | 44 | 7.09 | 1.840 | | |
| 一级"空心病"总表现 | 大一 | 37 | 71.70 | 14.304 | 1.154 | 0.330 |
| | 大二 | 33 | 74.42 | 10.932 | | |

续表2-25

| 维度 | 年级 | 数量 | 均值(M) | 标准差(SD) | F值 | p值 |
|---|---|---|---|---|---|---|
| 一级"空心病"总表现 | 大三 | 16 | 70.00 | 13.981 | 1.154 | 0.330 |
| | 大四 | 44 | 69.32 | 10.854 | | |

注：*表示p<0.05。

由上表可知：

①在人际交往中，差异性检验方差分析的p值为0.025<0.05，表明人际交往在不同年级之间存在显著性差异，大一得分最低，大三得分最高。

②在自杀中，差异性检验方差分析的p值为0.029<0.05，表明自杀在不同年级之间存在显著性差异，大一得分最低，大二得分最高。

③在人生意义、孤独、抑郁、自我评价、一级"空心病"总表现中差异性检验方差分析的p值都大于0.05，表明人生意义、孤独、抑郁、自我评价、一级"空心病"总表现在不同年级之间不存在显著性差异。

表2-26是一级"空心病"各表现在不同家庭所在地之间的差异性分析。

表2-26 一级"空心病"各表现在不同家庭所在地之间的差异性分析

| 维度 | 家庭所在地 | 数量 | 均值(M) | 标准差(SD) | T值 | p值 |
|---|---|---|---|---|---|---|
| 人生意义 | 城镇 | 70 | 10.31 | 2.695 | -2.657** | 0.009 |
| | 非城镇 | 60 | 11.33 | 1.612 | | |
| 孤独 | 城镇 | 70 | 7.59 | 3.462 | -0.962 | 0.338 |
| | 非城镇 | 60 | 8.08 | 2.403 | | |
| 抑郁 | 城镇 | 70 | 11.40 | 3.254 | -0.036 | 0.971 |
| | 非城镇 | 60 | 11.42 | 1.968 | | |
| 人际交往 | 城镇 | 70 | 9.06 | 1.641 | -0.159 | 0.874 |
| | 非城镇 | 60 | 9.10 | 1.386 | | |
| 自我评价 | 城镇 | 70 | 25.24 | 7.072 | 0.239 | 0.812 |
| | 非城镇 | 60 | 25.00 | 4.384 | | |

多变量视角的大学生学习心理机制研究

续表2-26

| 维度 | 家庭所在地 | 数量 | 均值（M） | 标准差（SD） | T值 | p值 |
|---|---|---|---|---|---|---|
| 自杀 | 城镇 | 70 | 7.11 | 2.047 | −0.281 | 0.779 |
| | 非城镇 | 60 | 7.22 | 2.092 | | |
| 一级"空心病"总表现 | 城镇 | 70 | 70.71 | 15.027 | −0.686 | 0.494 |
| | 非城镇 | 60 | 72.15 | 8.303 | | |

注：**表示p<0.01。

由上表可知：

①在人生意义中，差异性检验独立样本T检验的p值为0.009<0.01，表明人生意义在不同家庭所在地之间存在显著性差异，城镇学生平均得分显著低于非城镇学生平均得分。

②在孤独、抑郁、人际交往、自我评价、自杀以及一级"空心病"总表现中差异性检验独立样本T检验的p值都大于0.05，表明孤独、抑郁、人际交往、自我评价、自杀以及一级"空心病"总表现在不同家庭所在地之间不存在显著性差异。

表2-27是一级"空心病"各维度在是否独生子女之间的差异性分析。

表2-27　一级"空心病"各维度在是否独生子女之间的差异性分析

| 维度 | 独生子女 | 数量 | 均值（M） | 标准差（SD） | T值 | p值 |
|---|---|---|---|---|---|---|
| 人生意义 | 是 | 49 | 10.20 | 2.799 | −2.063* | 0.043 |
| | 否 | 81 | 11.14 | 1.889 | | |
| 孤独 | 是 | 49 | 7.88 | 3.212 | 0.182 | 0.856 |
| | 否 | 81 | 7.78 | 2.916 | | |
| 抑郁 | 是 | 49 | 11.47 | 2.807 | 0.200 | 0.842 |
| | 否 | 81 | 11.37 | 2.695 | | |
| 人际交往 | 是 | 49 | 8.92 | 1.455 | −0.923 | 0.358 |
| | 否 | 81 | 9.17 | 1.564 | | |
| 自我评价 | 是 | 49 | 26.22 | 6.805 | 1.637 | 0.104 |
| | 否 | 81 | 24.47 | 5.327 | | |

续表2-27

| 维度 | 独生子女 | 数量 | 均值（M） | 标准差（SD） | T值 | p值 |
|---|---|---|---|---|---|---|
| 自杀 | 是 | 49 | 7.45 | 2.001 | 1.240 | 0.217 |
| | 否 | 81 | 6.99 | 2.089 | | |
| 一级"空心病"总表现 | 是 | 49 | 72.14 | 13.817 | 0.548 | 0.585 |
| | 否 | 81 | 70.91 | 11.459 | | |

注：*表示 p<0.05。

由上表可知：

①在人生意义中，差异性检验独立样本 T 检验的 p 值为 0.043<0.05，表明人生意义在是否为独生子女之间存在显著性差异，独生子女平均得分显著低于非独生子女平均得分。

②在孤独、抑郁、人际交往、自我评价、自杀以及一级"空心病"总表现中差异性检验独立样本 T 检验的 p 值都大于 0.05，表明孤独、抑郁、人际交往、自我评价、自杀以及一级"空心病"总表现在是否为独生子女之间不存在显著性差异。

表2-28是一级"空心病"各表现在是否发生过重大事件之间的差异性分析。

表2-28　一级"空心病"各表现在是否发生过重大事件之间的差异性分析

| 维度 | 发生过重大事件 | 数量 | 均值（M） | 标准差（SD） | T值 | p值 |
|---|---|---|---|---|---|---|
| 人生意义 | 是 | 50 | 10.94 | 2.104 | 0.605 | 0.546 |
| | 否 | 80 | 10.69 | 2.437 | | |
| 孤独 | 是 | 50 | 7.42 | 3.459 | -1.118 | 0.267 |
| | 否 | 80 | 8.06 | 2.702 | | |
| 抑郁 | 是 | 50 | 11.44 | 2.984 | 0.106 | 0.915 |
| | 否 | 80 | 11.39 | 2.573 | | |
| 人际交往 | 是 | 50 | 9.12 | 1.662 | 0.254 | 0.800 |
| | 否 | 80 | 9.05 | 1.440 | | |

续表2-28

| 维度 | 发生过重大事件 | 数量 | 均值(M) | 标准差(SD) | T值 | p值 |
|---|---|---|---|---|---|---|
| 自我评价 | 是 | 50 | 23.82 | 5.854 | −2.004* | 0.047 |
| | 否 | 80 | 25.95 | 5.919 | | |
| 自杀 | 是 | 50 | 6.72 | 2.241 | −1.880 | 0.063 |
| | 否 | 80 | 7.44 | 1.902 | | |
| 一级"空心病"总表现 | 是 | 50 | 69.46 | 12.996 | −1.403 | 0.163 |
| | 否 | 80 | 72.58 | 11.875 | | |

注：*表示p<0.05。

由上表可知：

①在自我评价中，差异性检验独立样本T检验的p值为0.047<0.05，表明自我评价在是否发生过重大事件之间存在显著性差异，发生过重大事件的平均得分显著低于没有发生过重大事件的平均得分。

②在人生意义、孤独、抑郁、人际交往、自杀以及一级"空心病"总表现中差异性检验独立样本T检验的p值都大于0.05，表明人生意义、孤独、抑郁、人际交往、自杀以及一级"空心病"总表现在是否发生过重大事件之间不存在显著性差异。

表2-29是一级"空心病"各表现在不同成绩排名之间的差异性分析。

表2-29　一级"空心病"各表现在不同成绩排名之间的差异性分析

| 维度 | 成绩排名 | 数量 | 均值(M) | 标准差(SD) | F值 | p值 |
|---|---|---|---|---|---|---|
| 人生意义 | 上（前30%） | 42 | 10.31 | 2.824 | 2.000 | 0.140 |
| | 中（中间40%） | 69 | 11.16 | 1.754 | | |
| | 下（后30%） | 19 | 10.47 | 2.695 | | |
| 孤独 | 上（前30%） | 42 | 8.29 | 2.848 | 0.752 | 0.473 |
| | 中（中间40%） | 69 | 7.58 | 2.768 | | |
| | 下（后30%） | 19 | 7.63 | 4.139 | | |

续表2-29

| 维度 | 成绩排名 | 数量 | 均值(M) | 标准差(SD) | F值 | p值 |
|------|---------|------|---------|-----------|-----|-----|
| 抑郁 | 上(前30%) | 42 | 11.67 | 2.638 | 0.594 | 0.554 |
| | 中(中间40%) | 69 | 11.41 | 2.403 | | |
| | 下(后30%) | 19 | 10.84 | 3.891 | | |
| 人际交往 | 上(前30%) | 42 | 9.14 | 1.705 | 0.302 | 0.740 |
| | 中(中间40%) | 69 | 8.99 | 1.345 | | |
| | 下(后30%) | 19 | 9.26 | 1.759 | | |
| 自我评价 | 上(前30%) | 42 | 26.98 | 6.170 | 6.154** | 0.003 |
| | 中(中间40%) | 69 | 25.03 | 4.878 | | |
| | 下(后30%) | 19 | 21.42 | 7.463 | | |
| 自杀 | 上(前30%) | 42 | 7.21 | 2.102 | 0.185 | 0.832 |
| | 中(中间40%) | 69 | 7.20 | 1.982 | | |
| | 下(后30%) | 19 | 6.90 | 2.331 | | |
| 一级"空心病"总表现 | 上(前30%) | 42 | 73.60 | 12.822 | 2.178 | 0.117 |
| | 中(中间40%) | 69 | 71.36 | 10.313 | | |
| | 下(后30%) | 19 | 66.53 | 16.814 | | |

注：**表示 $p < 0.01$。

由上表可知：

①在自我评价中，差异性方差分析检验的p值为0.003<0.01，表明自我评价在不同成绩排名之前存在显著性差异，成绩排名越好，得分越高，自我评价越积极。

②在人生意义、孤独、抑郁、人际交往、自杀、一级"空心病"总表现中差异性检验方差分析的p值都大于0.05，表明人生意义、孤独、抑郁、人际交往、自杀、一级"空心病"总表现在不同成绩排名之间不存在显著性差异。

表2-30是一级"空心病"各表现在不同家庭结构之间的差异性分析。

表2-30　一级"空心病"各表现在不同家庭结构之间的差异性分析

| 维度 | 家庭结构 | 数量 | 均值(M) | 标准差(SD) | F值 | p值 |
|---|---|---|---|---|---|---|
| 人生意义 | 完整家庭 | 114 | 10.73 | 2.355 | 0.676 | 0.568 |
| | 重组家庭 | 4 | 10.00 | 4.000 | | |
| | 单亲家庭 | 10 | 11.50 | 0.527 | | |
| | 寄居家庭 | 2 | 12.00 | 0.000 | | |
| 孤独 | 完整家庭 | 114 | 7.75 | 3.027 | 0.353 | 0.787 |
| | 重组家庭 | 4 | 9.25 | 4.349 | | |
| | 单亲家庭 | 10 | 7.90 | 2.846 | | |
| | 寄居家庭 | 2 | 8.50 | 0.707 | | |
| 抑郁 | 完整家庭 | 114 | 11.26 | 2.775 | 2.209 | 0.090 |
| | 重组家庭 | 4 | 14.75 | 2.217 | | |
| | 单亲家庭 | 10 | 11.70 | 1.703 | | |
| | 寄居家庭 | 2 | 11.50 | 0.707 | | |
| 人际交往 | 完整家庭 | 114 | 8.99 | 1.484 | 4.696** | 0.004 |
| | 重组家庭 | 4 | 11.75 | 2.062 | | |
| | 单亲家庭 | 10 | 8.90 | 0.876 | | |
| | 寄居家庭 | 2 | 9.50 | 0.707 | | |
| 自我评价 | 完整家庭 | 114 | 24.76 | 6.103 | 1.828 | 0.145 |
| | 重组家庭 | 4 | 30.75 | 5.679 | | |
| | 单亲家庭 | 10 | 26.20 | 3.084 | | |
| | 寄居家庭 | 2 | 29.50 | 2.121 | | |
| 自杀 | 完整家庭 | 114 | 7.06 | 2.092 | 1.186 | 0.318 |
| | 重组家庭 | 4 | 7.00 | 2.160 | | |
| | 单亲家庭 | 10 | 8.00 | 1.633 | | |
| | 寄居家庭 | 2 | 9.00 | 0.000 | | |
| 一级"空心病"总表现 | 完整家庭 | 114 | 70.55 | 12.672 | 1.994 | 0.118 |
| | 重组家庭 | 4 | 83.50 | 9.950 | | |
| | 单亲家庭 | 10 | 74.20 | 6.477 | | |
| | 寄居家庭 | 2 | 80.00 | 0.000 | | |

注：**表示 $p < 0.01$。

由上表可知：

①在人际交往中，差异性检验独立样本 T 检验的 p 值为 0.004＜0.01，表明人际交往在是不同家庭结构之间存在显著性差异，完整家庭平均得分显著高于单亲家庭平均得分。

②在人生意义、孤独、抑郁、自我评价、自杀、一级"空心病"总表现中差异性检验方差分析的 p 值都大于 0.05，表明人生意义、孤独、抑郁、自我评价、自杀、一级"空心病"总表现在不同家庭结构之间不存在显著性差异。

表2-31是一级"空心病"各表现在不同家庭教育方式之间的差异性分析。

表2-31 一级"空心病"各表现在不同家庭教育方式之间的差异性分析

| 维度 | 家庭教育方式 | 数量 | 均值（M） | 标准差（SD） | F值 | p值 |
|---|---|---|---|---|---|---|
| 人生意义 | 专断控制型 | 20 | 11.20 | 1.795 | 0.426 | 0.735 |
| | 民主商议型 | 50 | 10.88 | 2.163 | | |
| | 放任自主型 | 55 | 10.58 | 2.507 | | |
| | 溺爱纵容型 | 5 | 10.40 | 3.578 | | |
| 孤独 | 专断控制型 | 20 | 7.95 | 3.605 | 0.098 | 0.961 |
| | 民主商议型 | 50 | 7.70 | 3.278 | | |
| | 放任自主型 | 55 | 7.82 | 2.660 | | |
| | 溺爱纵容型 | 5 | 8.40 | 2.074 | | |
| 抑郁 | 专断控制型 | 20 | 10.60 | 2.780 | 0.752 | 0.523 |
| | 民主商议型 | 50 | 11.60 | 2.540 | | |
| | 放任自主型 | 55 | 11.47 | 2.962 | | |
| | 溺爱纵容型 | 5 | 12.00 | 1.225 | | |
| 人际交往 | 专断控制型 | 20 | 9.15 | 1.387 | 0.640 | 0.591 |
| | 民主商议型 | 50 | 9.28 | 1.642 | | |
| | 放任自主型 | 55 | 8.87 | 1.504 | | |
| | 溺爱纵容型 | 5 | 9.00 | 1.000 | | |

续表2-31

| 维度 | 家庭教育方式 | 数量 | 均值（M） | 标准差（SD） | F值 | p值 |
|---|---|---|---|---|---|---|
| 自我评价 | 专断控制型 | 20 | 25.25 | 7.793 | 0.113 | 0.952 |
| | 民主商议型 | 50 | 24.98 | 5.343 | | |
| | 放任自主型 | 55 | 25.09 | 6.041 | | |
| | 溺爱纵容型 | 5 | 26.60 | 3.578 | | |
| 自杀 | 专断控制型 | 20 | 7.25 | 1.916 | 0.697 | 0.555 |
| | 民主商议型 | 50 | 6.92 | 2.193 | | |
| | 放任自主型 | 55 | 7.26 | 2.048 | | |
| | 溺爱纵容型 | 5 | 8.20 | 1.304 | | |
| 一级"空心病"总表现 | 专断控制型 | 20 | 71.40 | 13.092 | 0.121 | 0.948 |
| | 民主商议型 | 50 | 71.36 | 12.054 | | |
| | 放任自主型 | 55 | 71.09 | 13.002 | | |
| | 溺爱纵容型 | 5 | 74.60 | 6.189 | | |

由上表可知：

①一级"空心病"的人生意义在不同家庭所在地、是否为独生子女之间存在显著性差异，在不同性别、年级、学科、是否发生过重大事件、不同成绩排名、家庭结构、家庭教育方式之间不存在显著性差异。

②孤独在不同性别、年级、学科、家庭所在地、是否为独生子女、是否发生过重大事件、不同成绩排名、家庭结构、家庭教育方式之间不存在显著性差异。

③抑郁在不同性别、年级、学科、家庭所在地、是否为独生子女、是否发生过重大事件、不同成绩排名、家庭结构、家庭教育方式之间不存在显著性差异。

④人际交往在不同年级、家庭结构之间存在显著性差异，在不同性别、学科、家庭所在地、是否为独生子女、是否发生过重大事件、不同成绩排名、家庭教育方式之间不存在显著性差异。

⑤自我评价在是否发生过重大事件、不同成绩排名之间存在显著性差

异，在不同性别、年级、学科、家庭所在地、是否为独生子女、家庭结构、家庭教育方式之间不存在显著性差异。

⑥自杀在不同年级之间存在显著性差异，在不同性别、学科、家庭所在地、是否为独生子女、是否发生过重大事件、不同成绩排名、家庭结构、家庭教育方式之间不存在显著性差异。

⑦总表现在不同性别、年级、学科、家庭所在地、是否为独生子女、是否发生过重大事件、不同成绩排名、家庭结构、家庭教育方式之间不存在显著性差异。

### 3.大学生"空心病"现象表现和影响因素之间的回归分析

（1）三级"空心病"表现和各影响因素之间的回归分析

以内部因素和外部因素为自变量，以三级"空心病"表现（人生意义）为因变量，进行回归性分析，结果如表2-32所示：

表2-32　三级"空心病"表现和影响因素之间的回归分析表

| 自变量 | 未标准化系数 | | 标准化系数 | T | sig | R | R方 | 调整R方 | R方更改 |
| --- | --- | --- | --- | --- | --- | --- | --- | --- | --- |
| | B | 标准误差 | Beta | | | | | | |
| 自我效能 | −0.861 | 0.166 | −0.526 | −5.187** | 0.000 | 0.740ᵃ | 0.547 | 0.538 | 0.547 |
| 适应性 | −0.261 | 0.087 | −0.302 | −3.014** | 0.004 | 0.790ᵇ | 0.624 | 0.608 | 0.077 |
| 家庭因素 | −0.194 | 0.075 | −0.229 | −2.593* | 0.013 | 0.820ᶜ | 0.673 | 0.651 | 0.049 |

注：*表示$p < 0.05$，**表示$p < 0.01$。

由系数表2-32可知：

①根据回归系数大小和R方更改影响程度可知，自变量中对三级"空心病"表现（人生意义）有显著影响，影响程度从大到小排序为：自我效能感＞适应性＞家庭因素。

②自变量自我效能感对因变量三级"空心病"表现（人生意义）的回归系数为−0.861，T=−5.187，p=0.000＜0.01，由此可见，自我效能感对三级"空心病"表现（人生意义）具有显著负向影响。

③自变量适应性对因变量三级"空心病"表现（人生意义）的回归系

数为-0.261，T=-3.014，p=0.004<0.01，由此可见，适应性对三级"空心病"表现（人生意义）具有显著负向影响。

④自变量家庭因素对因变量三级"空心病"表现（人生意义）的回归系数为-0.194，T=-2.593，p=0.013<0.05，由此可见，家庭因素对三级"空心病"表现（人生意义）具有显著负向影响。

⑤在自变量大学生角色认同、价值观、学校因素、社会因素对因变量三级"空心病"表现（人生意义）的回归分析中p值都大于0.05，表明大学生角色认同、价值观、学校因素、社会因素对三级"空心病"表现（人生意义）的影响不显著。

（2）二级"空心病"总表现和各影响因素之间的回归分析

以内部因素（自我效能感、大学生角色认同、价值观、适应性）、外部因素（家庭因素、学校因素、社会环境）为自变量，以二级"空心病"总表现为因变量，进行回归性分析，结果如表2-33所示：

表2-33  二级"空心病"总表现和影响因素之间的回归分析表

| 自变量 | 未标准化系数 | | 标准化系数 | T | sig | R | R方 | 调整R方 | R方更改 |
|---|---|---|---|---|---|---|---|---|---|
| | B | 标准误差 | Beta | | | | | | |
| 自我效能 | 1.152 | 0.228 | 0.375 | 5.064** | 0.000 | 0.597[a] | 0.356 | 0.353 | 0.356 |
| 适应性 | 0.632 | 0.180 | 0.227 | 3.501** | 0.001 | 0.648[b] | 0.420 | 0.413 | 0.063 |
| 大学生角色认同 | 0.839 | 0.304 | 0.208 | 2.759** | 0.006 | 0.667[c] | 0.444 | 0.435 | 0.025 |

注：**表示p<0.01。

由系数表2-33可知：

①根据回归系数大小和R方更改影响程度可知，自变量中对二级"空心病"总表现有显著影响，影响程度从大到小排序为：自我效能感>适应性>大学生角色认同。

②自变量自我效能感对因变量二级"空心病"总表现的回归系数为1.152，T=5.064，p=0.000<0.01，由此可见，自我效能感对二级"空心病"总表现具有显著正向影响。

③自变量适应性对因变量二级"空心病"总表现的回归系数为0.632，T=3.501，p=0.001<0.01，由此可见，适应性对二级"空心病"总表现具有显著正向影响。

④自变量大学生角色认同对因变量二级"空心病"总表现的回归系数为0.839，T=2.759，p=0.006<0.01，由此可见，大学生角色认同对二级"空心病"总表现具有显著正向影响。

⑤在自变量价值观、家庭因素、学校因素、社会因素对因变量二级"空心病"总表现的回归分析中p值都大于0.05，表明自我效能感、价值观、家庭因素、学校因素、社会因素对二级"空心病"总表现的影响不显著。

（3）一级"空心病"总表现和各影响因素之间的回归分析

以内部因素（自我效能感、大学生角色认同、价值观、适应性）、外部因素（家庭因素、学校因素、社会环境）为自变量，以一级"空心病"总表现为因变量，进行回归性分析，结果如表2-34所示：

表2-34　一级"空心病"总表现和影响因素之间的回归分析表

| 自变量 | 未标准化系数 | | 标准化系数 | T | sig | R | R方 | 调整R方 | R方更改 |
|---|---|---|---|---|---|---|---|---|---|
| | B | 标准误差 | Beta | | | | | | |
| 自我效能 | 1.963 | 0.393 | 0.403 | 4.994** | 0.000 | 0.510[a] | 0.260 | 0.254 | 0.260 |
| 适应性 | 0.733 | 0.326 | 0.188 | 2.250* | 0.026 | 0.576[b] | 0.332 | 0.321 | 0.072 |
| 社会因素 | −0.652 | 0.232 | −0.229 | −2.804** | 0.006 | 0.597[c] | 0.356 | 0.341 | 0.024 |
| 学校因素 | 0.489 | 0.244 | 0.166 | 2.003* | 0.047 | 0.613[d] | 0.376 | 0.356 | 0.020 |

注：*表示p<0.05，**表示p<0.01。

由系数表2-34可知：

①根据回归系数大小和R方更改影响程度可知，自变量中，自变量自我效能感对因变量一级"空心病"总表现的回归系数为1.963，T=4.994，p=0.000<0.01，由此可见，自我效能感对一级"空心病"总表现具有显著正向影响。

②自变量适应性对因变量一级"空心病"总表现的回归系数为0.733，

T=2.250，p=0.026＜0.05，由此可见，适应性对一级"空心病"总表现具有显著正向影响。

③自变量社会因素对因变量一级"空心病"总表现的回归系数为−0.652，T=−2.804，p=0.006＜0.01，由此可见，社会因素对一级"空心病"总表现具有显著负向影响。

④自变量学校因素对因变量一级"空心病"总表现的回归系数为0.489，T=2.003，p=0.047＜0.01，由此可见，学校因素对一级"空心病"总表现具有显著正向影响。

⑤在自变量价值观、大学生角色认同、家庭因素对因变量一级"空心病"总表现的回归分析中p值都大于0.05，表明价值观、大学生角色认同、家庭因素对一级"空心病"总表现的影响不显著。

## 五、结论与建议

### (一)大学生"空心病"现象的表现特点

根据对前文中研究数据和研究结果的分析，总结出当前大学生"空心病"现象的主要特点。

#### 1.大学生心理困扰已成普遍现象

在普通大学生中，符合"空心病"现象所定义的各表现（普通心理困扰）的出现频率从高到低排序依次为：人际交往＞孤独＞抑郁＞自杀＞自我评价＞人生意义。其中，存在人际交往问题的人数占据了调查总人数的36.37%，表明超过三分之一的大学生在人际交往方面存在困扰，具体表现包括无法合理使用人际资源、无法正确处理与周围人群的关系、无法正视自己在人际交往中的表现等。

正如阿德勒在《被讨厌的勇气》一书中提到的，一切烦恼都来自人际关系。阿德勒心理学认为，人的许多烦恼和不满都源于人际关系。

一方面，人是社会性动物，不可避免地要在社会环境中与他人互动。在与人交往的过程中，人们往往会追求他人的认可和接纳，希望自己在他人眼中是有价值的。这种渴望可能导致过度的竞争、比较和嫉妒，从而引发个体内心的不安和焦虑。大学生缺乏与人交往的勇气和自信，这可能会让他们在社交场合中感到不安和紧张，从而影响到他们的人际交往。

　　另一方面，在人际关系中常常会出现沟通障碍和误解。这些障碍和误解可能源于语言表达的局限性，也可能源于个体之间的认知差异。当沟通不畅时，人们可能会感到沮丧和挫败，甚至会对人际关系产生恐惧和抵触。部分大学生可能没有掌握足够的社交技能，如有效地与他人沟通和交流的技能，这在一定程度上导致了他们在人际交往中遇到困难。

　　除此之外，人际关系中的权力斗争、控制欲、期望和失望都是造成人际关系困扰的因素。

　　同时，还有35.4%的大学生出现了强烈的孤独感，包括在个人情绪和人际交往中感到的孤独。生活环境的变化、社交圈的迭代、学业压力的威胁、归属感的缺乏、对未来不确定感的增加、生活节奏的加快、自我认知的偏差等因素都可能导致大学生出现孤独感和迷茫感。大学生感受到孤独是一个复杂的现象，涉及生活环境、社交、学业、个人性格、心理健康等多个方面。这两组数据表明人际交往问题、孤独感等在大学生中呈现出普遍化、综合化的发展趋势。

　　对于大学生"空心病"现象的核心表现"人生意义"而言，超过20%的大学生出现人生意义感缺失，不清楚自己的人生意义，大学和成年生活体验感并不良好。"人活着的意义是什么"是每个人穷尽一生追求解答的疑问，但复杂的动机往往不能提供纯粹且真我的答案。对生活目的、前进方向和人生价值的质疑是当前中国青年日益凸显的心理现象之一。丧失人生意义感的人可能体验到持续的悲伤、无助或绝望，原本热衷的活动或爱好变得索然无味，即使身处人群中，也可能感到深刻的孤立和分离，种种人生意义感的缺失和心灵的空洞会阻碍青少年获得幸福感和生命力。

### 2.三级"空心病"表现的特点分析

　　三级"空心病"的筛查标准为只出现人生意义感缺失这一个表现，其他表征良好。在符合三级"空心病"标准的群体中，人生意义在不同学科之间存在显著性差异，理工类学生显著高于人文社科类学生。

　　究其原因，第一，学科性质的差异。理工科学生通常有更明确的职业技能训练和就业前景，而文科生则可能在专业技能和就业市场上面临更多的不确定性。这种不确定性可能导致文科生对自身价值和未来方向感到困惑，从而影响到他们的人生意义感。从人性的角度来看，人总是倾向于对外界的事物进行规律化、结构化的组织，因为系统地组织信息的过程能够有效地提升人们的掌控感。

第二，教育模式的差别。理工科教育往往更注重实践和应用，而文科教育则更注重对理论和文化素养的培养。这种教育模式可能导致文科生在实践中应用知识和技能时感到更加困难，从而影响到他们的人生意义感。

第三，社会期待的不同。社会上普遍存在着对理工科专业的更高期待和更广泛的就业机会，而文科专业则可能被看作是"软性"学科，学科的实用性可能不如理工科专业。这种社会期待的不同可能导致文科生感到更大的压力和失落。

第四，自我认同的构建。理工科学生可能更容易通过专业技能和成就来构建自我认同，而文科生则可能需要更多的内在素质和深度思考来构建自我认同。这种自我认同的构建过程差别可能导致文科生在面对人生意义感缺失时感到更加困难。

总的来说，由于这两类学科的性质和特点不同，导致培养出的学生思维方式与追求目标不同。理工科教育注重培养科学态度和解决问题的能力，然而，这种学习方式也可能让学生过于关注细节和技术层面的东西，而忽视了生活中的情感和人文关怀。相比之下，人文社科类学科更多地关注人类社会和人的精神世界，强调的是批判性思维和创造性思考，这种学习方式可以帮助学生建立起宽广的人文视野和深厚的文化底蕴。但是，过于发散的思维方式也可能让学生过于关注抽象的概念和价值判断，而忽视了实际问题的解决和实践能力的培养。

### 3.二级"空心病"表现的特点分析

二级"空心病"的筛查标准为以人生意义感缺失为核心表现，同时出现孤独感、抑郁情绪、人际交往问题、自我评价偏差中的一种或多种表现。在符合二级"空心病"标准的群体中对统计结果作如下分析。

（1）人生意义在不同人口学信息之间的差异

1）人生意义在不同年级之间存在显著性差异

人生意义在不同年级上的得分，大二（8.53）＜大一（9.19）＜大三（9.97）＜大四（10.52），表明二级"空心病"大学生的人生意义感缺失情况出现反复，大二时人生意义感缺失最严重，大四时人生意义最明确。

究其原因，第一，角色转换。从高中到大学，学生从被严格监督的角色转变为需要自我管理的成人。这种角色的转换可能导致一些新生感到失控，因为他们需要自己负责学业和生活。

第二，目标失控。在进入大学之前，许多学生的生活目标是考上大学。一旦实现了这个目标，他们可能会发现自己失去了方向，不知道接下来该做什么。随着对大学生活的初步了解和学习的深入，大学生对人生意义的思考会变得不清晰。

第三，经验积累。随着在大学里度过的时间增加，学生们积累了更多的经验和知识，这使得他们能够更好地应对挑战和做出决策。对其进行三年的教育后，大学生在大四时明确了人生意义，身心得以健康成长。

2）人生意义在不同家庭所在地之间存在显著差异

在人生意义维度，城镇大学生的平均得分为 8.88，非城镇大学生的平均得分为 10.02，表明在二级"空心病"中，城镇大学生的人生意义感缺失情况较非城镇大学生更严重。城镇大学生的生活环境、成长环境相较于非城镇大学生更为丰富多彩，同时也更复杂。

究其原因，第一，社会环境的影响。城镇大学生可能面临更大的社会竞争压力，尤其是在大城市中，快节奏的生活和高水平的消费可能导致他们更容易感受到生活的压力，从而影响到他们对人生意义的感知。

第二，教育资源的差异。城镇地区的大学生能接触到更好的教育资源，这可能导致他们对成功的定义更加单一和功利，如追求更高的学历、更好的工作等。当这些外在的追求无法满足他们对人生意义的追求时，他们可能会感到更加迷茫和失落。

第三，社交网络的差异。城镇大学生可能更容易接触到各种来自社交和网络的信息，这些信息可能对他们的价值观产生影响，导致他们在现实生活中感到更加孤独和空虚。按照马斯洛需求层次理论，城镇大学生在升入大学后基本的生理需要、安全需要一般都能得到满足，在追寻满足更高层次的精神需求时，出现人生意义缺失的概率也随之增加。而非城镇大学生升学后学习、生活环境发生较大变化，其需求多数仍停留在生理、安全需要层面，人生意义感缺失状况就较少、较晚出现。

3）人生意义在是否为独生子女上存在显著差异

在人生意义维度，独生子女平均分为8.64，非独生子女平均分为9.86，表明在二级"空心病"中，相较于非独生子女而言，独生子女的人生意义感缺失情况更为严重。独生子女可能会面临一些特有的挑战，如缺乏兄弟姐妹之间的互动和竞争等，缺乏互动和竞争可能导致他们在社交技能和团队合作方面有所欠缺。同时，独生子女可能承受着更多的家庭期望，这在一定程度上会给他们带来心理压力。

（2）孤独在不同人口学信息之间的差异

1）孤独在不同年级之间存在显著性差异

孤独在不同年级上的得分，大四（9.20）＜大三（9.44）＜大一（9.77）＜大二（10.90），表明二级"空心病"大学生的孤独感在大二时最轻，而后随着年级的升高越发强烈。这可能是因为随着年级的升高，大学生的独立自主性增强、性格特点更加鲜明、对待事物有了自己独特的看法，并且大四面临毕业，事务繁多，部分同学感叹觅不得知音，事事唯有独行，因而孤独感前所未有地强烈。

2）孤独在是否为独生子女之间存在显著性差异

在孤独维度上，独生子女平均得分为10.98，非独生子女平均得分为9.49，非独生子女更容易感到孤独。究其原因，可能是因为在二级"空心病"大学生中，独生子女习惯了更为独立的生活，而非独生子女一旦失去他人的陪伴，很容易产生孤独感，情况严重时对他人的信任感也会有所减弱。

（3）抑郁在不同学科之间存在显著性差异

人文社会类学科大学生比理工类大学生抑郁情绪更为严重，表明学科特质对于学生情绪的长期稳定有一定影响。

究其原因，第一，学科内容的情感色彩。人文社会学科的教学内容富含强烈的情感元素和人类经验累积，丰富的情感体验更容易让学生产生同理心、共感性。

第二，学科成就的情感反馈。理工类学科往往重视客观和标准化的结果，学科成就结果更显而易见，而人文社科学科恰恰相反，更追求哲理性和思辨性的成果。

（4）人际交往在不同家庭教育方式之间存在显著性差异

人际交往在不同家庭教育方式上的得分，专断控制型（8.13）＜民主商议型（8.93）＜溺爱纵容型（9.25）＜放任自主型（9.52）。在二级"空心病"中，专断控制型家庭成长出来的大学生人际交往问题最严重，放任自主型家庭成长出的大学生人际交往问题最轻。

究其原因，第一，高期望值。专断控制型家庭的家长往往对孩子有极高的期望，这可能导致孩子在人际交往中过分追求完美，害怕失败，从而影响他们建立健康的人际关系。

第二，情绪操控。专断控制型家庭的家长可能使用内疚、恐惧或羞愧等情绪操控手段来控制孩子的行为，这会导致孩子在人际交往中过度依赖用情绪化的手段解决问题，而非理性沟通。

第三，过度保护。专断控制型家庭的家长可能过度干涉孩子的活动和决策，这会导致孩子在大学生活中缺乏自主性和独立性，难以与他人建立平等互信的关系。孩子在成长过程中言行举止始终受到父母控制，离开父母进入校园后首次享受到"自由"的生活，面对比家庭生活环境更复杂的校园生活环境，无法妥善处理人际关系。

在放任自主型家庭中，父母通常给予孩子较大的自由度，让他们自己做决定并承担责任。这种教育方式鼓励孩子独立思考和解决问题，从而培养了他们的自主性和独立性。孩子需要自我管理日常生活和学习，从安排时间到处理人际关系，都锻炼了他们的自我管理能力。此外，放任自主型家庭的孩子有更多机会参与社交活动，与同龄人互动，这有助于他们建立良好的人际关系，培养社交技能。

（5）总表现在不同家庭教育方式之间存在显著性差异

从二级"空心病"现象总表现来看，不同家庭教育方式之间存在显著性差异，专断控制型（60.54）＜放任自主型（65.69）＜民主商议型（66.63）＜溺爱纵容型（70.50）。民主商议型家庭和放任自主型家庭中的大学生出现二级"空心病"的概率更小，其心理健康程度更高。

究其原因，民主和自主的氛围会让父母与孩子之间存在高度的沟通和理解，父母会听取孩子的意见，双方共同作出决定。这种家庭氛围有助于培养孩子的自尊、自信和自主性，使他们更有能力面对生活中的挑战和压力。同时，这种家庭环境也更有利于孩子形成积极的世界观、人生观和价值观，从而降低患"空心病"的概率。

专断控制型家庭中的大学生出现二级"空心病"的概率更大，其心理健康程度更低，这可能是因为当孩子未达到家长期望时，会遭受严厉的惩罚或批评，而不是得到鼓励和支持。惩罚或批评可能导致孩子在人际交往中过于敏感，容易因小困难而受挫，心理压力和负担影响他们对个人时间和空间的掌控，从而影响到他们的人生意义感。因此，良好的家庭教育方式有助于孩子身心健康成长，降低其出现心理困扰、心理问题的概率。

（6）自我评价在所有个人基本信息中差异不显著

研究结果显示，自我评价在所有个人基本信息中差异不显著，究其原因，可能是二级"空心病"尚处在发展变化阶段，自我评价也在发展变化中，特点表现不明确。

**4.一级"空心病"表现的特点分析**

一级"空心病"的筛查标准为在出现人生意义感缺失同时存在自杀意念、自杀尝试，并且可能伴有孤独感、抑郁情绪、人际交往问题、自我评价偏差中的一种或多种表现。

在符合一级"空心病"标准的群体中对统计结果进行分析。

（1）人生意义在不人口学信息之间存在差异

1）人生意义在不同家庭所在地之间存在显著性差异

在人生意义维度，非城镇生源大学生平均得分大于城镇生源大学生平均得分，表明一级"空心病"中，城镇大学生人生意义感缺失更严重，与二级"空心病"所得结果相符。相较于乡村而言，城镇的社会网络、空间结构、基础设施建设等都具多元性和便捷性，所以，城镇大学生在面对多元价值观的冲击时，人生意义、价值观等方面出现迷茫也就显得较为合理。

2）人生意义在是否为独生子女之间存在显著性差异

在人生意义维度上，独生子女平均得分为10.20，非独生子女平均得分为11.14。在一级"空心病"中，有同龄人陪伴成长的大学生在陪伴、关爱方面的需求能够得到更多的满足。这是因为同龄人的陪伴在大学生的成长过程中扮演着重要的角色。

首先，同龄人之间的陪伴可以提供情感上的支持。在大学生活中，学生们可能会遇到各种挑战和压力，如学业压力、人际关系压力、未来职业规划压力等。在这个时候，同龄人的陪伴可以提供情感上的支持，帮助他们渡过难关。

其次，同龄人之间的陪伴可以促进社交技能的发展。在大学生活中，学生们需要学会如何与他人相处，如何处理人际关系。通过与同龄人的交流和互动，大学生可以学习到如何建立和维护友谊，如何处理冲突和分歧，这些都是社交技能的重要组成部分。

最后，同龄人之间的陪伴可以帮助大学生建立自我认同。在大学生活中，学生们需要不断地探索自我，寻找自己的价值和定位。通过与同龄人的比较和交流，他们可以更好地理解自己，找到自己的优势和劣势，从而建立起自我认同。

（2）人际交往在不同人口学信息之间存在差异

1）人际交往在不同年级之间存在显著性差异

大学生人际交往在不同年级上的得分，大一（8.49）＜大四（9.16）＜大二（9.33）＜大三（9.69），表明一级"空心病"大学生的人际交往问题在大一时最严重，而后减轻，大四时再次加重。在进入大学这个全新的环境后，大学生需要重新建立自己的社交网络，学习如何在新的环境中与他人有效地交流和互动。经过两年的学习和各种活动参与，大多数学生能够逐渐提升自己的人际交往能力，从而使得这方面的问题得到缓解。

然而，到了大四，随着毕业、升学和就业等人生重要选择的临近，学生们可能会再次面临人际交往的挑战。一方面，他们可能需要花费更多的时间和精力来作出重要的决定，这可能会影响到他们与其他人的互动。另一方面，由于未来的不确定性，他们可能会在社交活动中感到更大的压力，担心自己的选择会影响到与他人的关系。此外，大四的学生也可能因为即将告别大学生活而感到情绪波动，这种波动也可能会影响到他们的人际交往。因此，尽管学生们已经在大学期间提升了人际交往能力，但在大四这个特殊的时期，他们仍然需要面对人际交往的挑战。

2）人际交往在不同家庭结构之间的差异

大学生人际交往在不同家庭结构上的得分，单亲家庭（8.90）＜完整家庭（8.99）＜寄居家庭（9.50）＜重组家庭（11.75）。在一级"空心病"中，单亲家庭大学生人际交往问题程度最严重，而重组家庭大学生人际交往问题程度最轻。

（3）自我评价在不同人口学信息之间存在差异

1）自我评价在是否发生过重大事件之间存在显著性差异

在自我评价维度，发生过重大事件大学生的平均得分小于没有发生过重大事件大学生的平均得分，表明一级"空心病"中发生过重大事件的大学生自我评价更低。当大学生面临重大事件时，如不加以正确的引导和支持来帮助他们处理和排解不良情绪，这些情绪很可能会演变成心理障碍，进而对他们的自我评价产生深远的影响。

首先，不良情绪的积累可能会导致严重的心理压力，使大学生陷入消极的思维模式，对自己产生怀疑和否定，从而影响他们的自尊心和自信心。这种负面的自我评价会进一步限制他们的潜能发挥，影响其学习和生活质量。

其次，未能妥善处理的重大事件和随之而来的情绪问题，可能会使大学生感到孤立无援，增加他们的孤独感和无助感。这种感觉若长期存在，可能导致大学生社交技能的退化和人际关系的紧张，进而导致学生在集体生活中感到不适应，影响其正常的社会互动和自我认同的形成。

最后，不良情绪的积压还可能导致一些生理反应，如失眠、食欲改变、疲劳等。这些身体上的不适也可能反过来影响心理状态，形成恶性循环。

2）自我评价在不同成绩排名之间存在显著性差异

大学生自我评价在不同成绩排名上的得分，前30%＞中间40%＞后30%。说明一级"空心病"中成绩排名越高，所带来的成就感、荣誉感越有助于大学生提高自我评价。

（4）自杀在不同年级之间存在显著性差异

自杀在不同年级上的得分，大二（8.03）＞大四（7.09）＞大三（6.75）＞大一（6.65）。表明一级"空心病"中，大一学生出现自杀意念及自杀尝试的概率最高，大二最低。

当前，仅普基础教育阶段对学生心理健康的重视程度有所提升，但还存在一些短板，如挫折教育、生命教育和感恩教育等内容的缺失。这些教育内容的不足可能导致学生在进入大学后，面对新的环境和挑战缺乏足够的心理应对机制和情绪调节能力。

在大学阶段，开设心理健康课程和组织心理健康教育活动显得尤为重要。这些课程和活动旨在帮助学生了解生命的意义，掌握识别和处理情绪的技能，从而有效地减少自杀行为的发生。具体来说，心理健康教育课程能够让学生学习到如何面对生活中的压力和挫折，如何珍惜和尊重生命，以及如何培养感恩的心态。课程内容可能包括压力管理、情绪调节、自我认知、自尊心培养和人际关系等方面的指导和培养。通过参与这些课程和活动，学生可以学到实用的心理调适策略，比如时间管理、目标设定、寻求社会支持等，以应对学业和人际交往中的压力。此外，大学阶段的心理健康教育还包括了生命教育的内容，课程会强调生命的重要性，教导学生珍惜和保护自己的生命，以及在遇到心理困境时积极寻求专业帮助。心理健康教育可以使学生认识到每个人的生命都是宝贵的，无论遇到什么困难，都不应该轻易放弃生命。通过这样的教育，学生能够建立起对生命的敬畏之心，学会欣赏生活的美好，并在遇到困难时寻求合适的解决方法。

**（二）大学生"空心病"现象的主要影响因素**

研究结果表明，除价值观之外，诸多其他的内外部因素都对大学生的"空心病"现象有着显著的影响。这是因为价值观是一个人内在的信念和态度，它可能不会直接影响到人的心理状态和行为表现，却能通过影响人的决策和行为方式来间接地产生影响。这也意味着教育从业者需要更加关注那些可以直接影响大学生心理状态和行为表现的因素，如个人因素、家庭因素、学校因素和环境因素等。这些因素可能会直接影响到大学生的心理健康和生活质量，因此，需要采取有效的措施来改善这些因素，以帮助大学生更好地应对"空心病"现象。

（1）个人层面

研究结果表明，大学生"空心病"现象与其自我效能感、适应能力，以及大学生角色认同等因素密切相关。具体来说：

第一，自我效能感。自我效能感是指个体对自己能否成功完成某项任务的信念。如果自我效能感较低，个体在面对困难和挑战时可能会轻易放弃，这会导致他们对自己的能力和价值产生怀疑，从而引发"空心病"的症状。

第二，适应能力。适应能力包括学习适应、人际适应、生活适应、生理适应、社会适应和职业适应等多个方面。如果适应能力较差，个体可能会在面对生活中的各种变化和挑战时感到压力和困扰，这也可能导致"空心病"的症状产生。

第三，大学生角色认同。大学生角色认同是指个体对自己大学生身份的认知和接受程度。如果大学生角色认同出现问题，个体可能会对自己的目标和价值产生困惑，这也可能导致"空心病"的症状产生。

第四，生活坚韧性。当大学生缺乏明确的生活目标和动力时，可能会感到生活缺乏意义和方向，从而产生空虚感，这会导致他们产生心理上的不适，容易缺乏安全感和方向感，从而感到漫无目的。当大学生在成长过程中对自己的兴趣、能力和未来方向缺乏清晰的认识时，就会在面临选择时感到迷茫和困惑。一些大学生可能对自己有很高的期望，追求完美，这会导致他们在达不到预期时产生强烈的挫败感。

因此，为了提高大学生的心理健康水平，教育工作者需要关注他们的自我效能感、适应能力、大学生角色认同、生活坚韧性等方面内容，提供相应的支持和帮助，以帮助他们更好地应对生活中的挑战和压力。

（2）家庭层面

大学生"空心病"现象的形成受到其所处家庭环境的影响。生活环境是影响大学生心理健康的重要因素之一，作为大学生成长与生活的重要场所，家庭环境中的父母教养方式、父母控制、父母期待等对于大学生的自我评价、人生规划、人生意义认知、人际交往等方面都有着重要影响。

第一，父母教养方式。民主型的教养方式可能更有利于大学生的心理健康，而独裁型的教养方式可能增加大学生出现"空心病"的风险。

第二，父母控制。过度的父母控制可能会限制大学生的自我发展和自主性，从而影响他们的心理健康。

第三，父母期待。合理的学业期待和成就期望可能有助于大学生的健康发展，而过高的期待可能会给大学生带来过大的压力，导致他们出现心理问题。父母的期待是一把双刃剑，超出孩子适应范围内的期待可能会给孩子带来巨大的压力。如果孩子无法满足这些期待，他们可能会感到沮丧和无力，进而影响到他们的心理健康。

第四，家庭氛围。温馨和谐的家庭氛围有利于大学生的心理健康，而紧张或冷漠的家庭氛围可能会对大学生的心理产生负面影响。

因此，为了改善大学生的心理健康状况，学生家长需要做到以下几点：

第一，创建和谐的家庭环境。为孩子提供充满爱和理解的家庭环境，让他们感到安全和被支持。定期举行家庭会议，让每个成员都有机会分享自己的感受和想法，同时倾听其他成员的意见和建议。保持开放和诚实的对话，避免误解和冲突的产生。

第二，采用合理的教养方式。孩子的全面发展不仅包括学术成就的达成，也包括社交技能、情感表达等多方面能力的获得。另外，家庭成员之间要保持良好的沟通，互相支持，共同分担家务和育儿责任。稳定和谐的家庭关系是孩子健康成长的关键。

第三，调整家庭期望。根据孩子的实际情况设定合理的期望，避免给他们带来过大的压力。

第四，关注家庭经济状况对孩子的影响。尽量减轻家庭经济压力对孩子的影响，如果需要，可以寻求专业的帮助和建议。

第五，传递积极的家庭价值观。父母应通过自己的行为和对话，向孩子传递积极的家庭价值观，帮助他们建立积极的世界观、人生观和价值观。当家庭内部出现分歧时，采用冷静、理智的方法处理，避免情绪化的对抗。

（3）学校层面

大学生"空心病"现象的形成受到其所在学校环境的影响。学校作为大学生离开家庭后学习与生活的主要场所，其设施环境、校风学风、校园文化环境、课堂氛围、心理健康教育环境、师生关系等，都对大学生的心理状态有着重要的影响：

第一，设施环境。优美、宁静的校园环境可以帮助大学生放松心情、减轻压力，有利于他们的情绪稳定和心理健康。

第二，校风学风。积极向上、严谨求实的校风学风可以激励大学生努力学习，积极进取，有助于他们的学业成功和人格发展，从而增强他们的心理健康水平。

第三，校园文化环境。校园文化活动可以丰富大学生的课余生活，提高他们的综合素质，同时有助于他们的心理健康。

第四，课堂氛围。民主、开放、和谐的课堂氛围可以鼓励大学生积极参与，提高他们的学习兴趣和能力，有助于他们的心理健康。

第五，心理健康教育环境。学校良好的心理健康教育环境意味着可以为学生提供专业的心理咨询和服务，帮助大学生解决心理问题，提高他们的心理素质，维护他们的心理健康水平。

第六，师生关系。良好的关系可以增进师生之间的交流和理解，帮助大学生建立和谐的人际关系，提高他们的社会适应能力，也有助于他们的心理健康。

数据分析进一步证实了以上几点。首先，在优美的校园环境中，大学生可以找到放松和减压的空间，这对于他们的情绪稳定和心理健康有着积极的影响。其次，积极向上的校风学风可以激发学生的学习热情，帮助他们建立正确的价值观和人生观，这对于他们的心理健康也是有益的。再次，良好的师生关系可以促进学生的社交能力，帮助他们更好地适应社会，这对于他们的心理健康也是非常重要的。最后，通过开展心理健康教育，学生可以更好地认识自己、接纳自己，明确自己的人生目标，这对于防止"空心病"现象的出现有着重要的作用。

（4）社会层面

大学生的"空心病"现象也受到其所处社会环境的影响。在多元化的社会中，各种价值观并存，这对大学生自身价值观的建立产生了种种负面影响。

第一，社会竞争压力。随着社会的快速发展，竞争日益激烈，尤其是在高等教育领域。大学生面临着就业、升学等多方面的压力，这种压力可能导致他们产生焦虑、抑郁等负面情绪，进而影响到他们的心理健康。

第二，社会价值观的转变。社会的快速变迁带来了价值观的多元化，这可能在一定程度上导致大学生在追求个人价值和意义时感到困惑和迷失。

第三，社交媒体的影响。虽然社交媒体为人们提供了便捷的沟通平台，但过度使用社交媒体可能会削弱大学生的现实生活参与度，影响他们的人际交往能力，并可能导致他们在现实生活中感到更加空虚和孤独。

第四，教育资源分配不均衡。教育资源的分配不均可能会导致一些大学生在求学过程中面临更多的困难和挑战，这可能会对他们的心理健康产生负面影响。

第五，社会支持系统的缺失。社会层面的支持系统，如心理咨询服务、社区支持网络等，对于维护大学生的心理健康起着至关重要的作用。如果这些支持系统不完善，大学生在面临心理困扰时可能无法得到及时的帮助。

### （三）大学生"空心病"现象的防控措施

近年来，国家出台了一系列政策措施以加强心理健康服务体系建设，提高全民心理健康水平。通过建立健全心理咨询机构、培养专业心理咨询师队伍、开展心理健康教育等措施，为人民群众提供全方位、多层次的心理健康服务。同时，国家加强对重点人群，如青少年、老年人、残障人士等的心理干预和支持，帮助他们克服心理障碍，增强心理素质。这表明了党和国家对全民心理健康问题的高度重视。但各种心理问题，尤其是类似"空心病"现象这种呈现出综合化表现的心理问题，仍在大学生群体中频发，因心理问题而无法正常学习和生活的学生人数也在逐年上升。

根据本研究数据显示，大学生"空心病"现象的总检出率为20.31%，因此，对大学生"空心病"现象进行防控至关重要。针对大学生"空心病"现象的防控，本研究提出的"大心理健康教育体系"，旨在建立一个全方位、全过程、全覆盖的心理健康教育模式。该体系覆盖了学生成长的各个阶段，包括幼儿园、小学、初中、高中和大学，同时也涵盖了学生所处的所有环境，包括个人、家庭、学校和社会。在该体系中，每个单元都应承担起自己的责任，共同协作，以达到最佳的预防效果。具体建议如下：

（1）提升学生自我效能，获得成就和满足

第一，提升自我效能。自我效能感是相信自己有能力完成任务的信心，提高自我效能感可以通过设定小目标、获取正面反馈、模仿成功人士等行为来实现。学生应被鼓励参与实践活动，如志愿服务、实习等，以积累成功的经验。

第二，提供支持性的环境。支持性的环境对于激发自我效能感至关重要，这包括来自教师、辅导员和同学的支持与鼓励。教育工作者应积极关注学生的成长，及时对其进行合理评价，指导学生合理归因。当学生面临挑战时，他人的信任和支持可以显著提高他们的信心。

第三，个性化指导。学校应根据每个学生的个性和情绪需求提供个性化的指导。通过选修课、讲座等形式，帮助学生了解如何认识、接纳自己的情绪，并掌握与之和谐相处的方法。了解情绪的多样性和价值有助于学生发展健康的心理品质，从而更有效地管理情绪。个性化指导要求教师具备教育心理学的知识，以便更好地理解学生，并为之提供有效的帮助。

（2）增强学生心理承受能力，培养个体坚韧品格

学生的适应性与抗压能力不仅关系到学生的个人发展，也影响到他们的学业表现和未来职业规划。

第一，提升自我调节能力。大学生可以通过提升自我调节能力来更好地应对学业压力。这包括学习时间管理技巧、制定合理的计划、优先处理任务，以及采用有效的复习策略。通过自我监控和自我激励，学生能更有效地分配时间和精力，从而在面对学业挑战时保持较好的心态。

第二，保持健康的生活方式。健康的生活习惯，如规律的作息、均衡的饮食和适量的运动，都有助于学生提高身体的耐压性。良好的身体状况是应对压力的重要基础。

第三，积极争取社会支持。构建强大的社会支持网络是提升学生适应性和抗压能力的关键，家人、朋友和老师都可以成为宝贵的资源。学生应该学会在需要时寻求和接受帮助，同时也应在别人需要帮助时伸出援手。

第四，调御和纾解压力。家庭、学校与社会在提高学生适应力的同时，还应对学生进行压力教育，通过帮助学生制定切合实际的学习任务与奋斗目标等方式，为学生创造适度的、可自行排解的压力。认识到压力的来源并采取行动是至关重要的，学生应当学会识别可能导致压力增加的因素，并主动采取措施来预防压力产生或减轻压力，减轻压力的途径可能包括寻求心理咨询、加入支持团体，以及与导师或辅导员讨论可行的解决

方案。

（3）客观公正地自我评估，明确各阶段价值认同

家庭、学校与社会应鼓励学生积极参与社会实践，引导学生在处理个人与社会关系的过程中确立合理的自我评价、实现自我价值，从而增强学生对自我身份的认同感和归属感，强化其身份认同，尤其是对大学生身份的认同，初步知晓"我是谁"。

一方面，大学生要定期进行自我反思，审视自己的优点和不足，诚实地评估自己在学业、人际关系、领导力等方面的表现，这有助于大学生形成清晰的自我认识，并为未来的发展设定目标，明确个人角色责任，从而降低"空心病"现象的发生概率。

另一方面，提升大学生主观能动性，持续学习，投入社会实践。大学生应不断学习新知识、新技能，拓宽视野，这不仅能提升其自身竞争力，也有利于他们形成更为全面和成熟的自我评价。大学生通过参与社团活动、志愿服务和实习等社会实践，可以在实践中学习和成长，同时也能更好地理解自己的价值观和职业倾向，从而对自己的身份有更明确的认同。

（4）积极关注学生成长，转变育人方式

作为"大心理健康教育体系"中的重要组成单位，家庭是影响学生身心健康成长的至关重要因素。家长是孩子的第一任老师，对孩子的心理健康有着重要影响。

首先，家长应该意识到，孩子的全面发展比单纯追求分数更为重要。分数只是衡量孩子学习成果的一个方面，并不能完全代表孩子的能力和潜力。因此，家长应该鼓励孩子积极参与各种活动，发掘和发展自己的兴趣和特长，而不是仅仅关注分数高低。

其次，家长应该尊重孩子的个性和选择，给予孩子足够的自由和空间。每个孩子都是独一无二的，有自己的想法和需求。家长应该倾听孩子的声音，理解和支持孩子的决定，而不是一味地给孩子强加自己的想法和要求。

最后，家长应该以身作则，树立良好的榜样。孩子是家长的一面镜子，家长的行为和态度会直接影响孩子。因此，家长应该保持积极乐观的生活态度，关心他人，尊重他人，与时俱进地更新自身教育观念和教育方

式，以理性平和的心态适度关注、关爱子女成长，注重培养子女德智体美劳全面发展。同时，要尽可能减少分数对孩子的影响，避免孩子出现用分数高低来评价自己的现象，这样才能培养出身心健康的孩子，降低"空心病"的出现概率。

（5）全方位加强学生心理健康体系工作建设

双管齐下提升学生心理素质，可从思想政治教育和心理健康教育两方面同时着手进行。

第一，提升教师心理健康素养。教师在日常教学中扮演着关键的角色，他们对学生心理健康的关注和干预往往能起到决定性的作用。因此，学校应加强对全体教师的心理健康知识普及，完善教师心理健康培训体系，打造适合学科教师的心理健康课程和资源，帮助教师在学科教学、班级管理、家校协同中有效地使用心理健康知识和技能。

第二，学校可以通过举办家长工作坊、研讨会和提供在线资源等方式，教育家长识别和理解孩子的情感需求，传授有效的亲子沟通技巧，以及营造支持性和理解性家庭环境的方法。

第三，高校要明确思想政治教育和心理健康教育的内容与范围。高校应确保教育内容的科学性和系统性，同时也要注意两者的有机结合，使学生能够在掌握知识的同时，树立正确的世界观、人生观和价值观。有研究表明，政治面貌对社会心态具有显著的影响，共产党员比非共产党员具有更好的社会心态表现[1]。该研究间接说明，加强思想政治教育，建设思想育人的有效路径能够为大学生心理健康发展提供保障。

在当前的学校环境中，心理健康教育工作通常由专门的心理健康服务机构承担。为了确保心理健康教育工作能够有效地进行，有必要加强对这些机构的建设。这包括增加资金的投入，完善人员队伍，以及创建多样化的功能区域，如情绪宣泄的场所、心理测评室、沙盘治疗室和团体治疗室等，以上设施可以让学生在需要的时候获得及时的心理辅导和咨询。针对不同年级、性别和学科的学生，心理健康服务机构还可以设计不同的心理健康教育课程和专题讲座。课程内容可以覆盖诸如恋爱心理学、人格心理

---

[1] 孙燕起：《甘肃省大学生社会心态调查研究》，硕士学位论文，兰州大学，2017，第33-37页。

学和人际交往心理学等领域，目的是帮助学生建立起基本的心理学知识框架，并提升他们的心理健康素质。通过这些方法，不仅可以满足学生在不同阶段的特定需求，还能帮助他们更全面地了解自己，处理生活中的挑战，并在必要时寻求适当的帮助。

（6）重视师生精神引领，营造和谐校园环境

良好的师生关系不仅能够提升教育教学的效果，还能在学生心中留下深刻的烙印，影响他们的成长路径和价值观念。作为学生在校期间的主要负责人，教师应树立正确的教育观，做好传道、授业、解惑的基本职责，抛却以往"唯分数论"的价值导向，以身作则、率先垂范，用自己高尚的品德、渊博的知识、严谨的态度去教育学生、影响学生，耐心引导学生成人、成才，培养德智体美劳全面发展的社会主义事业接班人。

虽然随着信息技术的发展，人与人之间沟通的方式变得多样，但面对面的交流仍然不可或缺。教师应主动与学生建立联系，利用课间、办公时间或者课外活动，创造更多互动的机会。这样不仅能增进师生间的了解，还有助于建立双方互信和尊重的基础。

良好的校园文化环境能够带给学生温馨舒适的感觉，缓解学生在学习、生活、工作等方面的心理压力，激发学习兴趣，陶冶情操，修身养性。学校在建设校园文化的同时，可有意识地将心理健康教育融入其中，让学生在了解、感受校园文化的同时，潜移默化地接受心理健康教育，调整心态，提高心理韧性，增强环境适应能力，减少心理问题的出现。

（7）坚持正确舆论导向，大力弘扬教育主旋律

在信息繁杂又传播便捷的社会中，学生无时无刻不受到网络媒体和虚拟环境的影响。正确的舆论导向能够帮助公众获取真实、全面的信息，避免因接收到片面或错误的信息而产生误解和恐慌。在多元化的媒体环境中，主流媒体应当承担起传递真实信息、引导公众理性思考的责任，从网络舆情层面出发预防"空心病"的出现。

第一，加强网络媒体的规范管理。网络媒体作为信息传播的重要渠道，其管理直接影响到舆论的走向。高校和相关网络媒体应自觉遵守法律法规，加强内部管理，确保发布信息的准确性和合法性。同时，网络媒体应积极承担社会责任，利用其传播优势，弘扬社会和谐美好的正能量，广

泛汇聚向上、向善的力量，大力弘扬教育主旋律，培养公众的社会主义核心价值观，增强社会凝聚力。教育不仅是传授知识和技能的过程，还是塑造人格、培养公民素质的重要途径。通过教育，可以弘扬爱国主义、集体主义、社会主义精神，引导公众形成积极的社会心态。

第二，利用正面典型进行宣传引导。大众传播媒介应成为传播正能量的有效工具，通过挖掘和传播校园内的正面典型和感人故事，展示大学生积极向上的精神风貌，这些真实的故事和人物能够引起学生的共鸣，激发他们的正能量。媒体应摒弃功利化的不良风气，以积极正面的舆论影响社会氛围，帮助学生形成正确的三观，从而在校园内形成良好的舆论氛围。正确的舆论导向还有利于构建和谐的社会关系，促进社会的稳定。大众传播媒介应通过正面的舆论引导，弘扬真善美，贬斥假恶丑，引导公众形成良好的道德风尚，促进社会公平正义。

## 第三节　身份认同与学业成就的关系

### 一、问题的提出

#### （一）21世纪：人才战略与教育创新

21世纪以来，全球科技创新进入空前密集活跃的时期，新一轮科技革命和产业变革正在重构全球创新版图、重塑全球经济结构。以人工智能、量子信息、移动通信、物联网、区块链为代表的新一代信息技术加速突破应用。各个领域的发展均离不开人才的推动作用，人才已经成为国际竞争的焦点。

以科技创新为例，许多国家都将创新视为推动经济增长和提高竞争力的关键。而要实现创新，就需要具备创新思维和技能的人才。因此，各国都在加大对教育和科研的投资，以培养更多的创新型人才。同时，各国都在通过各种方式，如提供优厚的待遇、良好的工作环境和发展机会等吸引和留住人才。

"21世纪技能"解析和建构了成为新世纪合格的公民、劳动者或领导者所必不可少的知识与技能，它以核心学科和"21世纪主题"为支撑，提出要培养学生的生活与职业能力，学习与创新技能，信息、媒体与技术技能这三类关键能力。简言之，21世纪的学校，应该教会学生运用"21世纪技能"去理解和解决真实世界中的各种挑战，这对我国"为谁培养人、培养什么人、怎样培养人"影响重大。

人才是我国科技强国建设的重要基础保障，是未来竞争的关键，也是经济社会高质量发展的重要支撑。把握人才培养的内涵，是教育的首要问题。近年来，从世界范围看，为应对全球竞争不断加剧的挑战，许多国家都在大力实施青年拔尖人才的培养计划，并把人才培养提升到了国家战略部署的高度。

2019年，经济合作与发展组织（The Organization for Economic Cooperation and Development，OECD）发布了名为《学习罗盘2030》的报告，提出了"面向2030年的人类必备能力综合体"这一概念。这个能力综合体是基于对当前和未来社会人才需求的深入分析而设计的，旨在指导教育系统如何准备学生迎接未来的挑战。OECD将"能力"定义为涵盖知识、技能、态度和价值观的复合概念。他们认为，未来的公民需要具备变革能力，这一能力包括创造新价值、协调矛盾与困境、承担责任这三个核心要素①。

2016年，中国正式发布了《中国学生发展核心素养》的总体框架。该框架以培养"全面发展的人"为核心，涵盖了文化基础、自主发展、社会参与三个方面，具体细化为六大素养，即人文底蕴、科学精神、学会学习、健康生活、责任担当、实践创新六项，并将其进一步分解为18个基本要点②。

党的十八大以来，在习近平新时代中国特色社会主义思想指导下，围绕培养什么人、怎样培养人、为谁培养人这一根本问题，我们党在实践中不断深化对教育事业规律性的认识，提出一系列新理念新思想新观点，指导教育工作者在新时期重塑全面育人的教育观、全面发展的质量关、德才兼备的人才观，给教育工作者上了印象深刻的一课，同时也对大学生的学

①　方向、盛群力：《2030学习罗盘：设计未来时代的学习》，《开放学习研究》2020年第2期，第18–26页。

②　核心素养研究课题组：《中国学生发展核心素养》，《中国教育学刊》2016年第10期，第1–3页。

业成就提出了更高的要求。

**（二）教学质量提升需伴随心理关怀加强**

鉴于高等教育的特殊地位和重要性，国家已经出台了一系列政策来提高本科教育的教学质量。马川通过研究两万名"00后"大一学生的心理健康水平数据发现，"00后"总体心理健康水平低于"95后"大学生，虽然差异不显著，但有20%左右的学生筛查出一级严重心理问题，25%左右的学生筛查出二级一般心理问题，52%左右的学生筛查出三级发展性心理困扰，在躯体问题、抑郁、焦虑等方面存在较多的问题①。大学生的心理健康水平正在逐渐下滑，心理问题发生率也呈现出逐年增多的趋势。这种现象不仅对大学生个人的成长和发展造成了严重影响，也对整个社会的和谐稳定构成了潜在威胁。

大学生心理健康水平的下滑表现在多个方面，焦虑、抑郁等情绪障碍在大学生群体中的发病率逐年上升。这些心理问题往往伴随着失眠、食欲不振等症状，严重影响了大学生的学习和生活质量。此外，人际关系敏感、社交恐惧等问题也在大学生中越来越常见，导致他们在人际交往中感到困难重重，甚至产生逃避社交的行为。

大学生心理问题的增多还体现在自杀率、自残率的上升。近年来，大学生自杀事件时有发生，引起了社会各界的广泛关注。这些悲剧的发生，往往与大学生面临的压力过大、心理承受能力不足等因素有关。另外，一些大学生在面对压力和挫折时，会选择自残等极端方式来缓解内心的痛苦，这种行为不仅危害自身健康，也给身边的人带来了极大的心理压力。

依据马斯洛需求层次理论的观点，当生存所必需的生理需求已经得到或者部分得到满足，不再是占主导地位的主要矛盾点时，多数大学生将产生追求更高层次需求（安全、爱和归属、尊重、自我实现等）的行为驱动力②。国家奖助贷补等制度的完善和脱贫攻坚政策的落实不仅可以减轻学生的经济负担，激励他们更加努力地学习和研究，也为贫困家庭的孩子提

① 马川：《"00后"大学生心理健康水平的实证研究——基于近两万名2018级大一学生的数据分析》，《思想理论教育》2019年第3期，第95-99页。

② 黄钢威：《马斯洛需求层次论与高校反贫困生心理贫困对策研究》，《西南民族大学学报》（人文社会科学版）2011年第10期，第206-209页。

供了更多机会。这些政策包括教育扶贫、健康扶贫、产业扶贫等多个方面，旨在帮助贫困家庭脱贫致富。但生理需求的满足也导致多数大学生产生了难以满足的、对更高层次的需求，其原因既有个人认知偏差，即大学生对自己的能力和潜力不准确的评估使得个人行为受限，又有外部环境压力和资源获取限制的双重阻力。

具体来看，认同感会影响个人参与行为的动机，会影响学生在学习中的时间投入[1]和学业成就[2]。大学生正处在从青春期过渡到青年期的重要阶段，在获得同一感的关键期，若不能清晰地了解和认识大学生这一身份的内涵，就很容易在承担相应角色的过程中出现无方向、无目的、无所适从等身份认同问题，甚至表现出归属感缺乏、责任意义异化和人生价值摇摆等身份认同危机[3]。过于追求功利化结果的行为可能导致个体在群体中缺乏认同感和归属感，使他们陷入迷茫和无意义的状态，充满矛盾和挣扎。这可能会耗费大学生大量的时间和精力，长期来看，对他们在学业上的成功是不利的。

自尊和学习适应性也对学业成就起到重要的影响作用。较为积极的自尊水平是高成就者普遍存在的一个特征[4]。有学者对1993年至2013年间中国大生自尊变迁进行元分析发现，我国大学生自尊水平在这20年间呈现下降趋势，且下降了0.89个标准差[5]。随着社会发展，国家和社会对人才的需求日益增大，扩招成为高校发展的必然选择，但随之而来的结果是，大学生失去了以往"天之骄子"的身份，在社会转型期中产生了一系列适应不良的问题，从而导致其社会评价降低，进一步影响到了他们的自尊水

[1] 楼尊:《专业角色认同对大学生学习行为的影响》,《高教探索》2010年第5期,第83-87页。

[2] 张燕、赵宏玉、齐婷婷、张晓辉:《免费师范生的教师职业认同与学习动机及学业成就的关系研究》,《心理发展与教育》2011年第6期,第633-640页。

[3] 华桦:《论当代大学生的身份认同危机》,《当代青年研究》2008年第10期,第44-47页。

[4] 董志明:《自尊的结构及发展研究》,硕士学位论文,华中师范大学,2006,第5-8页。

[5] 沙晶莹、张向葵:《中国大学生自尊变迁的横断历史研究:1993—2013》,《心理科学进展》2016年第11期,第1712-1722页。

平[①]。此外，学习适应性可以促进学业自我效能感，进而影响学业成绩[②]，而学业适应不良则会带来很多学业问题甚至是心理问题。大学生取得较高成就水平的过程中离不开学习适应性的作用，帮助大学生获得良好的学习适应性有助于促进其学业成就的实现[③]。

总之，大学生的身份认同对其学业成就具有重要影响。身份认同不足可能会限制学业成就的发展，而提高大学生身份认同感则有助于促进其学业成就的提升。此外，自尊和学习适应性也对学业成就有一定的影响。然而，这四者之间是如何相互影响的，如何增强身份认同感、自尊和学习适应性，从而提高学业成就？这些问题还有待进一步研究和探讨。

## 二、文献回顾

### （一）身份认同

#### 1.身份认同的概念

"身份"在现代汉语词典中指一个人的出身和社会地位。林顿（Linton）在1936年将身份定义为一种社会定位，在不同的社会结构中，身份所占据的位置不同。而"角色"概念是米德（Mead）由戏剧、电影引入到社会心理学中的，代表对占有一定社会地位的人所期望的行为[④]。戈夫曼认为"角色是在他人面前可见地实施的一组行为，是与他人行为的拟合"[⑤]，他将"角色"同"规范"联系起来，又将"地位"与"角色"进行了区分，认为"地位"能够为人们所获取、占据和弃离，"角色"却只能被扮演[⑥]。

---

① 刘西华：《"90后"大学生理想信念现状与教育对策研究——以S大学为例》，博士学位论文，山东大学思想政治教育系，2013，第146-160页。

② 刘瞳：《高中生学习适应性、学业自我效能感与学业成绩的关系研究》，《白城师范学院学报》2015年第6期，第62-66页。

③ 王伯庆：《工程专业生源及新生适应性分析》，《高等工程教育研究》2013年第6期，第33-39页。

④ 李剑华、竺定九：《社会学简明辞典》，甘肃人民出版社，1984，第223页。

⑤ Erving Goffman, *Interaction Ritual: Essays on Face-to-Face Behavior* (Garden City, NY: Anchor, 1967), p.33.

⑥ 秦启文、李永康：《角色学导论》，中国社会科学出版社，2011，第35页。

身份和角色在某种程度上是相互关联的。身份是一个人心理活动的核心部分，管理的是这个人关于"我是谁"和"我的人生是怎样的"的认知。而角色则是在特定情境下，一个人根据其身份所扮演的。一个人可能有多个角色，如学生、朋友、家庭成员等，但这些角色的产生都基于其"人"的身份。

对于大学生来说，明确自己的身份和角色是非常重要的。首先，他们需要明确自己的大学生身份，这意味着他们需要认识到自己是一个正在接受高等教育的人，有自己的责任和义务。其次，他们需要明确自己在不同情境下的角色，如在课堂上是学生，在家庭中是子女，在社交中是朋友等。通过明确自己的身份和角色，大学生可以更好地适应大学生活，取得良好的学业成就；也可以更好地理解自己的责任和义务，从而更好地管理自己的时间和任务；还可以更好地理解自己在不同情境下的行为期待，从而更好地与他人互动，建立良好的人际关系。

迪欧科斯（Deaux）认为，身份认同是一个人对自己归属哪个群体的认知，是自我概念的一部分[1]。王玉明认为，个体对所属群体及其从属关系的认同就是身份认同，而归属感是其心理表现[2]。倪嘉成和林汉川将身份认同定义为个体对内化自己核心、独特、持久特质的期望[3]。韩芳认为，身份认同是人在社会实践中，对某一共同体特定价值、文化和信念的一种接近的倾向，其直接对象是人的行为的普遍和客观的社会意义[4]。李敏认为，身份认同的形成离不开社会期待的作用，人们将这种社会期待理解并内化，就可以按照特定的思维和行为准则去要求自己[5]。

---

[1] Kay Deaux, "Reconstructing Social Identity," *Personality and Social Psychology Bulletin* 19, no.1, （1993）: 4-12.

[2] 王玉明：《构建城市群环境治理合作的复合激励机制》,《理论月刊》2017年第7期，第130-135页。

[3] 倪嘉成、林汉川：《政府研发资金降低科技人员创业意愿？——助创环境与市场化进程的调节作用》,《科学管理研究》2017年第4期，第95-98页。

[4] 韩芳：《涵化理论视阈下自媒体对大学生身份认同的影响》,《西南民族大学学报》（人文社会科学版）2015年第4期，第190-193页。

[5] 李敏：《浅析大一新生的大学生身份认同感》,《中国电力教育》2008年第24期，第128-129页。

大学生的身份认同是一个复杂的过程，涉及多个层面的因素。首先，大学生需要对自己的身份有清晰的认识，即理解自己作为一名大学生的责任和义务。其次，大学生需要对自己的未来有明确的规划，即设定自己未来的职业发展目标和人生目标。最后，大学生需要对自己的价值观有坚定的信心，即坚持自己作为一名独立个体的价值和尊严。

在这个过程中，大学生可能会面临许多挑战。例如，他们可能会对自己的身份感到困惑，不知道应该如何定位自己。他们也可能会对未来的发展感到迷茫，不知道应该如何进行长远规划。他们还可能对自己的价值观感到动摇，不知道应该如何坚持自己的信念。因此，大学生的身份认同不光是一个认知层面的过程，也是一个情感层面的过程，更是一个价值层面的过程。在这个过程中，大学生需要不断地探索自己、了解自己、发现自己，最终实现自我认同。这是一个漫长而曲折的过程，但也是一个充满挑战和机遇的过程。只有顺利通过这个过程，大学生才能真正地成为自己，实现自己的人生价值。

**2.身份认同的结构与测量**

部分研究者将身份认同的类型以自我、他人、集体和社会之间的关系进行划分。王舜认为，社会认同与自我认同是在认同的众多领域中最为核心和关键的两种，并且，可以通过价值认同、职业认同和角色认同三个层面测量社会认同。其中，价值认同是职业认同及角色认同的基础，职业认同及角色认同是价值认同的表现形式[①]。

另一部分研究者将身份认同的类型以不同社会、文化和群体中的身份认同进行区分。例如，张志鹏认为，身份认同通常包括了家族认同、种族认同、民族认同、宗教认同和国家认同等[②]。郑丹丹认为，教师的身份认同包括了专业身份认同、职业身份认同和法律身份认同等诸多方面[③]。

---

[①] 张舜：《大学生村官的身份认同研究》，硕士学位论文，华东政法大学，2010，第11-13页。

[②] 张志鹏：《发展理念嬗变与"后疫情"时代的发展战略选择》，《中共南京市委党校学报》2020年第3期，第68-74页。

[③] 郑丹丹：《教师身份认同探源与理性认识》，《现代教育论丛》2011年第5期，第62-65页。

还有学者通过身份认同的过程对身份认同的结构进行划分。周永康通过角色来研究我国大学生的认同问题，认为角色认同是一个由积极认同和消极认同构成的二维结构，并进一步将积极认同分为角色定向、情感体验和角色适应三个二级维度，将消极认同分为角色冲突、角色懈怠和角色对抗三个二级维度[①]。夏四平则从社会心理学角度提出社会认同应该包含归属认同、归属情感和归属评价三个结构维度，分别是指将自我认同为某个具有明显特征或界限的群体中的一员，将自我投入某个群体中时产生的情感感受，以及对自我与群体之间关于思想观念、价值观念和行为准则的一致性所赋予的评价意义[②]。

### （二）自尊

#### 1.自尊的概念

詹姆斯（James）是自尊研究的开创者，他提出"自尊=成功/抱负"，即自尊不仅取决成功，还取决于获得成功对个体的意义[③]。怀特（White）认为，自尊不是建立在他人的努力和外界的环境之上，而是与效能感具有密切的联系，这种联系还会伴随个体的成长与发展不断加深[④]。

国内学者中，荆其诚认为自尊是个人自我感受的一种形式，是一种胜任的、愉快的、值得受人敬重的自我感受[⑤]。张厚粲和孙晔将自尊定义为个体对自己的一种态度，是人格的重要特点之一，高自尊的人可以肯定、信任并尊重自己，低自尊的人则反之[⑥]。

另一类观点则是以个体和环境的交互作用为核心，认为个体的自尊离

---

① 周永康：《大学生角色认同实证研究》，博士学位论文，西南大学，2008，第50-52页。

② 夏四平：《农民工社会认同的特点研究》，硕士学位论文，西南大学，2008，第11-21页。

③ James William, *Principles of Psychology*（New York: Henry Holt and Co., 1890），p.103-116.

④ Robert W. White, "Ego and Reality in Psychoanalytic Theory: A Proposal Regarding Independent Ego Energies," *Psychological Issues* 3, no.3（1963）: 125-150.

⑤ 荆其诚主编《简明心理学百科全书》，湖南教育出版社，1991，第380-397页。

⑥ 张厚粲、孙晔、石绍华主编《现代英汉心理学词汇》，中国轻工业出版社，2000，第120-150页。

不开社会或文化环境的作用，强调自尊的价值感。罗森伯格（Rosenberg）是这类定义方式的奠基者，他关注社会因素对自尊的影响，率先将"价值感"引入自尊的概念之中，认为自尊是对自我本身的一种积极或消极的态度，这种态度反映了人对自己所作所为感知到的价值①。利瑞（Leary）则通过人际关系来理解自尊，认为自尊水平会受到他人对自己评价的影响，是个体对其个人和社会（特别是重要他人）之间人际关系的主观度量②。朱智贤认为，自尊是社会评价与个人的自尊需要之间关系的反映③。顾明远认为，自尊是指个体以自我意向和自身对社会价值的理解为基础，对自身值得受尊重程度或重要性所作的评价④。

## 2. 自尊的结构与测量

高爽、张向葵和徐晓林通过对中国大学生自尊和心理健康间关系的元分析发现，大学生自尊水平越高，心理健康水平则越高，低自尊状态与抑郁、焦虑和人际关系敏感等具有密切的联系，对大学生的心理健康具有重要的影响⑤。此外，还有学者发现，高自尊有利于增强主观幸福感⑥。

自尊对人们方方面面的影响颇多，学界对其研究也日益增多，不仅发

---

① Morris Rosenberg，*Society and the Adolescent Self-Image*（Princeton，NJ：Princeton University Press，1965），p.66–86.

② Mark R. Leary, Ellen S. Tambor, Sonja K. Terdal and Deborah L. Downs，"Self-Esteem as an Interpersonal Monitor: The Sociometer Hypothesis，"*Journal of Personality and Social Psychology 68*，no.3（1995）：518–530.

③ 朱智贤主编《心理学大词典》，北京师范大学出版社，1989，第160–180页。

④ 顾明远主编《教育大辞典》（第五卷），上海教育出版社，1990，第80–100页。

⑤ 高爽、张向葵、徐晓林：《大学生自尊与心理健康的元分析——以中国大学生为样本》，《心理科学进展》2015年第9期，第1499–1507页。

⑥ 邓林园、马博辉、武永新：《初中生依恋与主观幸福感：自尊的中介作用》，《心理发展与教育》2015年第2期，第230–238页。

展出了一维[①]、二维[②]、四维[③]等多种维度结构，还发展出了多层[④]结构，并不断完善。库伯史密斯（Coopersmith）应用自我感受编制自尊量表（The Setf-Esteem Inventory，SEI），采取自评的方式让被试判断某一描述与自己实际情况的符合度，并在此基础上发展出了学校缩写版、学校版和成人版三种形式[⑤]。

自尊可以从不同的角度进行探讨，包括内隐自尊、集体自尊和关系自尊等。其中，内隐自尊最常采用内隐联结测验进行反映，以反应时作为测量指标，通过测量概念词与属性词之间的评价性联结来对各种内隐社会认知进行间接测量[⑥]。国内研究者李永鑫和薛松修订了卢赫塔宁（Luhtanen）和克罗克（Crocker）编制的自尊问卷，分集体成员自尊、内在集体自尊、外在集体自尊和集体认同四个维度测量大、中学生群体的自尊水平[⑦]。杜洪飞（音，Hongfei Du）等人以大学生群体为主要对象编制了关系自尊量表（Relational Self-Esteem Scale，RSES），基于重要他人类型和不同评价来源两个层面，且每个层面具有两种类型，构成了 2×2 的取向矩阵[⑧]，在交叉取向下编制相应条目，总分越高，则关系自尊具有越高的水平。

---

[①] James William, *Principles of Psychology*（New York: Henry Holt and Co., 1890），p.66-90.

[②] Alice Pope and Susan M. McHale, Edward Craighead, *Self-Esteem Enhancement with Children and Adolescent*（New York: Pegamon Press, 1988）: p.2-21.

[③] Stanley Coopersmith, *The Antecedents of Self - Esteem*（San Francisco: Freeman, 1967），pp.4-5.

[④] 黄希庭、杨雄:《青年学生自我价值感量表的编制》,《心理科学》1998 年第 4 期,第 289-292 页。

[⑤] Stanley Coopersmith, *The Antecedents of Self - Esteem*（San Francisco: Freeman, 1967），pp.4-5.

[⑥] Anthony Greenwald, Debbie E. McGhee and Jordan L. K. Schwartz, "Measuring Individual Difference in Implicit Cognition: The Implicit Association Test," *Journal of Personality and Social psychology* 74, no.6(1998): 1464-1480.

[⑦] 李永鑫、薛松:《集体自尊量表在大学新生中的信度、效度检验》,《中国行为医学科学》2008 年第 8 期,第 760-761 页。

[⑧] Hongfei Du, Ronnel King, Peilian Chi, "The Development and Validation of the Relational Self-Esteem Scale," *Scandinavian Journal of Psychology* 53, no.3(2012): 258-264.

在国内应用较为广泛的还是罗森伯格（Rosenberg）编制的自尊量表。该量表主要评定关于自我价值和自我接纳的总体感受，信效度较高，且仅有10个题项，题目少，简单明了，便于施测和评分①。田录梅通过对比反向记分、正向记分和删去第8题"我希望我能为自己赢得更多尊重"三种情况下的量表信效度情况，提出只有正向记分或者删去第8题才有利于提高量表的鉴别度和信效度②。申自力和蔡太生则将第8题修改为"我希望能再多一点自尊"的委婉语气和"我觉得我将来难以获得更多的尊重"的否定语气与原表述进行对比，认为采取否定语气的表述更为合适③。

### （三）学习适应性

#### 1.学习适应性的概念

大学阶段与中小学阶段的学习环境迥然不同，教师的教学模式、学生的学习方法、需要的学习能力、复杂的人际关系，以及成绩的评价标准等方面均存在一定的差异性。大学生调整自我以适应复杂多变环境的能力将直接影响到其在大学阶段的学习状态，这对大学生的学习适应性提出了一定的要求。

在学习适应性的相关研究中，不同的学者有不同的理解和定义。田澜将学习适应性定义为学生在学习的过程中根据学习条件（学习态度、学习方法、学习环境等）的变化，主动做出身心调整，以求达到内外学习环境平衡的有利发展状态的能力④。王滔则将学习适应界定为"对学习充满热情，根据学习环境、学习内容等的变化不断调整自己的学习计划和学习方式的习惯性倾向"。⑤冯廷勇等人依据皮亚杰的认知发展理论，提出学习适应性是主体根据环境及学习的需要，努力调整自我，以达到与学习环境平

---

① 戴晓阳主编《常用心理评估量表手册》，人民军医出版社，2010，第251页。

② 田录梅：《Rosenberg（1965）自尊量表中文版的美中不足》，《心理学探新》2006年第2期，第88-91页。

③ 申自力、蔡太生：《Rosenberg自尊量表中文版条目8的处理》，《中国心理卫生杂志》2008年第9期，第661-663页。

④ 田澜：《小学生学习适应问题及其教育干预研究》，硕士学位论文，西南师范大学，2002，第3-4页。

⑤ 王滔：《大学生心理素质结构及其发展特点的研究》，硕士学位论文，西南师范大学，2002，第21页

衡的心理与行为过程[1]。张大均将大学生的学习适应性界定为个体依据学习内外条件的变化，以及自身学习需求，主动调整自己的学习动力与行为、提高学习能力，使自身的学习心理和学习行为与不断变化的学习条件相互协调、取得良好学业成就的能力特征[2]。

**2.学习适应性的结构和测量**

国外使用较多的研究工具有大学适应量表（College Adjustment Scales，CAS）和大学生适应问卷（Student Adjustment to College Questionnaire，SACQ）。

大学适应量表（CAS）是一种评估工具，用来衡量大学生对大学环境的适应情况。这个量表通常包含几个维度，如教育适应、人际关系适应和心理适应等。通过在这些维度上的评估，研究人员和教育工作者可以了解学生在大学生活中的适应能力，以及他们在哪些方面可能需要额外的支持或帮助。

大学生适应问卷（SACQ）则是另一种常用的评估工具，它由巴克（Baker）和希里克（Siryk）在1989年开发，主要用于评估大学新生对大学环境的适应情况。SACQ包含了若干个项目，覆盖了生活适应、情绪适应、学习适应等多个方面，以此来综合评估大学新生的整体适应状况。

在国外整体适应性的研究中，学习适应性往往只作为研究中的一个维度或者一个部分而出现，国内也有一些学者以此思路编制问卷。方晓义、沃建中和蔺秀云编制的中国大学生适应量表，分七个维度进行测量，其中，学习适应的现状和调节维度调查了学生的学习适应性[3]。侯静通过学习适应、同学关系适应、师生关系适应、自主独立性适应、集体适应和学校环境适应六个因素测量大学生的学校适应性，学习适应是其重要的测量

---

[1] 冯廷勇、苏缇、胡兴旺、李红：《大学生学习适应量表的编制》，《心理学报》2006年第5期，第762-769页。

[2] 张大均：《当代中国青少年心理问题及教育对策》，四川教育出版社，2010，第366页。

[3] 教育部《大学生心理健康测评系统》课题组、方晓义、沃建中、蔺秀云等：《中国大学生适应量表的编制》，《心理与行为研究》2005年第2期，第95-101页。

维度之一①。

直接以学习适应性为核心的研究主要包括以下几种：陈英豪、林正文和李坤崇在综合分析的基础上，将学习适应性分为学习方法、学习习惯、学习态度、学习环境和身心适应五个维度进行测量②，马月芝在上述量表基础上修订出了学习适应量表（增订版）③。冯廷勇等人编制的大学生学习适应量表，将学习适应性分成了学习动机、教学模式、学习能力、学习态度及环境因素五个因子④。张大均通过学习动力和学习行为来测量大学生在变化的内外部条件下自身学习需求的适应与平衡情况，并进一步将学习动力分为专业兴趣、自主学习和压力应对三个二级维度，将学习行为分为方法运用、求助行为、环境选择、信息利用和知识应用五个二级维度⑤。

### （四）学业成就

#### 1.学业成就的概念

一个国家的教育质量直接影响其高等教育体系的水平和质量，而高等教育体系的质量又决定了大学生学业成就的高低。一流的大学群体是高等教育体系质量的关键支撑，只有当高等教育体系达到了一定的质量标准，才能够培养出具有高水平学业成就的大学生。同时，大学生的学业成就也是衡量高等教育质量的一个重要指标。

教育部关于深化本科教育教学改革的文件中强调，要提高人才培养质量，试点人才培养方案需经过充分论证，确保反映专业的课程要求、学分标准和学士学位授予标准，不得变相降低要求。这表明，教育部高度重视大学生的学业成就，并将其作为检验高等教育质量的重要尺度。高等教育的高质量发展与大学生的学业成就是相辅相成、不可分割的。一方面，高

① 侯静：《大学生学校适应量表的编制》，《中国健康心理学杂志》2014年第8期，第1177-1181页。

② 陈英豪、林正文、李坤崇：《学习适应量表》，台北心理出版社，1991，第12-33页。

③ 马月芝《学习适应量表（增订版）在上海地区的修订与应用研究》，硕士学位论文，华东师范大学，2005，第9-30页。

④ 冯廷勇、苏缇、胡兴旺、李红：《大学生学习适应量表的编制》，《心理学报》2006年第5期，第762-769页。

⑤ 张大均：《当代中国青少年心理问题及教育对策》，四川教育出版社，2010，第368-376页。

质量的教育体系能够为大学生提供良好的学习环境和资源，帮助他们取得优异的学业成绩；另一方面，大学生的学业成就也是衡量高等教育体系是否达到高质量标准的重要指标。

有关学业成就的研究成果非常丰富。狭义上的学业成就仅指学生的学习成绩[1]，相关研究往往以学生的客观学习成绩来测量学生的学业成就水平[2]。广义上的学业成就研究则不仅注重学生的学习成果，而且关注学生在学习过程中多个方面的综合发展情况。郑日昌等人将学业成就定义为经过一段时间的学习后，对知识或技能进行主观或客观测评所得到的成绩[3]。贾勇宏认为，学业成就应该包含大学生在校期间的学习成绩、能力发展和自我概念三个方面的发展水平[4]。李宪印、杨娜和刘钟毓认为，大学生学业成就本质上是一种综合素质和能力的体现，是大学生在大学学习与生活过程中获得的综合性发展，除了学习成绩以外，还应该用认知水平、学习能力、自我评价，以及接受高等教育后的就业结果等多方面指标来进行衡量[5]。王雁飞等人认为，大学生学业成就指大学生在某一时期内的学习结果、学习行为和学习态度的总和[6]，本研究所采纳的学业成就的操作定义即为此。

**2.学业成就的结构与测量**

大规模学业成就评价项目在全球范围内受到广泛关注，其中几个知名的项目包括国际学生评估项目（Programme for International Students Assessment，PISA）、国际教育成就评价协会组织的国际数学和科学测评趋势研

---

[1] 李文桃、刘学兰、喻承甫、张彩霞、叶佩珏：《学校氛围与初中生学业成就：学业情绪的中介和未来取向的调节作用》，《心理发展与教育》2017年第2期，第198–205页。

[2] 金志成、隋洁：《学习困难学生认知加工机制的研究》，《心理学报》1999年第1期，第47–52页。

[3] 郑日昌、蔡永红、周益群：《心理测量学》，人民教育出版社，1999，第60–102页。

[4] 贾勇宏：《农村留守经历对大学生在校发展成就的影响研究——基于4596名在校本科大学生的调查》，《教育发展研究》2020年第23期，第59–65页。

[5] 李宪印、杨娜、刘钟毓：《大学生学业成就的构成因素及其实证研究——以地方普通高等学校为例》，《教育研究》2016年第10期，第78–86页。

[6] 王雁飞、李云健、黄悦新：《大学生心理资本、成就目标定向与学业成就关系研究》，《高教探索》2011年第6期，第128–136页。

究（The Trends in International Mathmatios and Science Study，TIMSS）和国际阅读素养进展研究（Progress in International Reading Literacy Study，PIRLS）。

PISA 侧重考查学生如何在生活中运用已有知识解决现实问题的能力，主要针对 15 岁的在校生，测试科目为科学、数学和阅读，测试均从内容、过程和情景三个维度进行设计。TIMSS 和 PIRLS 则侧重于考查学生对知识的理解、运用和推理能力。其中，TIMSS 主要测查学生在数学学科方面取得的学业成就，早期主要分内容、期望表现和观点三个维度进行测量，后改为内容和认知两个维度；PIRLS 从目的、过程，以及行为和态度三个方面测量学生的阅读素养①。

除了国际组织，世界各国纷纷建构学业成就的测评体系，以求更好地促进学生的能力和素养的发展，如美国的国家教育进展评价（National Assessment of Educational Progress，NAEP）②及我国的义务教育教学质量分析与评价反馈系统项目等③。但上述这些体系绝大多数以中小学阶段的学生为研究对象，极少专门调查大学生的学业成就情况。

在实践中，有研究直接以学业成绩为指标衡量大学生的学业成就④。贾勇宏在学习成绩、能力发展和自我概念三个方面的基础上，进一步将学习成绩细化为专业成绩、学习态度、通识课成绩、综合成绩排名、专业技能、学习方法、学习习惯和学业未来规划八个方面；将能力发展细化为学习成绩之外的各项素质，包括问题解决、沟通协调、信息技术运用、组织领导和有效合作五个方面；自我概念是个体对自己存在的体验和看法，包括正确认识自我、对生活现状的满意度、家庭幸福满意度和成就归因四个

---

① 田慧生、孙智昌主编《学业成就调查的原理与方法》，教育科学出版社，2012，第 38-106 页。

② 黄慧娟、王晞、许明：《关于三项著名国际学生评价项目的比较》，《福建师范大学学报》（哲学社会科学版）2004 年第 4 期，第 141-146 页。

③ 张咏梅、郝懿、田一、李美娟：《北京市义务教育教学质量分析与评价反馈系统十年回顾与展望》，《教育科学研究》2014 年第 6 期，第 56-63 页。

④ 赵艳芳、陈晶、余晓敏：《个体心理和学校环境对学业成就的影响》，《合作经济与科技》2020 年第 22 期，第 103-105 页。

方面，并从以上方面综合地测量大学生的学业成就水平[1]。李宪印等人通过人际促进、学习认知能力、自我管理能力和沟通能力四个维度来测量大学生的学业成就水平[2]。本研究采取王雁飞、李云健和黄悦新编制的大学生学业成就问卷，该问卷由行为绩效和客观成绩两个维度构成，其中，行为绩效被进一步分为学习绩效、人际促进和学习奉献三个二级维度[3]。

## 三、研究设计与成果

### （一）研究设计

#### 1.研究思路

本部分拟解决的关键性问题即研究顺序和研究思路。

第一，编制大学生身份认同问卷。本研究在自我分裂理论和生态系统理论的基础上，结合已有的有关学生身份认同的研究，编制出一套能够有效测量大学生身份认同的问卷。这将有助于本团队了解大学生身份认同的现状。

第二，测量大学生自尊、学习适应性和学业成就的现状。本研究还使用现有的问卷，测量大学生的自尊、学习适应性和学业成就的现状。

第三，明确大学生身份认同、自尊、学习适应性和学业成就之间的关系。本研究将明确大学生身份认同、自尊、学习适应性和学业成就变量两两之间的直接效应。

第四，探究中介作用。本研究将探究自尊和学习适应性在大学生身份认同对学业成就的影响中是否发挥中介作用，以及自尊和学习适应性在身份认同和学业成就之间是否起到链式中介作用。这将有助于研究者了解如何通过提升大学生的身份认同、自尊和学习适应性来提高他们的学业成就。

---

① 贾勇宏：《农村留守经历对大学生在校发展成就的影响研究——基于4596名在校本科大学生的调查》，《教育发展研究》2020年第23期，第59-65页。

② 李宪印、杨娜、刘钟毓：《大学生学业成就的构成因素及其实证研究——以地方普通高等学校为例》，《教育研究》2016年第10期，第78-86页。

③ 王雁飞、李云健、黄悦新：《大学生心理资本、成就目标定向与学业成就关系研究》，《高教探索》2011年第6期，第128-136页。

**2.研究方法**

本调研主要使用问卷调查法和文献研究法。

**3.研究工具**

（1）身份认同问卷

李金淑从现代教育目的的视角分析学生的身份认同，认为当前学生身份认同主要可以分为国家、学校、教师、家庭和自我四个层面的理解和建构，并提出了每个层面的核心意义和各个层面的重要构成成分[1]。在研究设计中，笔者将从国家和社会层面、家庭层面、院校层面来构建大学生身份认同问卷的测量题项。

（2）自尊问卷

自尊问卷采用的是罗森伯格编制的版本，共计10个题项，该量表采用4级计分方式，从"很不符合"到"非常符合"分别计1—4分，得分越高，表明一个人的自尊水平越高[2]。该量表应用广泛，且具有良好的信效度。在具有争议的第8题上，通过试测结果，发现将第8题正向处理的方式更加适合本研究。

（3）学习适应性问卷

大学生学习适应性问卷由冯廷勇等人编制，问卷共有29道题项，包含18道反向计分题，分为学习能力、学习动机、学习态度、教学模式和环境因素五个维度。采取"李克特5点计分"方式，从"完全不符合"到"完全符合"分别计1—5分，得分越高，表示大学生学习适应性越高[3]。

（4）学业成就问卷

采用王雁飞等人编制的学业成就问卷，共19道题项，分为学习绩效、人际促进、学习奉献和客观成绩四个维度，其中，学习绩效、人际促进和学习奉献三个维度采取6点计分方式，从"低"到"高"分别计1—6分，

---

[1] 李金淑：《学生身份认同的批判与重构——基于利奥塔后现代哲学思维的视角》，硕士学位论文，曲阜师范大学，2019，第25—30页。

[2] 杨烨、登峰：《Rosenberg自尊量表因素结构的再验证》，《中国心理卫生杂志》2007年第9期，第603—605页。

[3] 冯廷勇、苏缇、胡兴旺、李红：《大学生学习适应量适应表的编制》，《心理学报》2006年第5期，第762—769页。

客观成绩采取5点计分方式，从"低"到"高"分别计1—5分[①]。

### （二）研究成果

#### 1.总体情况

表2-35是被调研学生身份认同、自尊、学习适应性和学业成就总体情况的统计数据，由表可知，被调研学校本科生的身份认同均值为4.06分，整体认同程度较高。自尊量表是4级计分，该校本科生的自尊均分为3.04分，整体自尊水平较高。在学习适应性方面，环境因素的适应性低于3分，其他方面的学习适应性均高于3.5分。值得注意的是，被试大学生在学习态度方面和学业成就中学习奉献的分布都较为离散。

表2-35　身份认同、自尊、学习适应性和学业成就的总体情况

| 变量 | 均值（M） | 标准差（SD） |
| --- | --- | --- |
| 国家、社会和个人 | 4.27 | 0.69 |
| 院校 | 3.89 | 0.75 |
| 家庭 | 3.79 | 0.82 |
| 身份认同 | 4.06 | 0.65 |
| 自尊 | 3.04 | 0.47 |
| 学习动机 | 3.75 | 0.71 |
| 教学模式 | 3.52 | 0.98 |
| 学习能力 | 3.98 | 0.66 |
| 学习态度 | 3.56 | 1.04 |
| 环境因素 | 2.85 | 0.91 |
| 学习适应性 | 3.57 | 0.57 |
| 学习绩效 | 4.58 | 0.84 |
| 人际促进 | 4.56 | 0.84 |
| 学习奉献 | 4.43 | 1.01 |
| 客观成绩 | 3.67 | 0.74 |
| 学业成就 | 4.36 | 0.72 |

---

[①] 王雁飞、李云健、黄悦新：《大学生心理资本、成就目标定向与学业成就关系研究》，《高教探索》2011年第6期，第128-136页。

（1）差异分析

1）性别

表2-36是被调研学生身份认同、自尊、学习适应性和学业成就在不同性别上的差异分析统计情况，如表所示，男性的身份认同程度显著低于女性的身份认同程度。具体到各维度而言，在家庭方面，男性的认同程度显著低于女性的认同程度。在自尊方面，男性低于女性但差异不显著。男性与女性在学习适应性上也不存在显著差异。在学业成就方面，男性略高于女性，但差异不显著，在其各维度上，仅在学习奉献方面，存在男性显著高于女性的情况。

表2-36 身份认同、自尊、学习适应性和学业成就在不同性别上的差异分析

| 变量 | 性别 | 均值（M） | 标准差（SD） | T值 | p值 |
|------|------|-----------|--------------|-----|-----|
| 国家、社会和个人 | 男 | 4.23 | 0.73 | -1.81 | 0.07 |
| | 女 | 4.31 | 0.64 | | |
| 院校 | 男 | 3.85 | 0.79 | -1.80 | 0.07 |
| | 女 | 3.93 | 0.70 | | |
| 家庭 | 男 | 3.71 | 0.87 | -2.98 | 0.00 |
| | 女 | 3.86 | 0.77 | | |
| 身份认同 | 男 | 4.01 | 0.69 | -2.41 | 0.02 |
| | 女 | 4.11 | 0.60 | | |
| 自尊 | 男 | 3.04 | 0.47 | 0.49 | 0.63 |
| | 女 | 3.03 | 0.46 | | |
| 学习动机 | 男 | 3.79 | 0.70 | 1.48 | 0.14 |
| | 女 | 3.72 | 0.71 | | |
| 教学模式 | 男 | 3.44 | 1.00 | -2.62 | 0.01 |
| | 女 | 3.60 | 0.96 | | |
| 学习能力 | 男 | 4.02 | 0.65 | 1.92 | 0.05 |
| | 女 | 3.94 | 0.67 | | |
| 学习态度 | 男 | 3.46 | 1.08 | -3.15 | 0.00 |
| | 女 | 3.66 | 1.00 | | |
| 环境因素 | 男 | 2.78 | 0.92 | -2.29 | 0.02 |
| | 女 | 2.91 | 0.90 | | |

续表2-36

| 变量 | 性别 | 均值（M） | 标准差（SD） | T值 | p值 |
|---|---|---|---|---|---|
| 学习适应性 | 男 | 3.54 | 0.56 | −1.78 | 0.08 |
| | 女 | 3.60 | 0.58 | | |
| 学习绩效 | 男 | 4.58 | 0.86 | −0.07 | 0.95 |
| | 女 | 4.58 | 0.83 | | |
| 人际促进 | 男 | 4.58 | 0.83 | 0.49 | 0.62 |
| | 女 | 4.55 | 0.84 | | |
| 学习奉献 | 男 | 4.51 | 1.01 | 2.53 | 0.01 |
| | 女 | 4.35 | 1.00 | | |
| 客观成绩 | 男 | 3.71 | 0.75 | 1.58 | 0.11 |
| | 女 | 3.64 | 0.72 | | |
| 学业成就 | 男 | 4.38 | 0.73 | 1.05 | 0.30 |
| | 女 | 4.34 | 0.71 | | |

2）是否为独生子女

表2-37是大学生身份认同、自尊、学习适应性和学业成就在是否为独生子女上的差异分析的统计情况。通过T检验分析大学生身份认同、自尊、学习适应性和学业成就及其各维度在独生子女和非独生子女间存在差异，独生子女和非独生子女在身份认同与其各维度上的差异均不显著。同时，在自尊、学习适应性、学业成就上，两者间差异也不显著。

表2-37 身份认同、自尊、学习适应性和学业成就在是否为独生子女上的差异分析

| 变量 | 是否独生子女 | 均值（M） | 标准差（SD） | T值 | p值 |
|---|---|---|---|---|---|
| 国家、社会和个人 | 是 | 4.25 | 0.77 | −0.58 | 0.56 |
| | 否 | 4.28 | 0.62 | | |
| 院校 | 是 | 3.84 | 0.85 | −1.84 | 0.07 |
| | 否 | 3.93 | 0.67 | | |
| 家庭 | 是 | 3.84 | 0.88 | 1.81 | 0.07 |
| | 否 | 3.75 | 0.78 | | |
| 身份认同 | 是 | 4.05 | 0.74 | −0.27 | 0.79 |
| | 否 | 4.07 | 0.58 | | |

续表2-37

| 变量 | 是否独生子女 | 均值（M） | 标准差（SD） | T值 | p值 |
|------|------------|----------|-------------|-----|-----|
| 自尊 | 是 | 3.06 | 0.48 | 1.55 | 0.12 |
| | 否 | 3.02 | 0.45 | | |
| 学习动机 | 是 | 3.82 | 0.69 | 2.44 | 0.02 |
| | 否 | 3.71 | 0.71 | | |
| 教学模式 | 是 | 3.55 | 0.99 | 0.90 | 0.37 |
| | 否 | 3.50 | 0.97 | | |
| 学习能力 | 是 | 4.05 | 0.65 | 2.99 | 0.00 |
| | 否 | 3.93 | 0.66 | | |
| 学习态度 | 是 | 3.59 | 1.07 | 0.57 | 0.57 |
| | 否 | 3.55 | 1.02 | | |
| 环境因素 | 是 | 2.82 | 0.94 | −0.75 | 0.45 |
| | 否 | 2.86 | 0.90 | | |
| 学习适应性 | 是 | 3.61 | 0.57 | 1.76 | 0.08 |
| | 否 | 3.55 | 0.58 | | |
| 学习绩效 | 是 | 4.63 | 0.86 | 1.33 | 0.18 |
| | 否 | 4.55 | 0.83 | | |
| 人际促进 | 是 | 4.59 | 0.85 | 0.83 | 0.41 |
| | 否 | 4.54 | 0.82 | | |
| 学习奉献 | 是 | 4.55 | 1.02 | 3.14 | 0.00 |
| | 否 | 4.35 | 0.99 | | |
| 客观成绩 | 是 | 3.74 | 0.75 | 2.31 | 0.02 |
| | 否 | 3.63 | 0.72 | | |
| 学业成就 | 是 | 4.42 | 0.74 | 1.98 | 0.05 |
| | 否 | 4.25 | 0.77 | | |

3）年级

表2-38是大学生身份认同、自尊、学习适应性和学业成就在不同年级间的差异分析与统计情况。研究发现，身份认同在不同年级间差异均显著，大一＞大四＞大三＞大二。通过事后检验发现，大一和其他年级间存在显著差异，且大四显著高于大二。

表2-38    身份认同、自尊、学习适应性和学业成就在不同年级间的差异分析

| 变量 | 年级 | 均值（M） | 标准差（SD） | F值 | p值 |
|---|---|---|---|---|---|
| 国家、社会和个人 | 大一 | 4.49 | 0.55 | 20.30 | 0.00 |
| | 大二 | 4.06 | 0.89 | | |
| | 大三 | 4.18 | 0.66 | | |
| | 大四 | 4.23 | 0.60 | | |
| 院校 | 大一 | 4.08 | 0.68 | 12.44 | 0.00 |
| | 大二 | 3.70 | 0.89 | | |
| | 大三 | 3.87 | 0.74 | | |
| | 大四 | 3.82 | 0.67 | | |
| 家庭 | 大一 | 3.77 | 0.87 | 3.76 | 0.01 |
| | 大二 | 3.64 | 0.95 | | |
| | 大三 | 3.89 | 0.76 | | |
| | 大四 | 3.84 | 0.70 | | |
| 身份认同 | 大一 | 4.22 | 0.55 | 12.80 | 0.00 |
| | 大二 | 3.87 | 0.83 | | |
| | 大三 | 4.03 | 0.63 | | |
| | 大四 | 4.04 | 0.57 | | |
| 自尊 | 大一 | 3.11 | 0.49 | 5.64 | 0.00 |
| | 大二 | 2.95 | 0.43 | | |
| | 大三 | 3.00 | 0.47 | | |
| | 大四 | 3.04 | 0.45 | | |
| 学习动机 | 大一 | 3.74 | 0.74 | 0.19 | 0.90 |
| | 大二 | 3.73 | 0.69 | | |
| | 大三 | 3.77 | 0.72 | | |
| | 大四 | 3.77 | 0.68 | | |
| 教学模式 | 大一 | 3.79 | 0.85 | 17.18 | 0.00 |
| | 大二 | 3.34 | 0.98 | | |
| | 大三 | 3.24 | 1.10 | | |
| | 大四 | 3.53 | 0.95 | | |

多变量视角的大学生学习心理机制研究

续表2-38

| 变量 | 年级 | 均值(M) | 标准差(SD) | F值 | p值 |
|---|---|---|---|---|---|
| 学习能力 | 大一 | 3.98 | 0.67 | 0.39 | 0.76 |
| | 大二 | 3.96 | 0.67 | | |
| | 大三 | 3.95 | 0.65 | | |
| | 大四 | 4.01 | 0.66 | | |
| 学习态度 | 大一 | 3.97 | 0.88 | 30.17 | 0.00 |
| | 大二 | 3.38 | 1.08 | | |
| | 大三 | 3.20 | 1.13 | | |
| | 大四 | 3.48 | 0.98 | | |
| 环境因素 | 大一 | 3.01 | 0.91 | 6.24 | 0.00 |
| | 大二 | 2.79 | 0.92 | | |
| | 大三 | 2.68 | 0.91 | | |
| | 大四 | 2.83 | 0.89 | | |
| 学习适应 | 大一 | 3.73 | 0.54 | 16.26 | 0.00 |
| | 大二 | 3.48 | 0.57 | | |
| | 大三 | 3.41 | 0.57 | | |
| | 大四 | 3.57 | 0.57 | | |
| 学习绩效 | 大一 | 4.65 | 0.84 | 1.80 | 0.14 |
| | 大二 | 4.49 | 0.86 | | |
| | 大三 | 4.62 | 0.85 | | |
| | 大四 | 4.55 | 0.82 | | |
| 人际促进 | 大一 | 4.54 | 0.86 | 0.44 | 0.72 |
| | 大二 | 4.53 | 0.86 | | |
| | 大三 | 4.61 | 0.83 | | |
| | 大四 | 4.58 | 0.80 | | |
| 学习奉献 | 大一 | 4.56 | 1.03 | 3.01 | 0.03 |
| | 大二 | 4.35 | 1.05 | | |
| | 大三 | 4.42 | 1.01 | | |
| | 大四 | 4.35 | 0.94 | | |

续表2-38

| 变量 | 年级 | 均值（M） | 标准差（SD） | F值 | p值 |
|---|---|---|---|---|---|
| 客观成绩 | 大一 | 3.60 | 0.76 | 1.93 | 0.12 |
| | 大二 | 3.67 | 0.81 | | |
| | 大三 | 3.72 | 0.76 | | |
| | 大四 | 3.73 | 0.63 | | |
| 学业成就 | 大一 | 4.38 | 0.73 | 0.60 | 0.61 |
| | 大二 | 4.31 | 0.76 | | |
| | 大三 | 4.39 | 0.74 | | |
| | 大四 | 4.36 | 0.68 | | |

（2）相关分析

对大学生身份认同、自尊、学习适应性和学业成就进行皮尔逊相关分析，结果如表2-39所示，身份认同（R=0.55，p<0.01）、自尊（R=0.52，p<0.01）和学习适应性均（R=0.37，p<0.01）与学业成就呈显著正相关，身份认同与自尊（R=0.46，p<0.01）呈显著正相关，身份认同（R=0.38，p<0.01）和自尊（R=0.55，p<0.01）均与学习适应性呈显著正相关。

表2-39 身份认同、自尊、学习适应性和学业成就间的相关分析

| 变量1<br>变量2 | 国家、社会和个人 | 院校 | 家庭 | 身份认同 | 自尊 | 学习动机 | 教学模式 | 学习能力 | 学习态度 | 环境因素 | 学习适应 | 学习绩效 | 人际促进 | 学习奉献 | 客观成绩 | 学业成就 |
|---|---|---|---|---|---|---|---|---|---|---|---|---|---|---|---|---|
| 国家、社会和个人 | 1 | — | — | — | — | — | — | — | — | — | — | — | — | — | — | — |
| 院校 | 0.74** | 1 | — | — | — | — | — | — | — | — | — | — | — | — | — | — |
| 家庭 | 0.59** | 0.58** | 1 | — | — | — | — | — | — | — | — | — | — | — | — | — |
| 身份认同 | 0.94** | 0.86** | 0.79** | 1 | — | — | — | — | — | — | — | — | — | — | — | — |
| 自尊 | 0.47** | 0.36** | 0.34** | 0.46** | 1 | — | — | — | — | — | — | — | — | — | — | — |
| 学习动机 | 0.41** | 0.40** | 0.47** | 0.48** | 0.49** | 1 | — | — | — | — | — | — | — | — | — | — |
| 教学模式 | 0.23** | 0.14** | 0.01 | 0.16** | 0.37** | 0.08* | 1 | — | — | — | — | — | — | — | — | — |
| 学习能力 | 0.48** | 0.42** | 0.41** | 0.51** | 0.53** | 0.69** | 0.17** | 1 | — | — | — | — | — | — | — | — |

续表2-39

| 变量1 / 变量2 | 国家、社会和个人 | 院系 | 家庭 | 身份认同 | 自尊 | 学习动机 | 教学模式 | 学习能力 | 学习态度 | 环境因素 | 学习适应 | 学习绩效 | 人际促进 | 学习奉献 | 客观成绩 | 学业成就 |
|---|---|---|---|---|---|---|---|---|---|---|---|---|---|---|---|---|
| 学习态度 | .026** | 0.14** | -0.01 | 0.18** | 0.33** | 0.02 | 0.76** | 0.11** | 1 | — | — | — | — | — | — | — |
| 环境因素 | 0.06 | 0.0? | -0.05 | 0.03 | 0.14** | -0.08** | 0.49** | -0.07* | 0.54** | 1 | — | — | — | — | — | — |
| 学习适应 | 0.42** | 0.32** | 0.21** | 0.38** | 0.55** | 0.44** | 0.86** | 0.52** | 0.79** | 0.58** | 1 | — | — | — | — | — |
| 学习绩效 | 0.45** | 0.43** | 0.42** | 0.50** | 0.48** | 0.64** | 0.14** | 0.56** | 0.12** | -0.02 | 0.39** | 1 | — | — | — | — |
| 人际促进 | 0.48** | 0.46** | 0.43** | 0.52** | 0.43** | 0.51** | 0.06 | 0.54** | 0.04 | -0.04 | 0.29** | 0.66** | 1 | — | — | — |
| 学习奉献 | 0.38** | 0.40** | 0.39** | 0.44** | 0.47** | 0.69** | 0.05 | 0.59** | 0.05 | -0.07* | 0.34** | 0.72** | 0.65** | 1 | — | — |
| 客观成绩 | 0.34** | 0.31** | 0.36** | 0.38** | 0.42** | 0.58** | -0.03 | 0.50** | -0.02 | -0.09** | 0.23** | 0.60** | 0.57** | 0.63** | 1 | — |
| 学业成就 | 0.50** | 0.48** | 0.47** | 0.55** | 0.52** | 0.70** | 0.08* | 0.64** | 0.06* | -0.06 | 0.37** | 0.89** | 0.87** | 0.86** | 0.78** | 1 |
| 性别 | 0.04 | 0.04 | 0.08* | 0.06 | 0.00 | -0.05 | 0.08** | -0.07* | 0.09** | 0.08* | 0.06 | 0.01 | -0.01 | -0.08* | -0.06* | -0.04 |
| 年级 | -0.18** | -0.12** | 0.05 | -0.11** | -0.06 | 0.02 | -0.12** | 0.02 | -0.21** | -0.09** | -0.13** | -0.03 | 0.02 | -0.08* | 0.08* | -0.01 |
| 是否为独生子女 | -0.03 | 0.02 | -0.09** | -0.04 | -0.05 | -0.07* | -0.04 | -0.09** | -0.03 | 0.03 | -0.05 | -0.04 | -0.03 | -0.10** | -0.07* | -0.06 |

注：*表示 $p < 0.05$，**表示 $p < 0.01$。

（3）回归分析

本研究将通过输入法回归分析进一步探寻大学生身份认同、自尊、学习适应性和学业成就之间的关系。因性别、年级和是否为独生子女与各变量及其各维度间存在一定的相关关系，将性别、年级和是否为独生子女均处理为哑变量引入回归方程进行分析。

1）自尊对身份认同的回归

表2-40是自尊对身份认同及其各维度的回归分析，通过回归分析可以发现，身份认同可以正向预测自尊（$\beta=0.46$，$p < 0.001$）。将身份认同各维度引入方程发现，国家、社会和个人层面（$\beta=0.41$，$p < 0.001$）以及家庭层面（$\beta=0.1?$，$p < 0.01$）均可以显著正向预测自尊。

表2-40　自尊对身份认同及其各维度的回归分析

| 变量 | 模型1 | 模型2 |
| --- | --- | --- |
| 身份认同 | 0.46*** | — |
| 国家、社会和个人 | — | 0.41*** |
| 院校 | — | 0.00 |
| 家庭 | — | 0.10** |
| 性别 | −0.04 | −0.04 |
| 独生子女 | 0.05 | 0.04 |
| 大二 | −0.04 | −0.03 |
| 大三 | −0.04 | −0.02 |
| 大四 | −0.01 | 0.00 |
| $R^2$ | 0.22 | 0.23 |
| F | 48.22 | 38.55 |

注：因变量为自尊，模型所呈现系数均为标准化回归系数。*表示 $p<0.05$，***表示 $p<0.001$。

2）学习适应性对身份认同的回归

表2-41是学习适应性对身份认同及其各维度的回归分析，如表所示，控制性别、是否为独生子女和年级三个控制变量后，身份认同对学习适应性变异解释率为18%（β=0.36，$p<0.001$），将身份认同各维度引入方程发现，仅有国家、社会和个人层面（β=0.38，$p<0.001$）可以显著正向预测学习适应性。

表2-41　学习适应性对身份认同及其各维度的回归分析

| 变量 | 模型3 | 模型4 |
| --- | --- | --- |
| 身份认同 | 0.36*** | — |
| 国家、社会和个人 | — | 0.38*** |
| 院校 | — | 0.06 |
| 家庭 | — | −0.05 |
| 性别 | 0.05* | 0.06* |

多变量视角的大学生学习心理机制研究

续表2-41

| 变量 | 模型3 | 模型4 |
|---|---|---|
| 独生子女 | 0.06 | 0.08* |
| 大二 | −0.10** | −0.07* |
| 大三 | −0.18*** | −0.15*** |
| 大四 | −0.08* | −0.05 |
| $R^2$ | 0.18 | 0.19 |
| $F$ | 36.52 | 31.50 |

注：因变量为学习适应性，模型所呈现系数均为标准化回归系数。*表示$p<0.05$，***表示$p<0.001$。

3）学业成就对身份认同的回归

表2-42是学业成就对身份认同及其各维度的回归分析。如表所示，在引入控制变量的情况下，身份认同对学习适应性变异解释率为32%（$\beta=0.32$，$p<0.001$），将身份认同各维度引入方程发现，国家、社会和个人层面（$\beta=0.25$，$p<0.001$）、院校层面（$\beta=0.19$，$p<0.001$）以及家庭层面（$\beta=0.22$，$p<0.001$）可以显著正向预测学习适应性。

表2-42 学业成就对身份认同及其各维度的回归分析

| 变量 | 模型5 | 模型6 |
|---|---|---|
| 身份认同 | 0.57*** | — |
| 国家、社会和个人 | — | 0.25*** |
| 院校 | — | 0.19*** |
| 家庭 | — | 0.22*** |
| 性别 | −0.07* | −0.07** |
| 独生子女 | 0.06* | 0.05* |
| 大二 | 0.08** | 0.08* |
| 大三 | 0.08** | 0.07* |
| 大四 | 0.06 | 0.05 |
| $R^2$ | 0.32 | 0.32 |
| $F$ | 79.99 | 60.54 |

注：因变量为学业成就，模型所呈现系数均为标准化回归系数。*表示$p<0.05$，**表示$p<0.01$，***表示$p<0.001$。

（4）链式中介效应的检验

大学生自尊、学习适应性和学业成就对身份认同的回归结果已经在上述回归分析中展示，不再赘述。表2-43中的模型将大学生身份认同、自尊和学习适应性对学业成就的影响同时引入一个回归方程，结果表明大学生身份认同（β=0.41，p＜0.001）、自尊（β=0.30，p＜0.001）和学习适应性（β=0.08，p＜0.001）均可以正向预测学业成就。

表2-43　大学生学业成就对身份认同、自尊和学习适应性的回归分析

| 变量 | β | T值 | 95%CI | |
|---|---|---|---|---|
| | | | 下限 | 上限 |
| 身份认同 | 0.41 | 14.57*** | 0.35 | 0.46 |
| 自尊 | 0.30 | 9.95*** | 0.24 | 0.36 |
| 学习适应性 | 0.08 | 2.53* | 0.02 | 0.13 |
| 性别 | −0.12 | −2.43* | −0.22 | −0.02 |
| 独生子女 | 0.08 | 1.58 | −0.02 | 0.18 |
| 大二 | 0.26 | 3.67*** | 0.12 | 0.40 |
| 大三 | 0.26 | 3.76*** | 0.13 | 0.40 |
| 大四 | 0.15 | 2.36* | 0.03 | 0.27 |
| $R^2$ | 0.41 | | | |
| F | 89.71 | | | |

注：因变量为学业成就，系数为非标准化回归系数，通过自助法（bootstrap）抽取了10000个样本量。*表示p＜0.05，***表示p＜0.001。

链式中介模型如图2-2所示，为进一步分析自尊和学习适应性在身份认同对学业成就的影响间起到的中介作用，通过自助法（bootstrap）抽取10000个样本量，得到的效应值如表2-44所示。

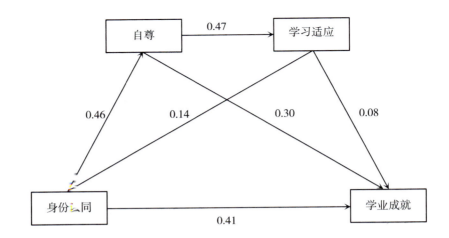

图2-2 大学生身份认同、自尊、学习适应性和学业成就的链式中介模型

表2-44 链式中介效应的直接效应、间接效应和总效应值

| 项 | 效应值 | 95%CI | | 效应值占比 |
|---|---|---|---|---|
| | | 下限 | 上限 | |
| 总效应 | 0.57 | 0.52 | 0.62 | 100% |
| 直接效应 | 0.40 | 0.35 | 0.46 | 70.18% |
| 间接效应 | 0.17 | 0.13 | 0.21 | 29.82% |
| 身份认同—自尊—学业成就 | 0.14 | 0.11 | 0.18 | 24.56% |
| 身份认同—学习适应性—学业成就 | 0.01 | 0.01 | 0.02 | 1.75% |
| 身份认同—自尊—学习适应性—学业成就 | 0.02 | 0.01 | 0.03 | 3.51% |

注：抽取了10000个样本量。

## 五、结论与建议

### （一）结论

构建高等教育强国已成为国家战略的重要组成部分，这一进程对大学生的身份认同和学习适应性提出了新的要求，并对他们的学业成就产生了深远的影响。

从身份认同的角度来看，大学生作为国家未来发展的生力军，其身份认同不仅局限于个人的学术或职业发展，而且与国家的发展战略紧密相连。在新时代背景下，大学生被期望能够承担起推动社会进步和创新发展的重任。因此，他们的身份认同往往与国家的现代化建设和民族复兴的使命相联系。这种宏观层面的身份认同感可以转化为内在的学习动力和自我调控能力，从而促进学生学业成就的提升。

在学习适应性的方面，新时代的高等教育环境发生了显著变化，这要求大学生必须具备更强的适应能力。例如，随着教育现代化的推进，教育资源的分配和使用更加高效，教学方式和评价体系也在不断优化。在这样的环境下，大学生需要调整自己的学习方法、改善学习态度，以更好地适应不断变革的教育体系。研究表明，良好的学习方法、积极的学习态度和充足的学习动力是提高学业成就的重要因素。

学业成就是衡量大学生学习效果的重要指标，也是反映高等教育质量的关键参数。在新时代背景下，学业成就不仅是对知识的掌握，还包括批判性思维、创新能力和社会责任感的培养。这些能力的提升有助于大学生在未来的职业生涯中更好地服务于国家和社会的需求。本研究主要探究大学生身份认同对学业成就的影响机制，研究结果表明：

第一，身份认同、自尊、学习适应性和学业成就发展水平存在群体差异。研究发现，尽管大学生在身份认同和自尊方面的表现相对较好，但在学习适应性和学业成就方面仍有较大的提升空间。

第二，身份认同、自尊、学习适应性和学业成就存在群体差异。在性别方面，大学生的身份认同及其家庭维度、学习适应性的教学模式、学习态度和环境因素等维度在性别上存在显著差异，且女性在这些维度上的得分都显著高于男性。而在学业成就的学习奉献维度上，男性的得分显著高于女性。在是否为独生子女方面，独生子女在学习适应性的学习动机和学习能力两个维度、学业成就的学习奉献和客观成绩两个维度上的得分都显著高于非独生子女。在年级方面，不同年级的大学生在身份认同、自尊和学习适应性等维度上均存在显著差异。

第三，身份认同、自尊、学习适应性和学业成就两两之间具有直接影响。对于大学生来说，强烈的身份认同感可以提高他们的学习动力，增加他们对学业的投入，进而可能促进其学业成就的提升。高自尊的个体通常拥有更高的自我效能感，相信自己有能力完成学业任务，这种积极的自我认知同样可以促进学业成就。具备良好学习适应性的大学生能更好地应对学习中的挑战和压力，有效管理学习时间，采用适合的学习方法等，这些都有助于提高学业成绩。另外，学业成就可以反过来增强个体的身份认同和自尊，进一步提高学习适应性，形成正向的循环效应。大学生身份认同、自尊、学习适应性和学业成就两两之间均呈显著正相关，且身份认同可以分别显著正向预测自尊、学习适应性和学业成就，自尊可以分别显著正向预测学习适应性和学业成就，学习适应性可以显著正向预测学业成就。

第四，自尊和学习适应性在身份认同和学业成就间起到中介作用。研究结果表明，自尊在身份认同对学业成就的影响间起部分中介作用，学习适应性在身份认同对学业成就的影响间起部分中介作用，自尊和学习适应性在身份认同和学业成就间起到链式中介作用。但当引入自尊和学习适应性后，身份认同对学业成就仍有0.4的直接效应量，其占比超过70%，表明身份认同对大学生学业成就的取得具有重要影响意义。

## （二）建议

### 1.思政教育有机融入教育体制

深化大学生身份认同与学业成就的关系，需从国家、社会、个人、院校和家庭五个维度进行探讨。

首先，国家和社会层面的宏观环境为大学生提供了广阔的思想空间和价值取向，影响着他们的世界观、人生观和价值观。因此，国家应通过制定相关政策，加强对社会主义核心价值观的宣传和教育，引导大学生形成正确的价值观。同时，社会媒体和公共平台也应积极传播正能量，营造积极向上的社会氛围。

其次，个人层面的自我认知和自我调适能力对于大学生的身份认同至关重要。大学生需要学会自我反思和自我激励，明确自己的目标和规划，从而更好地融入社会，实现自身价值。

再次，家庭层面是大学生身份认同的起点，家长应树立正确的教育观念，关心孩子的成长需求，给予他们足够的关爱和支持。同时，家长也应与学校保持密切的沟通，及时了解孩子的学习和心理状况，共同为他们的成长保驾护航。此外，院校还应加强与家庭的沟通与合作，共同关注学生的成长和发展。

最后，深化大学生身份认同与学业成就的关系，需要特别关注院校这一重要环节。院校不仅是大学生学习知识、掌握技能的场所，更是他们形成世界观、人生观、价值观的重要舞台。院校是大学生成长的重要场所，应提供丰富的教育资源，创造良好的学术氛围，鼓励学生积极参与各类活动，培养他们的团队协作能力和创新精神。同时，院校还需要根据不同年级学生的特点，分阶段、有针对性地开展思想政治教育工作。例如，在大一阶段，院校可以通过宣传和引导，加强学生对大学生身份的认识和理解；在大二阶段，院校可以帮助大学生调节和适应其面对大学期间身份认识的转变所产生的种种困扰与情绪；在大三阶段，院校可以帮助大学生形成良好的身份认同感；在大四阶段，院校可以给予学生足够的追求下一阶段目标的支持与帮助。总的来说，院校在大学生身份认同与学业成就的关系中起着至关重要的作用，应高度重视并充分发挥其潜力。

总之，大学生身份认同的培养是一个系统工程，需要国家和社会、个人、院校，以及家庭的共同努力，形成合力，才能使大学生在学业上取得更大的成就。对于大学生而言，思想政治教育在引导其思想品德和人格发展，明确其人生的前进方向和动力方面上占具不可替代的地位[1]，对其身份认同的形成具有促进作用。但目前，思想政治教育课程更偏向于国家认同、政治认同和文化认同等层面[2]，较少强调作为一个群体的大学生身份认同。此外，不同年级大学生的身份认同和国家、社会及个人维度的身份认同均存在显著差异。

**2.开展家庭教育指导课程体系建设**

在深化大学生身份认同与学业成就关系的进程中，家庭因素同样不容忽视。学生在进入大学后，由于空间距离和时间分配的变化，与家庭的联系可能会相对减少，但这并不意味着家庭的影响力会随之减弱。相反，家庭在大学生身份认同的形成和发展中仍然扮演着重要的角色。家庭对大学

---

① 于桂荣、秦书生：《习近平关于思想政治理论课建设重要论述的逻辑阐释》，《现代教育管理》2021年第3期，第51-59页。

② 旆媛媛：《从少数民族大学生的身份认同看高校思想政治教育》，《学理论》2013年第15期，第378-379页。

生的个性特点和思想意识等方面具有深刻而持续的影响，特别是父母的价值观念和人生态度都将给学生的价值判断和选择提供一定的标准[1]。

首先，父母作为大学生最亲近的人，他们的经验和指导对大学生的未来发展和职业规划有着重要的影响。特别是在大三和大四阶段，大学生面临着就业择选和对未来规划的挑战，父母的经验和见解可以为大学生提供宝贵的参考。因此，父母应该加强与大学生的沟通和交流，了解他们的需求和困惑，及时给予支持和帮助。

其次，大学生作为独立的个体，他们的自我意识和自主性逐渐增强，父母应该尊重他们的选择，给予他们足够的自由探索空间。同时，父母也应该根据大学的不同阶段，为孩子提供适当的心理支持和方向指导。例如，在大一阶段，大学生可能需要更多的自由探索空间；在大二阶段，父母可以提供一些心理支持和方向指导；在大三和大四阶段，父母可以根据大学生的具体情况，提供更加具体的帮助和指导。

总的来说，家庭在大学生身份认同与学业成就的关系中起着重要的作用，父母应该加强与大学生的沟通和交流，尊重他们的选择并及时给予支持和帮助，促进大学生身份认同的形成和发展，进而促进他们取得更好的学业成就。

家庭教育指导课程体系的建设可以从以下几个方面着手：

第一，强化健康的家庭教育理念。家庭教育指导课程应强调家庭在孩子成长过程中的重要性，特别是对于有特殊经历的大学生来说，家庭的教育和支持对他们的身份认同有着不可忽视的影响。家庭教育指导课程内容应涵盖亲子沟通、家庭责任、家庭文化等方面，帮助大学生理解和珍视家庭价值。

第二，掌握情绪管理技能。情绪管理能力是大学生身份认同的重要组成部分，家庭教育指导课程应教育学生识别、理解和管理自己的情绪，以及处理人际关系中的冲突和压力。这些技能的培养有助于学生建立积极的人际关系，进而增强他们的身份认同。

第三，培养自我认知能力。家庭教育指导课程应包含自我认知的部

---

① 许涛：《基于"个人—国家—家庭"三维需求侧的新时代大学生就业价值观引导》，《教育与职业》2019年第18期，第62-67页。

分，指导学生了解自己的兴趣、特长、价值观和世界观，这对于帮助孩子形成强烈的自我身份认同至关重要。通过自我探索和讨论，学生可以更好地认识自己，从而增强身份认同感。

第四，提供生涯规划指导。生涯规划对于大学生的身份认同和专业认同同样重要。家庭教育指导课程应包含生涯规划的内容，指导学生思考自己的职业目标和个人发展目标，这将有助于他们明确自己的发展方向，从而增强身份认同感。

第五，落实家校合作机制。从当前高等教育家校合作的情况来看，现实情况并不理想。大学生由于身份、地理位置和思想的转变，容易过度脱离父母的视野和关注，又由于大学本身具有包容性、自由性和个性化的特色，使得学生表面维系与学校的联系，实际脱离学校的管理。因此，家庭教育指导课程应强调家校合作的重要性，通过建立家校合作机制，让家长参与到孩子的教育过程中来，与学校共同为孩子的成长和发展提供支持。

### 3.全面接受自己，尊重自己，维持群体积极评价

高自尊水平不仅能使个体具有更强的能力感和价值感，还有利于个体获得和维持更高的群体归属感和正面评价。本研究发现，自尊不仅可以对学业成就起到正向影响作用，还可以在身份认同对学业成就的影响间起部分中介作用。有意识地生活、自我接受、自我负责、自我维护、有目的地生活和个人诚实作为六大支柱，可以帮助人们建立和维持较高的自尊水平[①]。

在深化大学生身份认同与学业成就关系的进程中，自尊水平的提升是一个关键因素。根据自尊的六大支柱理论，可以从以下几个方面来提高大学生的自尊水平：

第一，明确个体的身份认同。大学生需要积极主动地形成自我意识，明确自己的目标和未来，为自己的成长和努力负责。这样不仅可以提升他们的自尊水平，还可以帮助他们更好地实现学业成就。

第二，了解和明确群体的范围和界限。大学生需要更好地将个体认同与群体认同结合起来，获得更多的群体接纳感和归属感。这样可以提升他

---

① 马前锋、蒋华明:《自尊研究的进展与意义》,《心理科学》2002年第2期,第242-243页。

们的自尊水平，也可以帮助他们更好地融入社会，实现学业成就。

第三，接纳自我。大学生需要提高对自我的认知和接纳水平，增强自己的能力感和价值感。这样可以提升他们的自尊水平，也可以帮助他们更好地面对挑战，实现学业成就。

第四，关注不同群体间的自尊水平差异。学校应针对不同群体间的自尊水平差异情况提供帮助，以提高他们的自尊水平。例如，可以帮助非独生子女找到他们的优势，减少自我否定，从而提升他们的自尊水平。

第五，关注大学生在不同年级的自尊水平变化。研究发现，大学生的总体自尊水平在大一时最高，然后逐渐下降，到大二时最低，之后又开始上升。这可能是因为大学生在大一时对未来生活充满了期待和憧憬，但随着对大学生活的深入了解，他们会遇到各种困难和挑战，导致自尊水平的下降。因此，需要在大一时给予大学生充足的支持和帮助，帮助他们建立良好的自尊水平，以便他们能够更好地应对大学生活中的挑战，实现学业成就。

**4.发展自我调节学习能力，积极适应学业生活**

自我调节学习（Self-Regulated Learning，SRL）是指个体主动地监控、调整自己的学习过程和策略以达成学习目标的能力。对于大学生而言，自我调节学习能力是提高学习效率、适应不同学科要求，以及应对未来职业生涯挑战的关键因素。通过培养自我调节学习能力，学生可以更好地管理自己的学习进度，解决学习中遇到的问题，从而建立起积极的学习适应状态。

研究结果表明，在教学模式、学习态度和环境因素三个维度上，女性得分显著高于男性，而在学习动机和学习能力方面，男性得分高于女性，但差异不显著。表明女性对学习的态度更为认真，对教学模式和环境因素的变化更为包容，而男性在学习中更具目的性，更愿为目的持之以恒地付出努力。

这提示我们，明确的目标可以帮助学生聚焦于最重要的学习任务，并为他们提供学习的方向感。大学生应该学会设定具体、可衡量、可达成、相关性强，且有时间限制的目标（SMART目标）。例如，一个大学生可以设定的目标是"在接下来的一个月内，每天复习两页数学教材，并通过在线测验来检验理解程度"，这样的目标既具体又可行，有助于学生保持学习的动力和专注度。

研究结果还表明，独生子女在学习适应性的学习动机和学习能力方面均高于非独生子女，且差异显著。对于非独生子女而言，激发其学习动机，找到其学习优势所在，可以促进其更好地适应大学学习和生活。有效的学习策略包括时间管理、笔记制作、复习计划等，大学生应该学会制订合理的时间表，将学习任务分配到每一天，确保有足够的时间进行复习和练习；同时，他们需要掌握如何做笔记，以便在复习时能快速回顾重点内容；此外，定期的自我评估也是必要的，它可以帮助学生了解自己的学习进度，及时调整学习策略。

大学生活的目标不仅是对学术成就的追求，还包括个人成长、社交活动、身体健康等多方面的发展。平衡的生活状态有助于学生在学习上保持高效，同时在其他方面也能得到充分的发展。因此，大学生应认识到生活与学习之间的平衡对于长期成功的重要性。因此，要注意以下两点。第一，保持健康的生活习惯。良好的生活习惯对于维持身心健康至关重要。大学生应该保证充足的睡眠，遵循健康的饮食习惯，定期进行体育锻炼，这些习惯不仅有助于提升学习效率，还能预防由压力引起的健康问题。第二，制定合理的学习时间表。为了避免过度劳累和压力过大，大学生需要合理安排学习和休闲时间，这意味着要制订一个实际可行的学习计划，确保有足够的休息时间，以及参与课外活动和社交的时间。例如，学生可以每周安排一天作为"无学习日"，用于放松身心或参与兴趣活动。总结来说，为了增强大学生的学习适应能力并建立平衡的适应状态，他们需要发展自我调节学习能力，还需要建立平衡的生活和学习习惯。

**5.搭建身份认同场景，提升学业成就感**

认同控制理论为理解大学生身份认同、自尊、学习适应性和学业成就间的链式中介作用提供了有益的思路。对未来可能取得的身份的觉知和认同将会形成相关的认同标准并激活程序准备和行为准备，也就是说，提前熟悉大学学习方式是快速跟进大学节奏的关键环节。

大学的学习方式与高中有很大的不同，更强调自主性和研究性学习。因此，新生可以提前通过阅读大学教材、参加相关的在线课程或者与在读的大学生交流等方式，提前了解并适应大学的学习方式。设定明确的学术目标可以帮助大学新生保持学习的动力和方向。他们应该设定短期和长期的目标，并且定期检查自己的进步。积极参与课堂讨论和课外活动可以提高学生的学术参与度，增强他们对所学知识的理解和应用，也能够帮助他们建立自信心，提高学业成就感。

不同群体在学业成就上存在一定的差异，在学业成就的学习奉献维度上，男性比女性得分更高且差异具有统计学意义，帮助女性在学习中提高奉献度有利于提高女性的学业成就水平。此外，学习奉献维度在不同年级间存在显著差异，存在大一最高、大三其次、大四再次、大二最低的情况。新生在进入大学后可能会感到迷茫，不知道如何选择课程，不知道如何规划自己的学术生涯，学生应从教师和学术顾问那里寻求宝贵的建议和指导。另外，保持积极的学习态度是提高学业成就感的关键。学生应该看到失败是成功的一部分，每次失败都是学习和成长的机会。他们应该保持乐观，相信自己有能力克服困难，实现学术成功。

提升大学生的学业准备和提升大学生的学业成就感需要多方面的努力。学生需要提前适应大学的学习方式，建立有效的学习习惯，发展批判性思维能力，建立良好的人际关系，并寻求学术指导。学生还需要设定明确的学术目标，积极参与课堂讨论和课外活动，保持积极的学习态度，反思和巩固学术成就。通过这些措施，大学生不仅能够更好地适应大学的学习环境，也能够获得更高的学业成就感。

# 第三章
# 调研社会

## 第一节　社会心态与学习的关系

### 一、问题的提出

#### （一）转型时期的社会现实背景凸显社会心态研究的重要性

社会转型时期，社会结构逐渐松动和加速流动，经济体制不断深化改革，思想观念内外交融，利益格局开始重新调整和分配，各种社会矛盾和敏感问题多发[①]。不同转型主体的状态及其与社会环境变化的适应程度不同，使得群体心理和行为表现出内容和方向的多样性，社会群体心态容易变得更加内隐化、碎片化甚至混乱化，不利于构建鲜明有力的社会核心价值体系。

当前，社会诚信下降、社会情绪冷漠、社会参与减少、社会态度浮躁等问题不断涌现，令人忧心。这就需要将构建和谐社会与塑造和谐社会心态相联系，将构建和谐社会的实践与社会心态的研究相结合，以实现整合社会群体价值观，社会和谐，生活美好的目标。

无论市场行为还是人际交往，价值偏好还是群体性事件，在个体心理行为和价值选择中，会感到背后存在一种引导、牵动人们的共同精神力量。这种不易察觉且难以捉摸的状态，即"心境"。心境是一种微弱、平

---

① 匡和平:《社会转型期大学生社会责任感教育的意义》,《中共山西省委党校学报》2014 年第 3 期,第 127–129 页。

静而持久的情绪状态，它可以持续几个小时、几天，甚至是更长的时间。心境不是关于某一事物的特定体验，而是一种影响人的所有体验性质的情绪倾向，是一种非定向的、弥散性的情绪体验。心境对人的日常生活、工作、学习和身体健康有着显著的影响。

社会心境也被称为"社会心态"，是指在某个特定时期内，社会成员普遍共享的心境状态，它反映了这个时期社会成员的整体情绪倾向。社会心境可以由社会事件、社会变迁、社会政策等多种因素引发。

当前，年轻人的社会心境是多元且复杂的。随着社会的快速变化，年轻一代面临着前所未有的机遇和挑战。一方面，他们享受着科技带来的便利，拥有更多展示自我、实现梦想的机会；另一方面，他们也承受着巨大的竞争压力，面临着就业难、房价高、生活节奏快等问题。因此，他们的社会心境可能充满希望和活力，同时也夹杂着焦虑和不安。

笔者对社会心态问题的关注和研究，起因于不同的方面。个体的本质属性，即社会属性。个体与社会之间的关系是相互依存、相互影响的。对大学生社会心态的研究，需要进行深入的社会调查和分析，以便更全面地理解大学生的情绪状态和心理需求。

### （二）当代大学生社会心态发展不稳定

近年来，高校成为舆情事件高发地之一，大学生价值观迷茫，素质滑坡，自杀、他杀等恶性事件频繁见诸报端。从2013年复旦大学研究生投毒案，到轰动全国的2015年北大高才生弑母案，再到2020年洪崎杀人事件，甚至是2024年未成年的初中生杀害同学事件等，本是天之骄子的学生罪行惊人，令人痛心。大学生的社会心态不理性、不平和、不积极，似乎成为社会共识。大学生道德冷漠，诚信缺失，素质下降，被广泛贴上"精致的利己主义者"标签，学界和社会都在问"我们的大学生怎么了"，在学习与考试之外，大学生的性格塑造，人格形成出现了什么问题？作为社会群体先导的大学生，他们的社会心态真实状态是怎样的，是否真如社会所表现，学者所描述的那样一片黑暗？对他们的社会心态进行评判，又应该在什么样的前提下进行？

有研究者指出，近几年青年群体更乐于以"发疯文学"这一文体形式，进行负面情绪的网络传播，突出强调情绪与状态，体现出传统观念束缚下的矛盾与压抑，优绩主义追寻中的压力与焦虑等社会症候①。但是，这些表征只能说渗透了社会心态或者社会心态的某一个部分、某一个方面，并不能直接等同于社会心态本身。也就是说，社会心态不是个体心态，也不是群体心态，更不是个体心态与具体群体心态的简单罗列与叠加，它是一个有机体，是有层次、有维度，立体科学的概念范畴。

微观来说，每个大学生，都来自社会万千角落的不同家庭。作为家庭的一分子，并且是接受高等教育的家庭成员，大学生的身心状态与个人发展一方面深受其所在原生家庭的影响，另一方面，也对家庭的社会观感与社会心态变化起着重要影响作用。家庭是社会的细胞，是国家稳定的基础单元。家庭安稳则社会安定，家庭和睦则社会和谐，家庭心态的平和积极可以带来整个社会心态的良性发展。大学生俨然是社会不同群体间的中介与集合，折射出不同基层、不同地区的群体性社会心态。

人才是社会进步与国家创新发展的关键，这一观点已经深入人心，毋庸置疑。在当前中国的政治、经济、文化条件下，高等教育仍然是培养人才的最主要方式，大学生仍然是人才输出的最重要途径。大学生作为祖国的未来，民族的希望，作为现代化社会的建设者，未来社会的栋梁，承载着建设祖国，振兴中华，实现中华民族伟大复兴中国梦的重要使命②。因此，大学生的社会心态成为整体社会心态的重要参考指标。

总而言之，仅从少数事件和表面现象对大学生社会心态下结论是不科学的。研究大学生社会心态要从社会心态的概念中明晰，从社会心态的立体维度入手，在社会心态理论架构的基础上进行总结。应当结合大学生身心发展特征，从不同而又相互关联的层次出发，对当代大学生的社会心态进行调查与综合比较分析，力求获得客观真实的大学生社会心态现状结论，分析影响大学生社会心态的因素，为大学生社会心态培育提供意见和建议。

---

① 晏青、郭京:《青年群体的情绪危机与调适:网络"发疯文学"的批判性话语分析》，《湖南师范大学社会科学学报》2024年第3期，第49-59页。

② 林靖:《社会主义核心价值体系引领当代大学生社会心态研究》，硕士学位论文，福建师范大学，2015，第21页。

## 二、文献回顾

社会心态作为一个新兴的概念和研究领域，在以往研究中并没有直接的论述和考察。但是从相联系的学科研究中可以明显看到与社会心态有关的概念、理论、研究内容等，这些皆可为社会心态研究提供借鉴[1]。考察不同学科领域有关社会心态的研究起源和历史进程，无论从"心态史"研究还是"社会心理"研究出发，都可以发现一个独特的现象：不同于其他学科的高度统一性，在这些研究中，关于"个体"与"社会"的争论从未中断，由此也分别产生出两种不同的理论。

### （一）国外相关文献综述

#### 1.心态史学

19世纪末，历史学家在社会学、心理学成为独立学科之后受到影响，主张史学应该从其他学科中汲取内涵，宣称"历史学首先是一门社会—心理学"（伯克，2001）[2]。雅克·勒高夫指出，"心态"一词最早出现在17世纪英国哲学中，此后在法国年鉴学派创立的"心态史学"中出现。后来，由年鉴学派的三代学者们推动了这个领域的兴起。

起初，心态史学主要关注的是封建制度的精神层面，强调历史的事实本质上是心理的事实。然而，由于当时社会经济背景的影响，心态史学的研究成果多以社会经济史为主。

到了20世纪50年代，社会人类学向历史学提出了挑战，强调结构的重要性，相对降低了时间作用和历史的重要性，这促使心态史学开始更多地关注历史中的心理和精神层面。

20世纪六七十年代之后，年鉴学派的第三代学者们开始努力推动心态史学的发展，使之成为历史研究领域的一个重要分支。他们不仅拓展了历史研究的视野，丰富了研究视角，还活跃了学科对话，极大地推进了史学研究的更新与发展。

---

[1] 马广海：《论社会心态:概念辨析及其操作化》，《社会科学》2008年第10期，第66-73页。

[2] 彼得·伯克：《历史学与社会理论》，姚朋、周玉鹏等译，上海人民出版社，2001，第5-15页。

"心态"一词主要描述某个民族、某个人类群体等的心理特征①。心态史学研究的对象是历史上人们的价值观念、精神活动和社会心态等，它拓展了史学研究的视角，有助于全面深刻地揭示人类历史的整体风貌，其研究内容不仅包括历史上人们对当时社会现实直接的认知和情感反应，而且包括心态对社会历史事件以及社会政策所产生的影响。

### 2.社会心理学

1908年，威廉·麦独孤出版了《社会心理学导论》，爱德华·罗斯出版了《社会心理学：大纲与资料集》，这两部著作标志着社会心理学的诞生，也注定了心理学的社会心理学（Psychological Social Psychology，PSP）和社会学的社会心理学（Sociological Social Psychology，SSP）同时存在。心理学史家墨菲认为，社会心理学成形时分为心理学家的社会心理学和社会学家的社会心理学（墨菲、柯瓦奇，1980）②。

### 3.国内相关文献综述

"社会心态"一词于20世纪80年代开始频繁出现在我国大众媒体与学术界中，近年来越来越受到学术界的重视。社会心态研究无论从其研究数量，研究领域，还是研究方法上，都呈快速上升和扩充之势。

（1）社会心态的概念

在我国的社会心理学研究中，"社会心态"作为一个概念被广泛接受和使用，但是并没有被任何辞书正式收录。例如，《中国大百科全书：心理学》《社会心理学辞典》等书籍均未有社会心态概念的解释。仅在《社会科学新辞典》中，收录了"心态"一词，其含义是"影响着个人、人类群体和各民族思想的全部舆论、习俗、传统、信仰和价值体系"（汝信，1988）③。如同社会学大家费孝通所指出的，关于群体所表现的生理、心理、意识和精神的现象，这一层次的文化现象称为"心态"，但这是个模

① 杨丽钦：《手机媒体环境下大学生良好社会心态培育研究》，硕士学位论文，江西理工大学，2016，第11-15页。

② G.墨菲、J.柯瓦奇：《近代心理学历史导引》，林方、王景和译，商务印书馆，1980，第5-10页。

③ 汝信主编《社会科学新辞典》，重庆出版社，1988，第12-38页。

糊的概括（费孝通，1999）①。因此，不同学科和不同学者对社会心态的定义并不统一，都是从不同的视角给予解读。

梳理相关文献，社会心态的概念主要在以下几种意义上使用：一是非学术意义上的社会心态，大致等同于"民意""民心"。二是哲学意义上的社会心态，即历史唯物主义的社会心理。如张二芳认为，社会心态是社会心理和社会意识形态的相互渗透，是群体共同的心智状态，是社会存在和社会意识之间的精神桥梁（张二芳，1996）②。三是社会心理学研究上的社会心态。从学科研究的角度，笔者主要分析社会心理学研究的社会心态概念。

如同杨宜音指出的，在学术界，社会心态是一个"意义含混的概念"（杨宜音，2006）。因此，她试图分别从社会心理学两大学术传统，即"群体中的个体"和"个体中的群体"出发，整合社会心态的心理结构，在个体与群体相互建构的基础上，揭示社会心态的实质，给出自己关于社会心态概念的理解，她认为，社会心态是"一段时间内弥散在整个社会或社会群体/类别中的宏观社会心境状态，是整个社会的情绪基调、社会共识和社会价值观的总和"（杨宜音，2006）③。在这一定义中，杨宜音不仅论述了社会心态的内核与结构，还阐述了社会心态的形成机制，即"社会心态透过整个社会的流行、时尚、舆论和社会成员的社会生活感受、对未来的信心、社会动机、社会情绪等借以表现，与主流意识形态相互作用，通过社会认同、情绪感染等机制形成，对于社会行为者形成模糊的、潜在的和情绪性的影响"（杨宜音，2012）④。

杨宜音论述的社会心态概念是从个体与社会之间建构的宏观心理关系出发的，点明了社会心态研究的水平即宏观水平，对社会心态的分析具有重要的指导作用。她关于社会心态的概念界定比较全面地概括了社会心态

---

① 费孝通：《费孝通文集》（第十三卷），群言出版社，1999，第240—260页。

② 张二芳：《社会心态的研究及其意义》，《理论探索》1996年第1期，第28—31页。

③ 杨宜音：《个体与宏观社会的心理关系：社会心态概念的界定》，《社会学研究》2006年第4期，第117—131页。

④ 杨宜音：《社会心态形成的心理机制及效应》，《哈尔滨工业大学学报》（社会科学版）2012年第6期，第2—7页。

的特征，但是也存在一些问题。一是不够简洁，不利于记忆和运用，二是涵盖内容过多。一般而言，事物的概念只论述重要内核即可，而结构、机制、功能等均可以单独阐述，作为概念的并列理论存在。

要探讨社会心态的概念，首先，要继承社会心态研究的学科传承，如心态史学、社会学和社会心理学等的研究成果。通过前文的文献回顾可知，社会心态是一种宏观视角的研究，着眼于普遍性的群体和社会。同时，社会心态是动态性的研究，是一定时期内，在社会文化的影响下不断发展变化的。

其次，要明确社会心态的分析水平。由前文可知，借鉴"群体中的个体"这一分析视角可以大致推定社会心态的心理结构，而从"个体中的群体"视角可以概括社会心态的形成机制。但是，当社会心态的讨论从"群体"扩大到"社会"时，"社会心态"已然完全不同于"群体心态"，它不再是小群体式的心理，而是大群体的、统计群体的、社会类别的心理，甚至是整个社会的心理，是有着巨大影响力的社会力量（王俊秀，2011）[1]。

（2）社会心态的维度

我国最早的心态史学研究者之一乐正先生认为，社会心态研究的基本内容由外在因素和内在因素组成。"社会—群体—个人"反映外部相互作用的链条，属于社会心态的外在因素；"观念—态度—行为"反映心态的内在逻辑，属于社会心态的内在因素。王园园在对农民工的社会心态进行调查时，将社会心态分为个人认知、阶层认知和社会认知三个层面，着重的是认知范围内的探讨[2]。

在社会心理学领域，马广海（2008）建议把社会情绪、社会认知、社会价值观及社会行为意向作为社会心态测量的基本维度[3]；杨宜音（2006）认为社会心态由社会情绪基调、社会共识、社会价值观三个由表及里的维

① 王俊秀：《中国社会心态：问题与建议》，《中国党政干部论坛》2011年第5期，第43-46页。

② 王园园：《当前农民工社会心态分析：基于Z市的问卷调查》，《商场现代化》2009年第10期，第379-380页。

③ 马广海：《论社会心态：概念辨析及其操作化》，《社会科学》2008年第10期，第66-73页。

度组成[1]。

马广海与杨宜音的研究都依托社会心理学进行分析,具有很大的共同之处。例如,他们都认为社会认知(社会共识)、社会情绪、社会价值是社会心态的构成要素,都吸收了社会心理学的思想。这样的观点,一方面使社会心态的架构内容丰富而饱满;另一方面,如学者周晓虹指出的,其关于社会心态的定义包含的内容过多,体系庞杂,不利于对社会心态的清晰界定和精确研究[2]。

(3)社会心态的研究内容

社会心态的研究方兴未艾,不同学科背景的学者纷纷加入,关注的主题呈现多样化的趋势,同时伴随的是研究的群体更加广泛和研究的方法多种多样。

1)社会心态的研究主题

社会心态的研究主题主要包括以下几个方面:

一是社会心态的历史研究。这与心态史学家的研究具有部分的重合。如刘力回溯了社会心态的研究历史,他认为塔德的"发明"概念是社会心态研究的缘起,"模仿"概念是社会心态的扩展(刘力,2006)。刘力还研究了西方的哲学和心理学中关于社会心态最早的相关研究,对大量理论作了详细阐述。

二是社会心态的社会研究。这方面的研究主要指在当前我国转型时期的大背景下不同学者进行的研究。有的学者着重结合现实情况论述转型时期我国社会心态的主要表现,如张慧琴指出目前我国社会心态的特征有四点,即"心态失衡、心态迷茫、不安全与不公平感、悲观情绪"(2010)[3];夏学銮归纳了我国当前的八种不良心态,即"浮躁、喧嚣、忽

① 杨宜音《社会心态的概念界定:社会心理学的视角》,北京市社会心理学会2006年学术年会论文摘要集,北京,2006,第2页。

② 周晓虹《转型时代的社会心态与中国体验——兼与〈社会心态:转型社会的社会心理研究〉一文商榷》,《社会学研究》2014年第4期,第1—23页。

③ 张慧琴:《构建和谐社会进程中的和谐心态培育》,《南京工业大学学报》(社会科学版)2010年第1期,第71—75页。

悠、炒作、炫富、装穷、暴戾、冷漠"①。有的学者则关注当前社会心态的调控和培育，在构建和谐社会的背景下进行分析探讨（龙书芹，2010）。

2）社会心态的研究群体

社会心态的研究群体主要集中在下岗职工、城市低收入群体、农民、农民工群体等，即日常所说的"弱势群体"上。如王向东（2006）、杨诚德（2006）、孙永红（2011）、张连德（2011）等学者分别对转型时期的农民进行了田野调查、问卷调查和访谈研究等，展现了一幅生动的农民心态画卷。冯耀明（2005）、潘峰（2006）等研究低收入群体的社会心态，发现低收入群体比较关注社会安定状况及收入问题。另外还有对少数民族社会心态进行的研究，如姚维（2004）对新疆维吾尔族宗教和文化心态研究，郭亚帆（2003）对内蒙古自治区居民的社会心态研究等。

对大学生社会心态的研究主要从具体问题或社会事件入手进行分析。例如，有研究聚焦于大学生在就业和择业时的社会心态（张爱莲、张金华，2005），还有研究聚焦于大学生在网络参与中的社会心态等。

除了对具体的群体进行社会心态某一方面的研究，也出现了一批大范围的、比较全面的社会心态调查研究。例如，跨地区的社会心态调查（朱新秤，邝翠清，2010），全国的社会心态调查（王俊秀、杨宜音、称午晴，2006）等，社会心态研究群体不断横向和纵深发展。

3）社会心态的研究方法

社会心态的研究方法也多种多样。除了传统的社会心理学方法，如文献资料分析法、访谈法、心理测验法、调查法等，研究者还吸收了一些社会表征的方法，如分析当下的流行词汇等。其他诸如媒体分析、民意调查、焦点小组讨论、话语分析，乃至实验室实验等方法也被广泛应用在社会心态研究中（刘力，2006）。

**4.当前我国社会心态研究的特点和发展方向**

（1）当前我国社会心态研究的特点

通过前文对我国社会心态研究的总体梳理和分析，可以看出，近十多年是社会心态快速发展的时期。这一时期，社会心态研究的队伍不断扩

① 夏学銮：《当前中国八种不良社会心态》，《人民论坛》2011年第12期，第48—50页。

大，研究多学科参与、多方法结合，社会心态研究范式已经初步形成，社会心态研究内容共识也基本达成。总结社会心态研究的特点，主要包括以下两方面：

第一，社会心态研究是一种宏观研究。社会心态既包含个体由表层到深层的体系，也包含从个体到群体再到社会，从微观到宏观的体系。社会心态多学科、多群体、多主题的研究充分说明了这一点。

第二，社会心态研究是一种发展的研究。如前文所述，社会心态的内核与维度是不断发展完善的，社会心态的研究对象——群体和社会也是不断发展变化的，社会心态研究自然不该独立于社会之外，而是承担起自己的社会责任。能够反映一定时期的社会现实问题，才能使社会心态的研究有利于社会转型和发展，有利于人的发展。

（2）我国社会心态研究的发展方向

当前，我国社会心态的研究虽然数量众多，但是总体来说进展缓慢，缺乏深入。现有研究大都关注公众对社会问题的态度，较少关注社会普遍存在的社会共识和集体意识；大多停留在表面的民意调查和现实论述，没有反映深层次的社会心态作用。并且，社会心态研究二十多年来，测量工具发展滞后，数据资料长期不足，这些都制约着社会心态研究的进步。

因此，今后的社会心态研究，一要不断完善和明确社会心态的内核与维度架构；二要发展新的社会心态测量工具，实现对社会心态的科学测量；三要积累动态数据，对社会心态进行深度分析，达到对社会心态监测和调控的目的，从而实现社会心态作为社会变迁指标和社会发展资源的作用。

## 三、研究设计与成果

### （一）研究设计

#### 1.理论维度的架构

通过借鉴社会学和社会心理学的理论成果，结合近年来在社会和文化领域的研究成果，以及对社会心态研究实践的反思，笔者对前人在社会心态维度构建方面的理论进行了综合分析，并尝试构建一个新的社会心态理论框架。从社会认知、社会情绪、社会价值观、社会行为倾向四个方面来分析社会心态的一级维度（王俊秀，2005）①。

本节借鉴前辈们辛勤探索的成果，选取社会认知、社会情绪、社会价值观、社会行动作为大学生社会心态的一级维度指标，并根据社会心态研究的"个人—社会"视角解构大学生社会心态的一级维度，将一级指标按照从微观个人到宏观社会的研究层次进行划分，架构出大学生社会心态的二级理论维度。每个社会心态的一级要素都从个人与社会、积极与消极两个方向进行考察。对大学生社会心态维度如此架构，一方面体现了社会心态层次分明的有机整体性，另一方面为测量指标的获取提供了视角和方向。

**2.测量指标的构想**

社会心态是一个宏观性质的研究，是有层次、有系统的整体。社会心态的研究也应该采取整合的策略，借鉴社会学中的指数研究方法，通过不同层级的社会心态边缘代表元素来反映社会心态的核心要素，通过这些核心要素及其之间的关系来反映社会心态的整体状况②。上文已经探讨了社会心态的理论维度，但是理论只能指导实践，不能直接应用于实践。将理论维度概念化、操作化成为可测量的指标，是接下来重要的工作内容。也是自上而下、从理论到实证的构思中最为关键的一点。

社会心态中的社会认知是一段时期内个体通过自己的心理和行为对所处的社会作出认知与判断的过程。社会认知建构的理论二级指标包括自我认知和社会认知，即个体对处于社会中的自我的认知和对所处的社会的认知，这一理论为研究团队进行社会认知有关的访谈和调查提供了方向。

社会认知的下属指标包括社会安全感、社会公正感、社会信任感、社会支持感、自我效能感等，本研究中删除与其他指标有交叉重叠的维度，如社会认同与归属感、社会幸福感等，拟在社会认知这一维度下设社会认同感、社会支持感、社会信任感、社会安全感、社会公正感五个测量维度。针对大学生群体，每个指标都有自己的含义。

---

① 王俊秀：《当前中国社会心态分析报告》，《中国工商》2005年第12期，第73-81页。

② 王俊秀：《社会心态的结构和指标体系》，《社会科学战线》2013年第2期，第167-173页。

心理学关于情绪的研究和理论众多，情绪按照类型可分为基本情绪，如喜、怒、哀、惧等。社会情绪的测量应当能够突出其中"社会性"的一面。因此，对社会情绪进行指标化建构，借鉴以往社会情绪的下级指标，结合大学生的实际，拟在社会情绪下设乐观、自豪、焦虑、冷漠四个测量维度。乐观是一种对未来持有积极期待的心态，它建立在相信事情会好转的信念之上。乐观的人在面对挑战和困难时，倾向于看到事情的积极面，相信他们有能力和资源去克服这些困难。

本研究结合现有的社会心态维度理论和既有研究，借鉴心理学领域对情绪、认知、态度等概念的探讨，将原有的不同学者关于社会心态的维度理论进行综合与完善，同时考察大学生的社会心态特点，由此形成了社会心态测量指标的初步方案。

### 3. 研究对象

本研究以甘肃省全国统招全日制本科部分在校大学生为研究对象。

### 4. 研究方法

访谈法和问卷调查法是本研究中最主要的研究方法。

## （二）研究成果

### 1. 问卷调查基本情况

本研究共发放问卷1088份，回收有效问卷995份，有效回收率为91.5%。其中，兰州大学回收有效问卷302份，知行学院回收有效问卷199份，其他院校共回收有效问卷502份。在995份问卷中，男生402人，女生593人；年龄范围17—25岁，平均年龄20岁；汉族508人，少数民族484人；生源地为甘肃省的最多，共565人，占调查总人数的56.8%，其他被试则分别来自32个省（自治区/直辖市）；调查样本包含人文学科、社会学科、理工科、农学以及医学五类学科专业，其中，理工科被试最多，共344人，医学学科调查了25人；本科阶段从大一到大五均有涉及；被试人员中共青团员最多，达902人，占调查总数的90.7%，民主党派学生最少，仅有2人；调查学生中64.6%来自农村。具体的人口学描述统计见表3-1。

表3-1　调查对象基本情况

| 变量 | 分类 | 人数 | 占比 |
|---|---|---|---|
| 性别 | 男 | 402 | 40.4% |
| | 女 | 593 | 59.6% |
| 籍贯 | 甘肃省 | 565 | 56.8% |
| | 其他省份 | 430 | 43.2% |
| 独生子女 | 是 | 301 | 30.3% |
| | 否 | 694 | 69.7% |
| 民族 | 汉族 | 511 | 51.4% |
| | 少数民族 | 484 | 48.6% |
| 年龄 | 17—19 | 331 | 33.3% |
| | 20—22 | 558 | 56.1% |
| | 23—25 | 106 | 10.6% |
| 政治面貌 | 中共党员 | 54 | 5.4% |
| | 共青团员 | 902 | 90.7% |
| | 群众 | 37 | 3.7% |
| | 民主党派 | 2 | 0.2% |
| 学科 | 人文学科 | 295 | 29.65 |
| | 社会学科 | 234 | 23.5% |
| | 理工学科 | 344 | 34.6% |
| | 农业学科 | 94 | 9.4% |
| | 医学学科 | 28 | 2.9% |
| 年级 | 本科一年级 | 196 | 19.7% |
| | 本科二年级 | 347 | 34.9% |
| | 本科三年级 | 169 | 17.0% |
| | 本科四年级 | 258 | 25.9% |
| | 本科五年级 | 25 | 2.5% |
| 户口类型 | 农业 | 643 | 64.6% |
| | 非农业 | 257 | 25.8% |
| | 蓝印户口 | 4 | 0.4% |
| | 居民户口（以前是农业户口） | 41 | 4.1% |
| | 居民户口（以前是非农业户口） | 50 | 5.1% |

### 2.大学生社会心态问卷调查结果分析

（1）大学生社会心态的描述统计分析

计算样本总体在四个一级维度和12个二级维度的平均数和标准差，探查大学生社会心态的描述统计特征。结果如表3-2所示。

表3-2　大学生社会心态的描述统计（N=995）

| 维度 | 均值（M） | 平均差（SD） | 维度 | 均值（M） | 平均差（SD） |
|---|---|---|---|---|---|
| 社会认知 | 3.4 | 0.57 | 乐观 | 3.5 | 0.64 |
| 社会情绪 | 3.37 | 0.34 | 自豪 | 3.79 | 0.77 |
| 社会价值观 | 3.42 | 0.52 | 冷漠 | 2.98 | 0.6 |
| 社会行为倾向 | 3.3 | 0.51 | 择业观 | 3.22 | 0.83 |
| 社会认同 | 3.88 | 0.76 | 爱情观 | 3.22 | 0.72 |
| 社会信任 | 3.67 | 0.8 | 社会观 | 3.84 | 0.8 |
| 社会安全 | 2.72 | 1.38 | 社会参与 | 3.25 | 0.62 |
| 社会公正 | 3.34 | 1.05 | 社会排斥 | 3.36 | 0.56 |

在四个一级维度上，被试的平均得分都高于3，由于已经对问卷的反向计分题目进行重新计分，因此，这一结果表明大学生具有趋于积极的社会认知、社会情绪、社会价值观和社会行为倾向。同时，在12个二级维度上，被试的平均得分也大多高于3，表明在12个二级维度上，大学生的社会心态也趋于积极，但是，其中社会安全和冷漠维度的平均得分低于3，表明大学生对于当前的社会安全状况和个体间的社会关系状况的认知趋于消极。

除了人口学变量外，对大学生在四个分维度上各具体调查题目进行频数统计。问卷采用分级作答，包括"非常不符合、比较不符合、一般、比较符合、非常符合"5个等级，为便于统计，将"非常不符合"与"比较不符合"统计为"不符合"项，"一般"统计为"中立"项，"比较符合""非常符合"统计为"符合"项，在这三个作答维度上得到的频数分布如表3-3所示。

表3-3　题目选择人数分布频次

| 题目 | 不符合（%） | 中立（%） | 符合（%） |
|---|---|---|---|
| 1.总的来说，社会上大多数人还是可信的 | 14.0 | 34.9 | 51.1 |
| 2.弱势群体在社会中往往获得更少的机会 | 11.8 | 27.6 | 60.6 |
| 3.我感觉法律不能保护我所有的合法权益 | 27.8 | 31.0 | 41.2 |
| 4.出门在外，发生意外的可能性是很高的 | 30.6 | 29.7 | 39.5 |
| 5.我周围的人一般不喜欢我 | 62.0 | 27.2 | 10.7 |
| 6.我相信随着全面建成小康社会推进，我们的生活会更加美好 | 8.4 | 18.0 | 73.6 |
| 7.现实社会中，关系比能力更重要 | 18.2 | 38.9 | 42.9 |
| 8.中国梦是全国人民的共同期盼 | 8.2 | 14.9 | 76.7 |
| 9.我考上大学让家里人觉得很有面子 | 15.7 | 30.5 | 53.8 |
| 10.当前社会关系主要是利益关系 | 12.7 | 35.6 | 51.7 |
| 11.作为一名中国人，我感到很自豪 | 5.4 | 14.4 | 80.2 |
| 12.我能感受到周围绝大部分事物都是美好的 | 10.2 | 21.3 | 68.5 |
| 13.社会正能量事件总是使我受到鼓舞 | 7.6 | 24.1 | 68.3 |
| 14.我相信"我为人人，人人为我" | 16.7 | 30.3 | 53.0 |
| 15.我容易受到社会恶性事件的影响，带来不良情绪 | 25.2 | 23.6 | 51.2 |
| 16.选择自杀的人不值得同情 | 34.7 | 37.9 | 27.4 |
| 17.我只想从事与所学专业相关的工作 | 15.5 | 22.1 | 62.4 |
| 18.我更愿意选择政府/事业单位等比较稳定的职业 | 34.7 | 37.1 | 28.2 |
| 19.我对离婚没有偏见 | 20.9 | 22.9 | 56.2 |
| 20.就业时我会更多考虑薪酬待遇而非兴趣 | 26.6 | 25.9 | 47.5 |
| 21.大学中的恋爱不可信，没有真正的爱情 | 55.6 | 33.2 | 11.2 |
| 22.身为大学生，应该及时全面地关注国家时事 | 6.1 | 22.3 | 71.6 |
| 23.婚前性行为是可以接受的 | 31.7 | 37.4 | 30.9 |
| 24.个人的人生价值在于对国家、对社会的贡献 | 11.5 | 27.2 | 61.3 |
| 25.我愿意损失自己的一些利益帮助他人 | 14.2 | 30.4 | 55.4 |
| 26.社会地位高的人不应该排斥地位低的人 | 7.9 | 26.3 | 34.2 |
| 27.我没有排斥过弱势群体 | 5.4 | 31.3 | 36.7 |
| 28.目前社会上对弱势群体的排斥现象很严重 | 10.8 | 36.7 | 52.5 |
| 29.当我的利益与集体利益冲突时，我选择集体利益 | 11.8 | 36.5 | 51.7 |
| 30.我是否去帮助那些困境者，往往会参照大家是否帮助他们作为判断 | 26.7 | 32.2 | 41.1 |
| 31.在公共场合，应该严格遵守公共秩序 | 5.5 | 13.1 | 81.4 |

从调查对象具体题目选择上进行分析，正向选择有17题，超过半数。可从个人、家庭、学校、国家、社会等层面入手进行分析，分别考察大学生在这几个层面的具体社会心态表现。

个人层面来说，62%的大学生认为周围人对自己很友好，68.5%的人认为周围绝大部分事物是美好的，这表明大学生的社会心态倾向于积极正向。

家庭层面来说，53.8%的大学生认为，考上大学是让家里人觉得很有面子的事，71%的大学生相信大学的美好爱情。

社会层面来说，51.1%的大学生认为社会上大多数人是可信的，社会正能量事件对68.3%的大学生都有积极的作用，51.2%的人则表示会受到社会负面事件的不良影响。这说明大学生的社会心态与所处的社会环境密切相关。

国家层面来说，73.6%的大学生相信"随着全面建成小康社会推进，我们的生活会更加美好"，80.2%的大学生对自己是中国人感到自豪，76.7%的大学生认同中国梦是全国人民的共同期盼。这说明当代大学生是有担当、理想信念坚定的一代，是国家的未来，民族的希望。

同时，大学生对遵守公共秩序，维护集体利益以及尊重弱势群体，都表现出高度的认同感，充分说明大学生的社会心态以积极向上为主流。

第二部分对未来期许的调查，大学毕业后选择继续深造的有462人，占调查人数的46.5%，和选择就业的人数基本一样；理想的落户地区，按照由多到少的选择，前三名分别是，北上广、中西部大城市、沿海大城市，具体情况如表3-4所示。

被调查学生理想中的第一年工作收入，最小值为1万元，最大值为60万元，平均值为5.6万元。工作五年后的理想收入均值为14万元，说明大学生对自己的未来态度较乐观。

表3-4　理想落户地选择

| 区域 | 频率 | 百分比 | 有效百分比 | 累积百分比 |
|---|---|---|---|---|
| 北上广等一线城市 | 262 | 26.3 | 26.4 | 26.4 |
| 沿海大城市 | 172 | 17.3 | 17.4 | 43.8 |
| 沿海中小城市 | 122 | 12.3 | 12.3 | 56.1 |
| 中西部大城市 | 198 | 19.9 | 20.0 | 76.1 |
| 中西部中小城市 | 116 | 11.7 | 11.7 | 87.8 |
| 城乡接合部的乡镇 | 45 | 4.5 | 4.5 | 92.3 |
| 农村地区的乡镇 | 14 | 1.4 | 1.4 | 93.7 |
| 农村村庄 | 29 | 2.9 | 2.9 | 96.7 |
| 国外或港澳台地区 | 33 | 3.3 | 3.3 | 100.0 |
| 合计 | 995 | 100.0 | — | — |

（2）大学生社会心态的OLS回归分析

以被试的性别、年龄、学校类型、户籍类型等人口统计学变量为自变量，分别以被试的四个一级维度和12个二级维度为因变量，进行OLS回归分析。在此之前，根据研究需要，对分析中使用的变量进行赋值，赋值情况如表3-5所示。

表3-5　变量的赋值

| 变量 | 变量类型 | 赋值 |
|---|---|---|
| 性别 | 定类变量 | 1=男；0=女 |
| 年龄 | 定序变量 | 17—25 |
| 民族 | 定类变量 | 1=汉族；0=少数民族 |
| 学校类型 | 定类变量 | 0=三本院校；1=二本院校；2=一本院校；3=985院校 |
| 政治面貌 | 定序变量 | 0=非共产党员；1=共产党员 |
| 是否独生 | 定类变量 | 0=是；1=否 |
| 户口类型 | 定类变量 | 0=农业户口；1=非农业户口 |
| 家庭经济状况 | 定序变量 | 0=非常低；1=比较低；2=中等偏下；3=中等；4=中等偏上；5=比较高；6=非常高 |

1）大学生社会心态一级维度的OLS回归分析

以被试的人口学统计变量为自变量，分别以社会认知、社会情绪、社会价值观和社会行为倾向为因变量进行OLS回归分析，结果如表3-6所示。

表3-6　大学生社会心态一级维度的OLS回归模型（N=995）

| 变量 | 模型1 | | 模型2 | | 模型3 | | 模型4 | |
|---|---|---|---|---|---|---|---|---|
| | β | 标准误 | β | 标准误 | β | 标准误 | β | 标准误 |
| 性别（参照组：女性） | 0.046 | 0.038 | −0.024 | 0.022 | −0.032 | 0.031 | 0.09** | 0.034 |
| 年龄 | −0.003 | 0.012 | −0.02** | 0.007 | −0.003 | 0.001 | −0.045*** | 0.011 |
| 民族 | −0.058 | 0.041 | −0.026 | 0.024 | −0.048 | 0.033 | 0.027 | 0.037 |
| 学校类型（参照组：三本） | 0.045* | 0.019 | 0.021 | 0.011 | −0.001 | 0.016 | 0.024 | 0.017 |
| 政治面貌 | 0.045 | 0.063 | 0.195*** | 0.037 | 0.229*** | 0.052 | 0.171** | 0.056 |
| 是否独生 | 0.084 | 0.045 | 0.002 | 0.026 | −0.054 | 0.036 | 0.011 | 0.04 |
| 户口类型 | 0.058 | 0.044 | −0.001 | 0.026 | −0.005 | 0.036 | 0.043 | 0.039 |
| 家庭经济状况 | −0.017 | 0.015 | −0.019* | 0.009 | −0.029* | 0.012 | −0.022 | 0.013 |
| 常数项 | 2.366*** | 0.287 | 3.742*** | 0.168 | 3.06*** | — | 3.782*** | — |
| Adjusted R² | 0.015 | — | 0.048 | — | 0.041 | — | 0.042 | — |
| F值 | 3.831 | — | 6.055 | — | 5.162 | — | 5.278 | — |

注：*表示p<0.05，**表示p<0.01，***表示p<0.001。

模型1是以社会认知为因变量的OLS回归分析。结果表明，被试的学校类型对被试的社会认知产生了显著的正向预测效应（β=0.045，p<0.05），所上学校越好，被试的社会认知越趋于积极。

模型2是以社会情绪为因变量的OLS回归分析。结果表明，被试的年龄对社会情绪有显著的负向预测效应（β=-0.02，p<0.01），被试年龄越大，情绪越趋于负面；被试的政治面貌对社会情绪有显著的正向预测效应（β=0.195，p<0.001），共产党员被试比非共产党员被试的社会情绪更加积极；被试的家庭经济状况对其社会情绪有显著的负向预测效应（β=-0.019，p<0.05），被试的家庭经济水平越差，社会情绪越趋于消极。

模型3是以社会价值观为因变量的OLS回归分析。结果表明，被试的政治面貌对其社会价值观有显著的正向预测效应（β=0.229，p<0.001），共产党员被试比非共产党员被试具有更加正向的社会价值观；被试的家庭经济状况对其社会价值观有显著的负向预测效应（β=-0.029，p<0.05），被试的家庭经济水平越差，社会价值观就越趋于负面。

模型4是以社会行为倾向为因变量的OLS回归分析。结果表明，被试的性别对社会行为倾向有显著的正向预测效应（β=0.09，p<0.01），男性比女性更倾向于关注社会问题、建立社会关系、参与社会建设；年龄对社会行为倾向有显著的负向预测效应（β=-0.045，p<0.05），年龄越小的被试越倾向于关注社会问题、建立社会关系、参与社会建设；被试的政治面貌对其社会行为倾向有显著的正向预测效应（β=0.171，p<0.01），共产党员被试比非共产党员被试更倾向于关注社会问题、建立社会关系、参与社会建设。

基于一级维度的OLS回归分析结果表明：第一，共产党员被试比非共产党员被试具有更加积极的社会情绪、社会价值观，更倾向于关注社会问题，建立社会关系，参与社会建设；第二，家庭经济水平越高的被试社会情绪和社会价值观越积极；第三，年龄越大的被试社会情绪越趋于消极，越不愿关注社会问题，建立社会关系，参与社会建设；第四，男性比女性更倾向于关注社会问题，建立社会关系，参与社会建设；第五，所上学校越好，被试的社会认知越积极；第六，被试的民族类型、是否为独生子女和户口类型对四个一级维度没有显著的影响效应。

2）大学生社会心态二级维度的OLS回归分析

以被试的人口学统计变量为自变量，分别以社会认同、社会信任等12个二级维度为因变量进行OLS回归分析，结果如表3-7所示。

多变量视角的大学生学习心理机制研究

表3-7 大学生社会心态二级维度的OLS回归模型（N=995）

| 变量 | 模型5 | | 模型6 | | 模型7 | | 模型8 | |
|---|---|---|---|---|---|---|---|---|
| | β | 标准误 | β | 标准误 | β | 标准误 | β | 标准误 |
| 性别（参照组:女性） | 0.032 | 0.052 | 0.114* | 0.054 | −0.041 | 0.093 | 0.07 | 0.07 |
| 年龄 | −0.003 | 0.017 | 0.011 | 0.017 | 0.011 | 0.03 | −0.03 | 0.022 |
| 民族 | −0.04 | 0.056 | −0.053 | 0.058 | 0.004 | 0.101 | −0.131 | 0.076 |
| 学校类型（参照组:三本） | −0.013 | 0.026 | 0.034 | 0.027 | 0.095 | 0.047 | 0.063 | 0.035 |
| 政治面貌 | 0.085 | 0.086 | 0.248** | 0.089 | −0.136 | 0.154 | −0.016 | 0.116 |
| 是否独生 | −0.108 | 0.061 | −0.097 | 0.063 | 0.163 | 0.109 | 0.379*** | 0.082 |
| 户口类型 | 0.028 | 0.06 | −0.068 | 0.063 | 0.118 | 0.108 | 0.051 | 0.081 |
| 家庭经济状况 | −0.024 | 0.02 | −0.023 | 0.021 | −0.024 | 0.036 | −0.037 | 0.027 |
| 常数项 | 4.044*** | 0.287 | 3.022*** | 0.168 | 2.477*** | — | 3.882*** | — |
| Adjusted $R^2$ | 0.007 | — | 0.019 | — | 0.011 | — | 0.034 | — |
| F值 | 3.799 | — | 2.313 | — | 2.329 | — | 4.201 | — |

| 变量 | 模型9 | | 模型10 | | 模型11 | | 模型12 | |
|---|---|---|---|---|---|---|---|---|
| | β | 标准误 | β | 标准误 | β | 标准误 | β | 标准误 |
| 性别（参照组:女性） | −0.029 | 0.042 | −0.043 | 0.05 | 0.001 | 0.04 | −0.048** | 0.054 |
| 年龄 | −0.048*** | 0.014 | −0.045** | 0.016 | 0.022 | 0.013 | 0.003 | 0.017 |
| 民族 | −0.053 | 0.046 | 0.109 | 0.054 | −0.094* | 0.043 | −0.057 | 0.058 |
| 学校类型（参照组:三本） | 0.052* | 0.021 | 0.076** | 0.025 | −0.046* | 0.02 | −0.096*** | 0.027 |
| 政治面貌 | 0.32*** | 0.07 | 0.317*** | 0.083 | −0.01 | 0.066 | 0.237** | 0.09 |
| 是否独生 | −0.16** | 0.05 | 0.092 | 0.059 | 0.107* | 0.047 | 0.153* | 0.063 |
| 户口类型 | −0.064 | 0.049 | −0.042 | 0.058 | 0.089 | 0.046 | 0.054 | 0.063 |
| 家庭经济状况 | 0.04* | 0.049 | 0.059** | 0.019 | 0.051** | 0.015 | −0.06** | 0.021 |
| 常数项 | 4.279*** | 0.287 | 4.241*** | 0.168 | 2.899*** | — | 2.15*** | — |
| Adjusted $R^2$ | 0.062 | — | 0.068 | — | 0.048 | — | 0.074 | — |
| F值 | 8.007 | — | 8.797 | — | 6.134 | — | 9.745 | — |

| 变量 | 模型13 | | 模型14 | | 模型15 | | 模型16 | |
|---|---|---|---|---|---|---|---|---|
| | β | 标准误 | β | 标准误 | β | 标准误 | β | 标准误 |
| 性别（参照组:女性） | −0.149** | 0.048 | 0.114* | 0.054 | 0.12** | 0.041 | 0.065 | 0.037 |
| 年龄 | −0.015 | 0.015 | 0.011 | 0.017 | −0.038** | 0.013 | −0.052*** | 0.012 |
| 民族 | −0.013 | 0.051 | −0.057 | 0.058 | 0.053 | 0.045 | 0.006 | 0.04 |

续表3-7

| 变量 | 模型9 | | 模型10 | | 模型11 | | 模型12 | |
|---|---|---|---|---|---|---|---|---|
| | β | 标准误 | β | 标准误 | β | 标准误 | β | 标准误 |
| 学校类型（参照组：三本） | 0.108*** | 0.024 | −0.002 | 0.027 | 0.016 | 0.021 | 0.03 | 0.019 |
| 政治面貌 | 0.077 | 0.079 | 0.372*** | 0.09 | 0.267*** | 0.069 | 0.075 | 0.062 |
| 是否独生 | −0.149** | 0.056 | −0.139 | 0.063 | 0.019 | 0.049 | 0.002 | 0.044 |
| 户口类型 | 0.042 | 0.055 | −0.063 | 0.063 | 0.05 | 0.048 | 0.037 | 0.043 |
| 家庭经济状况 | −0.014 | 0.018 | −0.012 | 0.021 | −0.026 | 0.016 | −0.019 | 0.014 |
| 常数项 | 3.825*** | 0.287 | 3.264*** | 0.168 | 3.37*** | — | 4.168 | — |
| Adjusted R² | 0.059 | — | 0.027 | — | 0.04 | — | 0.03 | — |
| F值 | 7.641 | — | 3.394 | — | 5.021 | — | 3.787 | — |

注：*表示 $p<0.05$，**表示 $p<0.01$，***表示 $p<0.001$。

模型5是以社会认同为因变量的OLS回归分析。结果表明被试的所有人口统计学变量对社会认同都没有显著的预测作用。

模型6是以社会信任为因变量的OLS回归分析。结果表明，被试的性别对社会信任有显著的正向预测效应（$\beta=0.114$，$p<0.05$），男性比女性的一般社会信任水平更高；被试的政治面貌对社会信任有显著的正向预测效应（$\beta=0.248$，$p<0.01$），共产党员被试比非共产党员被试具有更高水平的一般社会信任水平。

模型7是以社会安全为因变量的OLS回归分析。结果表明，被试的所有人口统计学变量对社会安全都没有显著的预测作用。

模型8是以社会公正为因变量的OLS回归分析。结果表明，被试是否为独生子女对社会公正有显著的正向预测效应（$\beta=0.379$，$p<0.001$），非独生子女比独生子女更倾向于认为社会总体上是公正的。

模型9是以乐观为因变量的OLS回归分析。结果表明，被试的年龄对乐观情绪有显著的负向预测效应（$\beta=-0.048$，$p<0.001$），年龄越小的被试越乐观；是否为独生子女对乐观情绪有显著的负向预测效应（$\beta=-0.16$，$p<0.01$），独生子女比非独生子女更乐观；被试的学校类型对乐观情绪有显著的正向预测效应（$\beta=0.052$，$p<0.05$），所上学校越好的被试越乐观；被试的政治面貌对乐观情绪有显著的正向预测效应（$\beta=0.32$，$p<0.001$），共

产党员被试比非共产党员被试更乐观；被试的家庭经济状况对乐观情绪有显著的正向预测效应（β=0.04，p<0.05），家庭经济水平越高的被试越乐观。

模型10是以自豪为因变量的OLS回归分析。结果表明，被试的年龄对自豪情绪有显著的负向预测效应（β=-0.045，p<0.01），年龄越小的被试有越多的自豪情绪；被试的学校类型对自豪情绪有显著的正向预测效应（β=0.076，p<0.01），所上学校越好的被试有越多的自豪情绪；被试的政治面貌对自豪情绪有显著的正向预测效应（β=0.317，p<0.001），共产党员被试比非共产党员被试有更多的自豪情绪；被试的家庭经济状况对自豪情绪有显著的正向预测效应（β=0.059，p<0.01），家庭经济水平越高的被试有更多的自豪情绪。

模型11是以冷漠为因变量的OLS回归分析。结果表明，被试的民族对冷漠情绪有显著的负向预测效应（β=-0.094，p<0.05），汉族比少数民族感到更多的社会冷漠；被试的学校类型对冷漠情绪有显著的负向预测效应（β=-0.046，p<0.05），所上学校越好的被试感到更多的社会冷漠；被试的是否为独生子女对冷漠情绪有显著的正向预测效应（β=0.107，p<0.05），独生子女比非独生子女感到更多的社会冷漠；被试的家庭经济状况对冷漠情绪有显著的正向预测效应（β=0.051，p<0.05），家庭经济水平越差的被试感到更多的社会冷漠。

模型12是以择业观为因变量的OLS回归分析。结果表明，被试的性别对择业观有显著的负向预测效应（β=-0.048，p<0.01），女性比男性有更低的择业标准；被试的学校类型对择业观有显著的负向预测效应（β=-0.096，p<0.001），所上学校越差的被试有更低的择业标准；被试的政治面貌对择业观有显著的正向预测效应（β=0.237，p<0.01），共产党员被试比非共产党员被试有更低的择业标准；是否为独生子女对择业观有显著的正向预测效应（β=0.153，p<0.05），非独生子女比独生子女具有更低的择业标准；被试的家庭经济地位对择业观有显著的负向预测效应（β=-0.06，p<0.01），家庭经济水平越差的被试有更低的择业标准。

模型13是以爱情观为因变量的OLS回归分析。结果表明，被试的性别对爱情观有显著的负向预测效应（β=-0.149，p<0.01），女性比男性有更

为积极的爱情观；被试的学校类型对爱情观有显著的正向预测效应（β=0.108，p＜0.001），所上学校越好的被试有更积极的爱情观；是否为独生子女对爱情观有显著的负向预测效应（β=-0.149，p＜0.01），独生子女比非独生子女有更为积极的爱情观。

模型14是以社会观为因变量的OLS回归分析。结果表明，被试的性别对社会观有显著的正向预测效应（β=0.114，p＜0.05），男性比女性更为关注国家和社会问题；被试的政治面貌对社会观有显著的正向预测效应（β=0.372，p＜0.001），共产党员被试比非共产党员被试更关注国家和社会问题。

模型15是以社会参与为因变量的OLS回归分析。结果表明，被试的性别对社会参与有显著的正向预测效应（β=0.114，p＜0.01），男性比女性更倾向于参与社会建设；被试的年龄对社会参与有显著的负向预测效应（β=-0.038，p＜0.05），年龄越小的被试越倾向于参与社会建设；被试的政治面貌对社会参与有显著的正向预测效应（β=0.267，p＜0.01），共产党员被试比非共产党员被试更倾向于参与社会建设。

模型16是以社会排斥为因变量的OLS回归分析。结果表明，被试的年龄对社会排斥有显著的负向预测效应（β=-0.052，p＜0.001），年龄越小的被试社会排斥水平越低。

基于二级维度的OLS回归分析结果表明：第一，男性被试比女性被试具有更高的一般社会信任水平，更高的择业标准，更消极的爱情观，更为关注国家和社会问题，也更倾向于参与社会建设；第二，年龄越大的被试越悲观，自豪情绪越少，越不愿意参与社会建设，出现更多的社会排斥行为；第三，汉族被试比少数民族被试感到更多的社会冷漠；第四，所上学校越好，被试越乐观，自豪情绪越多，越感到社会冷漠，择业标准越高，爱情观越积极；第五，共产党员被试比非共产党员被试具有更高的一般社会信任水平，更乐观，有更多的自豪情绪，择业标准更低，更关心国家和社会问题，更倾向于参与社会建设；第六，非独生子女被试比独生子女被试更悲观，更认为社会总体是公正的，更少感到社会冷漠，择业标准更低，爱情观更为消极；第七，非农业户口被试与农业户口被试之间没有显著差异；第八，被试的家庭经济水平越高就越乐观，自豪情绪越多，越少感到社会冷漠，择业标准越高。

## 五、结论与建议

通过对大学生社会心态的问卷调查和数据分析，得出如下结论：大学生社会心态整体呈现积极良好的特征，表现出正向的社会认知与社会情绪，高尚的人生价值观，以及较高的社会行动力。同时在社会安全感、社会信任感、功利心态等方面，大学生存在消极心态表现。培育大学生健康良好的社会心态，需要社会、学校、家庭以及个人等各个层面的共同努力。

### （一）大学生社会心态现状评述

#### 1.大学生社会心态的主要特点

（1）当前大学生社会心态良好，乐观、积极和健康为主旋律

根据对大学生社会心态的调查数据分析，可以得出结论，当代大学生的社会心态总体上是健康和积极向上的。在社会认知、社会情绪、社会价值观和社会行为倾向这四个关键领域，大学生们展现出了明显的正面和积极趋势。在更细化的12个二级维度上，大学生们也普遍呈现出不同程度的积极倾向。当前大学生社会心态总体积极，健康状况良好。

首先，总体来说，大学生普遍相信全面建成小康社会将带来更美好的生活，认为中国梦是全国人民的共同期盼，绝大部分学生都因自己是中国人而感到深深的自豪。他们理解，中国梦不仅是国家的梦想，也是每一个中国人的梦想。他们希望通过自己的努力，为实现中国梦贡献自己的力量。

其次，在社会层面上，大学生社会责任感较强，社会建设参与感较好。大学生普遍认为要遵守社会秩序，认为社会秩序是社会正常运行的基础，每个人都应该遵守法律和道德规范，尊重他人的权利和利益。另外，他们认为个人价值在于对社会的奉献，较关注社会正能量事件，容易受到社会正能量事件的鼓舞。他们也希望通过关注和学习社会正能量事件，以及个人努力，提高自己的道德素养和社会责任感，为社会的发展和进步作出贡献。

最后，在个人层面上，当代大学生展现出有理想、有担当、活力四射

和个性鲜明的特质。如在就业问题上，40.4%的人表示期望落户中西部地区以实现个人价值，多数学生选择职业时会兼顾薪酬和兴趣，48.4%的学生对创业有兴趣有想法。

（2）大学生社会心态消极因素日益凸显

整体而言，当前大学生社会心态是积极向上的，但是也存在一些消极因素。

第一，大学生社会不公平感较为强烈。在社会公平感这一维度上，大学生表现出消极趋向，51.7%的被试大学生认为当前的社会关系主要是利益关系，42.9%的被试大学生认为在中国社会中，关系比能力更重要。

第二，大学生社会信任感缺失。社会经济迅速发展，转型社会带来的冲击使得社会诚信下降，失信事件屡见不鲜，大学生难免受到影响。在社会情绪维度中，冷漠这个二级维度的调查数据表现出大学生对社会人与人之间信任感的降低态势。如41.2%的被试大学生认为法律无法保护自己的所有权益，14%的被试大学生倾向于不信任社会上大多数人，39.5%的被试大学生认为出门在外意外发生的概率较高。诚信是社会规则运行的保障，是社会道德的重要载体。建立诚信社会和诚信体系，对大学生社会心态建设意义重大。

第三，大学生功利心态增多。在当前的社会转型大背景下，多元文化交流密切，多元价值观碰撞激烈。大学生的思想意识和价值选择呈现分化趋势。越来越多的大学生盲目追求个人利益，个人主义盛行，政治和精神信仰缺失。有近三成大学生对社会和国家时事关注较少，参与热情不高，并且随着年龄增长，大学生社会参与度呈现下降趋势。24.2%的被试大学生认为是否对社会上的人施以援手，要以考虑自己的利益是否受损为前提。

（3）大学生社会心态的发展趋势呈现出矛盾性、多元性和时代性

第一，大学生社会心态表现出矛盾性的特点。大学生社会心态的矛盾性根源于复杂的社会现实背景——传统观念和现代思潮的冲击，东西方文化的交流碰撞，以及理想和现实之间的落差，大学生社会心态积极因素与消极表现并存将是转型时期大学生社会心态的主要现状。如大学生既对社会充满憧憬，又对社会充满焦虑；既有远大的抱负，又要考虑现实的限

制；社会参与的愿望既强烈又容易动摇等，均表现出矛盾的社会心态。

第二，大学生社会心态呈现多元化趋势。多元文化随着改革开放的加深涌入我国社会，对人们的生活方式、价值选择都产生了巨大影响。大学生的社会心态也不例外，呈现出多样性。如本科毕业后，46.4%的被试大学生选择继续深造，而53.6%的被试大学生选择就业，比例基本持平；就业选择上，28.1%的被试大学生表示只想从事与本专业相关的工作，34.7%的被试大学生则表示可以跨专业工作，56%的被试大学生倾向于选择政府机关或事业单位等较为稳定的工作单位。在对社会的看法，社会价值观的选择等方面，大学生也都表现出多样化的趋势。

第三，大学生社会心态时代特征明显。成长在转型时期的大学生，思想态度深植于当今社会发展变化的土壤中，被打上了这个时代的深刻烙印。大学生整体社会心态积极进取，适应社会发展，同时又对社会转型期出现的一系列矛盾和问题感到迷茫和失望。无论是浮躁、冷漠等社会情绪的表现，还是功利、自私等社会价值的选择，无一不受到社会环境的影响。同时，大学生社会心态开放、包容趋势明显，如61.3%的大学生认为婚前性行为是可以接受的。大学生社会心态的复杂性、多元性、包容性、矛盾性都是这个时代特征的显现。

**2.大学生社会心态的主要影响因素**

通过对问卷数据的综合分析，得出当前大学生社会心态受到不同因素的综合影响的结论。对影响因素进行探讨和分析，有助于把握大学生社会心态的时代特点，为社会心态的培育奠定基础。

第一，就社会层面来说，我国当前处于转型变革时期，经济社会迅速发展，改革开放不断深化，带来一系列社会思想的转变和冲击，对大学社会心态造成巨大影响，给当代大学生的社会心态打上了深深的时代烙印。一方面，大学生社会参与感提升，主人翁意识增强，公民态度日益鲜明有立场，大学生和当今时代一样开放而包容，社会心态总体积极健康。另一方面，大学生处于从学校向社会的过渡时期，也处于人格成熟的过渡时期，容易受到社会思潮的影响。社会上一些不良风气损害了大学生对社会的理想和期望，使大学生的社会心态表现出消极的一面。

第二，从信息传播层面来说，新兴传播方式的出现与网络新媒体的发展，使得公众有了更多表达自己观点和意愿的渠道。同时，由于信息传播的迅速性、广泛性、时效性和匿名性，网络热点在众多因素的推波助澜下，容易形成舆情事件。大学生对虚拟与现实之间的把控和判断直接影响其社会心态的表现，一方面，大学生接受海量的信息，将其纳入自己的认知和行为，另一方面，大学生通过各种各样的信息平台发表自己的观点。大众传播媒体的舆论导向是影响大学生社会心态的因素之一。

第三，就学校层面来说，高校日常思想政治教育和心理健康教育对大学生社会心态的影响巨大。多元价值观的冲击使得一部分大学生理想信念缺失，心理问题频出。高校思想政治教育对大学生的思想信念具有引导作用，心理健康教育有利于大学生健全人格的塑造。高校的整体办学层次、校园人文环境、校风学风，以及师长朋辈之间的互动模式，对大学生的社会心态都有影响作用。

第四，就家庭层面来说，家庭是人生的第一所学校，父母是人的第一任老师。数据分析表明，家庭经济条件越好的学生，就业期望就越高，社会心态就越趋向积极。家庭经济条件、家庭氛围等对大学生的社会心态有重要影响。除了经济条件，更重要的是父母的世界观、人生观和价值观，能对孩子产生潜移默化的影响。

第五，就个人层面来说，大学生个体性别、年龄、生源地等具体因素的不同，也导致了大学生具有不同的社会心态表现形式。如男、女生在社会参与上的差别，年龄越大的学生社会心态越趋向消极，城市生源和农村生源在未来期许和就业倾向上的显著不同。大学生的社会心态受到自身的成长、心理发展、认知模式、行为方式等各方面的影响。

由上可知，影响大学生社会心态的因素是复杂多样的，因此，要从个体到社会综合考虑，整体分析，才能把握大学生社会心态的实质，理解大学生社会心态变化发展的规律。

### （二）培育大学生积极良好的社会心态

#### 1.大学生积极社会心态的重要意义

（1）社会心态是社会变迁的重要表现形式

社会心态是指在社会环境中形成的个体和集体的心理状态，它反映了人们对社会现象的共同感受、价值观念和行为取向。社会心态的形成受到社会历史条件、文化传统、经济发展水平等多种因素的影响，并在一定程度上预示着社会发展的趋势。社会心态是社会变迁的重要表现形式，因为它不仅体现了社会成员对当前社会状况的认知和情感反应，而且揭示了他们对未来变化的期待和态度。

随着社会结构的变动、经济条件的变化和文化观念的演进，人们的思维方式、价值取向和行为模式也会相应地发生变化。这些变化反映在社会心态上，就表现为对社会问题的关注度、对公共政策的认同度，以及对未来发展的信心程度等。通过社会心态的表现和发展趋势可以看到社会发生了哪些变化，反过来，社会变化又对社会心态产生积极或消极的影响。

培育大学生积极的社会心态，有助于形成正向的推进社会发展进步的力量，对转型时期社会心态的总体发展有良好的促进作用。深刻理解和把握大学生的社会心态对于预测社会变迁的方向、制定相应的社会政策和引导公众舆论具有重要意义。通过深入研究社会心态，教育工作者可以更好地理解社会变革背后的心理动因，为构建和谐社会提供有力的心理支撑。

（2）社会心态是重要的社会心理资源

社会心态被视为一项重要的社会心理资源，原因在于它在塑造社会行为、促进社会凝聚力，以及推动社会发展方面发挥着核心作用。

一方面，社会心态影响着个体和集体的行为模式。当社会成员普遍持有积极向上、乐观进取的心态时，这种心态能够激发人们的创造力和生产力，促使社会成员投身于创新和劳动之中，从而推动社会经济的进步。相反，如果社会心态消极悲观，可能导致社会动力减弱，影响社会的稳定与发展。

另一方面，社会心态有助于形成共同的价值观念和社会规范。在一个健康的社会中，共享的心态可以促进社会成员间的相互理解和尊重，强化社会的凝聚力和向心力。这种共识有助于维护社会稳定，减少冲突和矛盾，为社会发展创造和谐的环境。

培育大学生积极良好的社会心态，有利于对大学生社会心态进行调控，形成社会合作与社会整合的正向力量，从而达到整合全体社会成员、实现社会和谐的目的。此外，良好的社会心态有利于提升国民的幸福感和生活质量。当大学生的社会心态健康、乐观时，更容易体验到满足感和幸福感，这反过来又能增强社会的活力和创造力，形成良性循环。

（3）社会心态研究趋向清晰和丰富

一方面，随着研究方法的不断完善，研究者可以更加精确和科学地测量和分析社会心态。另一方面，社会心态具有社会的本质属性，其复杂性、多维性和适应性要求其努力成为一个内涵丰富的研究领域。社会心态研究既要考虑到社会心态涵盖了个体和群体在特定社会情境下的认知、情感、态度和行为倾向（其中既包括对外部世界的看法，又包括了内在的情感体验和价值判断）；也要考虑到社会心态的形成受到多种因素，包括社会经济状况、文化背景、教育水平、大众媒体等的影响。这种复杂性使得对社会心态的研究需要综合运用多种理论和研究方法，从而使得研究内容更加丰富和深入。

通过社会心态的表现和变化预测社会发展的趋势和方向，通过社会心态资源的整合实现社会合作与整合，最终实现社会进步，是社会心态研究总的目标和方向。大学生作为未来社会群体的中坚力量，是祖国和民族的希望，培育大学生积极良好的社会心态是构建和谐社会的重要组成部分。

**2.培育大学生积极社会心态的举措和建议**

结合影响大学生社会心态的主要因素，笔者现对大学生积极良好社会心态的培育提出几点建议和措施：

第一，引导大学生树立正确的世界观、人生观和价值观，成为热爱祖国、充满理想、奋发向上的有为青年。从教育的环境来看，家庭教育是第一步，学校教育是中心环节，社会教育是有效途径。家风是民风、社风的根基，是社会和谐的基础。因此，要继续推进家风文明宣传，建设和谐家庭，为大学生社会心态培育提供健康摇篮。家长应该加强对孩子的教育，通过言传身教、以身作则等方式，引导孩子树立正确的世界观、人生观和价值观。学校应该营造积极向上、健康和谐的校园文化氛围，通过举办各种文化活动、社团活动等，引导学生积极参与社会实践，培养他们的社会责任感和集体荣誉感。社会各界应该加强对大学生的教育，通过举办各种公益活动、志愿服务活动等，引导大学生积极参与社会实践，培养他们的社会责任感和集体荣誉感。

从不同教育内容的地位来看，思想政治教育是核心工作，心理健康教育是中坚力量，劳动教育是精神源泉。政治面貌对社会心态在不同的维度上均有显著的正向预测效应，共产党员被试比非共产党员被试具有更高的一般社会信任水平，更高的社会参与度，以及更好的社会心态表现。学校应加强对大学生的思想政治教育，通过开设相关课程、组织讲座等方式，引导学生树立正确的世界观、人生观和价值观，同时要发挥学生党员的先锋模范作用，发挥党团支部的思想引领作用，建设思想育人的堡垒。高校应加强校园文化建设和人文素质教育，培育大学生的人文素养和科学精神。同时，高校应加强对学生的心理健康教育，通过开展心理咨询、心理辅导等活动，帮助学生解决心理问题，培养他们的心理素质和抗压能力。此外，还应加强对大学生的劳动教育，通过组织学生参加社会实践活动、志愿服务等活动，引导大学生树立正确的劳动观念和劳动态度，培养他们的劳动技能和劳动精神。

第二，发挥舆论的正确宣传和导向作用，传播社会正能量，引导社会新思想。从外部环境来看，媒体和社交平台应该提供真实、准确、全面的信息，帮助大学生了解国内外大事，理解社会动态，从而形成正确的社会认知。媒体和社交平台应鼓励理性的讨论和辩论，引导大学生用理性、平和的态度看待问题，避免极端和偏激的言论，大力宣传正能量人物和事件，树立积极的榜样，引导大学生向正面人物学习，形成良好的社会心态。政府和相关部门应该建立有效的网络监管机制，打击网络谣言和虚假信息，保护大学生免受网络欺诈和诈骗的侵害，加强舆论监督和信息监管，使大众传播媒介成为群众公平、正义发声的平台，成为促进良好社会风尚形成的平台。学校和家庭应该加强对大学生的网络素养教育，帮助他们提高信息识别和批判性思维能力，避免他们受到不良信息的误导。

从自我培养来看，坚守原则有利于构建个人特质，有利于个体根据自我的道德标准找到适合的社会群体。个体的心态是其和谐发展的关键，个人能够实现全面发展的目标需要以人的健康心态为基础。大学生进行自我舆论教育，需要从提高自身的信息辨识能力、批判性思维能力、价值观、社会实践参与度、利用专业资源和人际关系等方面着手，这些都是自我舆论教育和导向的重要组成部分。在互联网时代，信息量庞大且繁杂，大学生需要有意识地提高自己的信息辨识能力，学会区分信息的真伪，不轻信未经证实的内容，不盲目跟从，也不轻易否定，而是基于事实和逻辑进行分析。因此，大学生要注重自我检查和反省，吸纳积极健康的心态，避免和调节消极心态。

# 第二节　学习积极性变化及其影响因素

## 一、问题的提出

### （一）关注学生内部学习状态是高校提升人才培养质量的需要

高考是中国教育体系中的一个重要环节，它不仅是学生学习生涯的一个重要转折点，也是他们从高中到大学的重要过渡节点。在这个节点，学生将面临许多挑战和变化，包括外部学习环境的改变和内部学习状态的变化。

首先，外部学习环境的变化是显而易见的。从高中的紧张学习氛围到大学相对宽松的学习环境，学生需要适应新的学习方式和生活方式。这需要他们具备一定的自我管理能力，以及对新环境的适应能力。

其次，内部学习状态的变化虽然是难以观察的，但也是至关重要的。学习状态是学生在一定时期内学习表现的综合，包括学习积极性、学习效率、学习方法等多个方面。在这些方面中，学习积极性是最能反映学生学习状态的指标。然而，在实际的教育教学过程中，教师和家长往往更关注学生的学习成果，而忽视了学生的学习状态。这不仅可能导致学生学习的兴趣和动力下降，也可能影响他们的学习效果和成绩。因此，教师和家长需要关注学生的学习状态，特别是关注他们的学习积极性。教师和家长可以通过观察学生的学习行为，了解他们的学习需求，以及提供适当的学习支持，来提高学生的学习积极性。这样做不仅可以提高学生的学习效果，也可以帮助他们更好地适应从高中到大学的学习转变，从而达成更好的学业成就。

自1999年高校扩招以来，我国高等教育规模不断扩大，越来越多的人有机会接受高等教育，为个人发展和社会进步提供了更多可能性。高等教育进入普及化阶段，高校的人才培养规模不断扩大，为我国高等教育的发展注入了强大的活力。我国高等教育在育人方式、办学模式、管理体制、保障机制等方面不断创新，致力于培养具有创新能力和实践能力的高素质人才。

然而，新的发展也向我们提出了新的挑战：如何在扩大规模的同时，确保人才培养的质量？答案是：优化教育资源配置。随着学生人数的增加，高校需要确保每个学生的教育资源，包括优质的师资、完善的教学设施等得到充分的保障。

首先，提升教师队伍的整体素质是保证教育质量的关键。高校应加大对教师的培训力度，提高他们的教学能力和研究水平，使他们能够更好地指导学生。其次，创新教学模式是提高教育质量的有效途径。高校可以尝试实施小班教学、个性化教学等新型教学模式，以满足不同学生的学习需求和特点。再次，建立健全质量监控体系是必不可少的。高校应加强对教学过程和教学质量的全程监控，及时发现和解决可能出现的问题。又次，拓展实践教学是提高学生实践能力的重要方式。高校可以与企事业单位合作，开展实习实训，让学生在实践中学习和成长。最后，强化学术研究是提高教育质量的重要手段。高校应鼓励教师和学生参与学术研究，不断提高学术水平，为学生提供更丰富的学术资源。

本科教育作为高等教育的基石，对于培养学生的综合素质、实践能力和创新精神具有不可替代的作用。只有扎实的本科教育，才能为学生未来发展打下坚实的基础。因此，教育部呼吁所有高校聚焦本科教育，确保其质量，这对于提升整个高等教育体系的人才培养质量至关重要。2019年，教育部继续发文强调，要深化本科教育教学制度改革，同时对高校本科教育教学管理提出了严格要求，以此来提升人才培养的水平。文件特别提到，要推进思想政治教育改革创新，加强师德师风建设，严格教育教学管理，淘汰"水课"，加大过程考核成绩在课程总成绩中的比重，严把考试和毕业出口关，坚决取消"清考"制度。

在探讨如何提升人才培养质量的问题时，教育工作者通常将注意力集中在提高教育教学质量和优化学习环境上，这些固然都是提升高校人才培养质量的重要方面。然而，要真正实现高等教育的内涵式发展，教育工作者还需要关注学生个体内部的学习状态。学生的学习状态包括他们对学习的兴趣、动机、态度，以及学习习惯和方法等，这些都是影响学业成就的关键因素，更是提升人才培养质量不可忽视的重要方面。

本研究以教育衔接过程中大学生学习积极性变化为切入点，探讨从高中到大学的衔接过程中大学生的学习积极性是否发生了变化，以及发生了怎样的变化。本研究的目标是引导高校做好高中至大学阶段的教育衔接工作，从而有效提升人才培养的质量。

在研究过程中，笔者发现，学生的学习积极性是影响他们学习效果的重要因素。学生的学习积极性不仅会影响他们的学习成绩，也会影响到他们对学习的态度和热情。因此，教师需要关注学生的学习积极性，帮助他们形成良好的学习品质。总的来说，提升人才培养质量需要教师从多个角度进行考虑和努力，包括提高教育教学质量、优化学习环境，以及关注学生个体内部的学习状态等，从而帮助他们形成良好的学习品质。只有这样，才能真正实现高等教育的内涵式发展，提升人才培养的质量。

**（二）全面振兴本科教育教学改革**

近几年来，为改变高校部分大学生"混日子"的现状，教育部发文强调，各高校要严格把控学生的学习、实习、毕业等各个环节，全面提升教育教学质量，让学生真正学有所获。

让学生"忙起来"意味着高校需要提供更多的学习机会和挑战，这包括提供更多的课程选择，让学生有机会探索他们的兴趣和激情；也包括提供更多的实践机会，让学生有机会将他们在课堂上学到的知识应用到实际生活中。让学生"忙起来"也意味着高校需要提供更多的学习支持和帮助，这包括提供更多的学习资源，如图书馆、在线课程等；也包括提供更多的学习服务，如学习辅导、心理咨询等。让学生"忙起来"还意味着高校需要提供更多的激励和奖励，这包括提供更多的奖学金，以奖励那些取得优秀成绩的学生；也包括提供更多的展示机会，让学生有机会展示他们的学习成果和能力。

教育部和高校对教育教学质量的严格要求，在一定程度上可以促使大学生更加勤奋地学习。然而，也必须面对一个深层次的问题：尽管国家对高校教育教学质量和学生学习质量的要求不断提高，一些大学生在进入大学后的学习积极性却似乎在迅速下降。潜伏在这一现象背后的深层原因是什么？是大学学习与高中相比，在自主性、学习方法和评估体系上都有所不同，部分学生可能不适应这种转变，还是现代社会的多元选择和快节奏生活分散了学生的注意力，使得他们难以专注于学习，又或是网络和社交媒体的普及影响了大学生的学习效率？

为了解这些问题，本研究将对从高中到大学的教育衔接过程中大学生学习积极性的变化进行深入探讨，并分析总结其背后的原因。希望这项研究能为提升高校教育教学质量提供一些有益的启示。

### （三）不同学习阶段中衔接主体意识不足

高中与大学教育衔接问题一直是教育领域讨论的热点，它不仅关系到学生的顺利过渡，还影响到整个教育体系的连贯性和有效性。在高中时期，学生们以高考为目标，通过上课、完成作业和考试来检验自己的学习成果。然而，进入大学后，紧张的学习模式被更为宽松和自由的氛围所取代。

实际上，新生们之所以会对大学的学习和生活感到无所适从，很大程度上是因为高中教育和大学教育之间存在着明显的"断裂"。首先，在课程衔接上，高中与大学在课程目标设置上存在断层，导致学生在知识和技能上的准备与大学的要求不匹配。其次，在教学内容上，高中与大学的教学内容编排缺乏系统性，造成知识传授的碎片化，不利于学生形成完整的知识体系。再次，在教育环境上，高中与大学的环境差异可能导致学生适应不良，影响学习效果。最后，高中与大学在培养目标、培养方式、课程体系、师资结构上有着显著的差异，这也使得学生在进入大学后需要对自己的学习目标、学习内容和学习方法进行相应的调整。所以，在高中与大学的衔接过程中，如果学生消极应对或转变不当，就很容易出现学习积极性下降、学习行为迟缓、学习成绩不达标等问题。

近年来，多所高校纷纷清退部分大学生的现象，已经让教育研究者意识到，促进学生从高中到大学阶段学习状态的积极转变迫在眉睫。然而，目前的高中教育和大学教育似乎都对此关注不足。高中时期，家长和教师常常向学生灌输的"上了大学就轻松了"的观念，看似是在安慰那些即将面临高考压力的学生，鼓励他们为了未来的自由和轻松而努力，但这句话却在不经意间传达了一个可能被误解的信息——大学是一个可以轻松度日的地方。直到进入大学，接触到真正的大学生活，学生才发现事实并非如此。

大学虽然提供了更多的自由和选择，但这并不意味着学习就会变得轻松。相反，大学的学习需要更高的自律能力和自我管理能力，需要学生主动寻找资源、积极参与讨论、独立思考和解决问题。首先，大学的学习往往更侧重于深度和广度，而不是像高中那样侧重于记忆和理解。其次，现行大学评价体系中期末考试成绩和绩点往往占据主导地位。过度依赖终结性评价，即期末考试，可能会导致学生只关注最终的考试成绩，而忽视了平时的学习和积累。最后，大学生学业能力考查中期中考试和平时成绩的权重相对较低，这使得它们在总评中的影响力有限，无法充分发挥对学生学习过程的监督和促进作用，"六十分万岁，少一分可惜，多一分浪费"的态度很大程度上害惨了那些刚刚迈入大学的新生。

本研究从高中与大学两阶段教育模式衔接的视角出发，关注衔接过程中大学生学习积极性的变化，以期引导中学教育和大学教育协同做好学段衔接中的教育引导工作。

## 二、文献回顾

在本研究的文献综述部分，笔者将重点回顾和总结关于"高中与大学教育衔接"和"大学生学习积极性"的相关研究成果，这将有助于进一步明确本研究的核心研究主题和研究目的，从而确保本研究能够沿着正确的方向进行。

### （一）高中与大学教育衔接的文献综述

#### 1.高中与大学教育衔接的概念界定

从国内仅有的相关研究来看，部分学者认为，高中与大学教育衔接应包括制度性衔接和内核性衔接两个方面。其中，制度性衔接指高中和大学通过制订相关的政策制度，以促进学生顺利适应从高中到大学的各种变化；内核性衔接则指实现高中与大学在人才培养目标、教育观念、课程教学等方面的一体化、系统性的设计，以推动两个教育阶段在学校组织内部核心教育层面上实现良性衔接为目的①。

另有部分学者认为，高中与大学的教育衔接应侧重于微观层面上的工作。比如，刘建中等人认为，高中与大学的教育衔接需注重在人才培养目标体系、教育教学内容等方面保持沟通、达成一致性②；綦春霞、周慧认为，中学与大学衔接应体现为两种教育模式在课程内容、教学方法等方面存在一致性③；张抗抗、胡扬洋认为，高中与大学的教育衔接应注重从课程、教学、教师等微观层面实现内涵式衔接，以顺应高等教育追求内涵式发展的趋势和要求④。

查阅外文文献可以发现，国外在表示"高中与大学的衔接"概念时最常使用的词汇是"articulation"，指"学生从高中到大学系统化的过渡过程中涉及的一系列程序和关系"⑤，最终目标是要促进不同学段课程上的有效衔接。

**2.我国高中与大学教育衔接的研究现状**

在高中与大学教育衔接研究方面，国内现有研究主要涉及以下五个主题：

（1）高中与大学教育衔接的问题与对策研究

张同喜、谈笑玲以某高校医学生为研究对象，指出当前中学教育与大学教育衔接过程中存在的具体问题，强调做好高中与大学的教育衔接工作至关重要⑥。王博闻从宏观和微观两个层面对高中与大

---

① 鲍威、李珊：《高中学习经历对大学生学术融入的影响——聚焦高中与大学的教育衔接》，《清华大学教育研究》2016年第6期，第59-71页。

② 刘建中、徐太水、王江然、王玉国：《论高等教育与基础教育的衔接》，《河北师范大学学报》(教育科学版)2004年第6期，第87-89页。

③ 綦春霞、周慧：《高中教育与大学教育的衔接:国际经验与本土实践》，《教育学报》2014年第4期，第26-33页。

④ 张抗抗、胡扬洋：《我国高等教育与基础教育内涵衔接研究》，《首都师范大学学报》(自然科学版)2017年第5期，第27-32页。

⑤ Denton L. Cook，"High School and College: Some Problems in Articulation," *The Clearing House: A Journal of Educational Strategies* 32, no.3(1957): 167-168.

⑥ 张同喜、谈笑玲：《对大学教育与中学教育衔接问题的分析》，《西北医学教育》2008年第4期，第644-645页。

学教育衔接过程中存在的问题进行具体分析，包含了教育管理、教育评价等多个方面①。赵晓霞、聂晓霞在总结中学教育与大学教育出现"断裂"现象的原因的基础上，提出自主学习是实现中学教育与大学教育良性衔接的重要方式，并给出了培养和强化自主学习方式的具体策略②。汤保梅分析了影响中学教育与大学教育有效衔接的因素，以及导致高中与大学衔接不力的主要原因，并提出加强高中与大学教育层面的统合机制，以提高不同学段衔接的水平③。慕向斌认为，中学与大学教育存在严重的脱节问题，进而从改善高中、大学各自教育培养模式的角度出发，提出一系列对策性建议，以实现高中与大学的良好衔接④。王锋、张宇庆分析总结了实现中高中与大学有效衔接的创新性对策，并对大学如何参与高中教育改革提出了具体建议⑤。陈国华对我国高中与大学教育衔接的现状进行了归纳总结，提出需要各组织的共同参与，合力促成高中与大学的良性衔接⑥。

（2）高中与大学教育衔接和大学生适应性研究

中学和大学之间的教育衔接如同接力赛，要在跑动中接棒。胡保卫认为，面对大学新的学习、生活和管理环境，众多大学生束手无策。他提出，高中与大学管理模式缺乏连续性是导致大学生难以适应大学生活的重要原因。他倡导开展始业教育以促进高中与大学的良好衔接，帮助大学生

① 王博闻：《我国基础教育与高等教育衔接问题研究》，《高教研究与实践》2011年第4期，第7-10页。

② 赵晓霞、聂晓霞：《自主学习：衔接中学教育与大学教育的有效方式》，《现代大学教育》2012年第5期，第100-103页。

③ 汤保梅：《高等教育和基础教育衔接不力的问题及对策思考》，《教育与职业》2013年第9期，第173-174页。

④ 慕向斌：《基础教育与高等教育的有效衔接分析》，《教育与职业》2014年第3期，第22-24页。

⑤ 王锋、张宇庆：《创新人才培养模式，加强大学中学衔接》，《中国高等教育》2015年第18期，第44-46页。

⑥ 陈国华：《高中与大学衔接的现状反思与改进路径》，《当代教育科学》2016年第6期，第3-6页。

顺利适应从高中到大学的转变[1]。

黄兆信、李远煦的研究从大学生自身发展的需要出发，提出针对性措施以改善高中与大学教育衔接不力的问题，比如，高中要培养并加强学生对新环境的适应能力，大学要适时加强教育引导以帮助大学生尽快适应大学生活等[2]。

吕晓萌通过实证研究发现大学生对所学专业的总体满意度不高、对大学的生活环境适应不良、自我管理意识不足等问题，故提出增强高中与大学的沟通交流、强化高中与大学教育衔接中的制度建设等措施，以促进学生实现从高中到大学的顺利过渡[3]。

邵伊雯从学校等多个主体出发，提出具体的措施以促成学生实现从中学到大学的过渡[4]。该研究认为，高中与大学教育衔接不畅通是导致大学生适应困难的主要原因，并通过实证研究发现学生个体进入大学后存在专业认同感不高、学习的主体意识淡薄、人际交往能力较弱、独立意识不强、时间管理能力不足等问题，指出大学生自身并不能积极主动地处理好高中到大学的角色转换。

（3）高中与大学教育衔接的对立面——教育"断裂"

在各学段的教育衔接中，高中与大学教育衔接的矛盾尤为突出。国内有部分学者对高中与大学教育衔接的对立面——教育"断裂"现象开展研究，这部分研究大多遵循"原因—对策"的分析框架。

周金鸿通过定量研究调查分析高中与大学在知识体系方面存在的"断裂"现象，据此提出一系列建议以促进高中与大学在知识学习体系上的良

---

① 胡保卫:《大学新生始业教育:实现大学与中学教育的衔接》,《黑龙江高教研究》2003年第1期,第106-108页。

② 黄兆信、李远煦:《大学新生适应性问题研究——从高中与大学衔接的视角》,《中国高教研究》2010年第5期,第83-85页。

③ 吕晓萌《高中与大学教育有效衔接的策略研究——基于大学生适应性问题的调查分析》,《教育现代化》2016年第37期,第327-329页。

④ 王锋、张宇庆:《创新人才培养模式,加强大学中学衔接》,《中国高等教育》2015年第18期,第44-46页。

好衔接①。傅建球、张瑜对高中与大学教育"断裂"的表现进行总结归纳，在此基础上，综合分析造成教育"断裂"现象的原因，最后提出需要学校、政府、社会多方共同努力来实现高中与大学教育的有效衔接②。乔连全、李玲玲从分析高中与大学教育"断裂"现象的原因和探索教育衔接策略的视角出发，运用比较研究的方法，对中美两国中学与大学教育衔接的现状进行梳理，以获取有益经验，以期帮助我国高中与大学教育实现良性衔接③。杨柳梳理总结了高中与大学衔接过程中存在的"断裂"现象与问题，并为解决教育"断裂"问题、实现中学与大学教育融合提出了具体的建议措施④。

综合上述学者们的观点可知，高中与大学教育的断裂问题是旧题新谈，到底旧题有没有新解，新解能否真正落地，还一直在摸索当中。不能否定近些年来诸多学者大量的研究和实践，他们试图通过改革高中教育体制、优化课程设置、改进教学方法等措施来缩小高中教育与大学教育之间的差距。同时，他们也呼吁大学教育更加关注学生的个性化需求，提供更加灵活多样的教学方式和评价方式。另外，研究者也要接受教育的本质是一项漫长且复杂深刻的社会活动，受到诸多因素的影响，需要不断地探索和实践，才能找到真正有效的解决方案。

---

① 周金鸿:《从中学到大学知识学习体系的断裂与衔接》,硕士学位论文,山东大学,2007,第71页。

② 傅建球、张瑜:《中等与高等教育体系的断裂与衔接问题研究》,《现代远距离教育》2010年第1期,第35-37页。

③ 乔连全、李玲玲:《中美比较:中学与大学衔接断裂的原因及对策》,《江苏高教》2011年第5期,第80-82页。

④ 杨柳:《从断裂到融合:中学教育与大学教育关系研究》,硕士学位论文,湖南科技大学,2017,第25-30页。

（4）高中与大学在课程教学和思政教育上的衔接

高中与大学之间的课程教学衔接研究涉及化学①、物理②、数学③等多门具体课程。其中，高中与大学在课程教学和思政教育上的衔接研究是微观层面上中学与大学教育衔接研究的重点内容。在思想政治教育衔接研究方面，近几年来高中与大学思想政治教育衔接研究成果稳中有升，主要涉及德育衔接研究④、制约思想政治教育有效衔接的归因研究⑤、实现思想政治教育有效衔接的路径研究⑥、思想政治课程教学衔接研究⑦等内容。

无论是大学阶段的思政课，还是中学阶段的政治课，根本上一致的是课程教学的目的指向。思政课教师的职责特殊，在教学中起着主导作用，不同学段的思政课教师均应该拓宽知识视野，努力达成衔接共识，同时寻求衔接路径。

（5）国内外高中与大学教育衔接的经验比较研究

我国有部分学者注重从国际比较视角出发，结合我国中学与大学教育衔接的实际情况，提出相应的对策性建议。王喜娟对美国高中与大学衔接过程中的双学分课程开展研究，希冀为改善我国中学与大学学段衔接不良问题提供新的启示⑧。綦春霞、周慧在剖析国际预科教育类型的基础上，

---

① 苏凌浩、王秀霞、孔祥平：《浅议中学化学与大学化学的知识衔接》，《教育现代化》2017年第40期，第265-268页。

② 肖文波、张华明：《微探中学与大学在物理教学中的区别与衔接》，《物理与工程》2018年第A1期，第47-50页。

③ 张艳：《大学数学与中学数学教学衔接的研究》，《教育现代化》2020年第52期，第190-192页。

④ 胡昂：《大学与中学德育衔接性研究》，《中国教育学刊》2009年第7期，第42-44页。

⑤ 李铁：《大学与高中思想政治教育衔接问题的研究》，《教育探索》2011年第6期，第132-134页。

⑥ 陈燕浩、付有能：《论加强高中与大学思想政治教育衔接的途径》，《中学政治教学参考》2013年第21期，第68-70页。

⑦ 赵利娟：《高中与大学思政课一体化的有效衔接》，《思想政治课教学》2020年第3期，第13-15页。

⑧ 王喜娟：《美国高中与大学衔接模式之双学分课程探究》，《外国教育研究》2006年第10期，第1-6页。

结合中国高中与大学教育衔接的现状，提出预科教育发展的本土化路径①。龚雪、余秀兰对美国中学与大学教育衔接的经验进行归纳总结，为我国高等教育与基础教育的有效衔接提供了有益的启示②。李娟、谢君婷对美国高校的招生制度变迁历史进行梳理总结③，苗学杰对英国大学招生考试制度进行研究④，以期对我国高校的招生制度改革提供有益的借鉴。杨奕枫、王晓东等人对美国高中与大学教育的衔接政策开展研究，总结其教育衔接政策变革过程中表现出的特色优势⑤，对其衔接过程中的人才培养政策进行简要梳理⑥，为我国高中与大学衔接过程中的政策制定与执行提供新的研究视角。饶从满、徐程成对日本中学与大学教育衔接的背景、现状及其存在的具体问题进行分析探讨⑦。吕光洙在对日本中学与大学教育衔接经验进行概括总结的基础上，进一步分析了日本中学与大学教育衔接改革存在的问题⑧。肖军、许迈进对德国中学与大学教育衔接的背景、策略及其特点进行分析⑨，并以洪堡大学为案例，对德国中学与大

① 綦春霞、周慧：《高中教育与大学教育的衔接：国际经验与本土实践》，《教育学报》2014年第4期，第26-33页。

② 龚雪、余秀兰：《美国高中与大学衔接的经验及对我国的启示》，《教育科学》2015年第1期，第90-96页。

③ 李娟、谢君婷：《美国大学招生制度改革的历史变迁——中等教育与高等教育衔接的视角》，《外国教育研究》2015年第7期，第30-44页。

④ 苗学杰：《基于中等教育与高等教育衔接的英国大学招生考试制度探析》，《外国教育研究》2014年第12期，第56-66页。

⑤ 杨奕枫：《美国中学与大学衔接政策变革与特色研究》，《中国高教研究》2015年第2期，第69-74页。

⑥ 王晓东、范武邱：《美国中学与大学衔接培养学生的政策及执行》，《湖南师范大学教育科学学报》2017年第5期，第116-122页。

⑦ 饶从满、徐程成：《日本"高大衔接"中的"高大协同"：背景、现状与问题》，《外国教育研究》2014年第12期，第19-30页。

⑧ 吕光洙：《日本高大衔接改革：高中教育、大学教育、大学入学选拔为一体》，《外国教育研究》2015年10期，第24-33页。

⑨ 肖军、许迈进：《德国高中与大学教育衔接：背景、举措及特征》，《外国教育研究》2017年第11期，第82-93页。

学教育衔接的体制机制进行深入探讨①。张晓莉从中学与大学教育衔接的角度出发，对加拿大高校的入学政策进行研究②。

这一系列相关研究不仅关注了课程衔接的理论和实践意义，而且注重对高中实行的大学预科类课程开展研究，还深入分析了实施过程中可能遇到的实际问题，提出了相应的解决策略，这些研究对于优化我国高中与大学之间的课程衔接具有重要的参考价值。

### 3.国外高中与大学课程衔接的研究现状

（1）课程衔接实施的意义研究

课程衔接的实施对于教育体系构建具有深远的意义。在研究课程衔接实施的意义方面，道恩（Dawn）认为，深受欢迎的双学分课程不仅促进了高中与大学的有效衔接，而且促进了大学入学率的不断增长③。罗素（Russell）等人发现，参加并通过大学先修课程（Advanced Placement，AP）考试的学生在美国大学入学测验（American College Test，ACT）中能取得优异成绩，有利于增加学生的大学入学机会④。此外，罗素还通过定量研究验证了AP课程对学术知识学习的重要价值，研究表明，参加过AP课程的学生在学术方法掌握和运用方面的水平要显著优于没有参加过AP课程的学生⑤。苏西（Susie）通过案例研究发现，国际预科证书课程可以帮助学生们形成更广泛的世界观和国际化意识，同时该课程鼓励学生们积

---

① 许迈进 肖军：《建立高中教育与大学教育衔接机制——德国洪堡大学案例研究》，《比较教育研究》2017年第1期，第80-84页。

② 张晓莉《加拿大高等教育入学政策新动向——基于中等教育与高等教育衔接的视角》，《外国教育研究》2014年第12期，第67-76页。

③ Dawn Z. Hodges, "Dual-Enrollment Programs Bring Increased College Enrollments and Challenges," *Dean and Provost* 19, no.12(2018): 3.

④ Russell T. Warne, Ross Larsen, Braydon Anderson and Alyce J. Odasso, "The Impact of Participation in the Advanced Placement Program on Students' College Admissions Test Scores," *The Journal of Educational Research* 108, no.5(2015): 400-416.

⑤ Russell C. Warne, "Research on the Academic Benefits of the Advanced Placement Program: Taking Stock and Looking Forward," *SAGE Open* 7, no.1(2017): 2158-2440.

极参与社区实践，这可以增加学生们的实践管理经验①。另外，课程衔接还有助于教师的专业发展。当教师参与到衔接课程的设计和实施中时，他们需要不断更新自己的知识和技能，以便更好地指导学生。这种持续的专业发展对于提升教师队伍的整体素质有着积极的影响。

（2）课程衔接过程中的问题研究

在研究课程项目衔接过程中面临的问题与挑战方面，艾瑞卡（Erika）对美国佛罗里达州的双学分课程项目开展了案例研究，回顾了20年来该州在课程实施方面的资金激励政策，认为在实施双学分课程的过程中出现了资金结构低效使用的问题，双学分课程项目的供资环境有待改善②。

道格拉斯（Douglas）和布兰登（Brandon）等人的研究聚焦于AP课程，这是一种为高中生设计的课程，旨在让他们在大学之前就能接触到更高级别的课程内容。这项研究涵盖了AP课程的教育理念、教学效果、对学生未来学术成就的影响等多个方面。研究表明，AP课程在农村学校的实施效果较差③，具体表现为，农村学校的AP课程考试参与率与通过率远远低于城市学校，农村学校AP课程的低利用率问题亟待解决④。AP课程对于那些来自教育资源较少地区的学生尤其有益，因为它提供了一个平等的平台，让所有的学生都有机会接触到更高级别的学术内容。通过这些课程，学生们可以提前适应大学级别的学术挑战，并在未来的学术和职业生涯中取得成功。

安妮莎（Anisah）等人认为，国际预科证书课程对教师的教学水平、学生的学习能力，以及课程的规划和评估等方面提出了挑战，进而提出一

---

① Susie Belal, "Participating in the International Baccalaureate Diploma Programme: Developing International Mindedness and Engagement with Local Communities," *Journal of Research in International Education* 16, no.1(2017): 18–35.

② Erika L. Hunt, "Dual Funding for Dual Enrollment: An Inducement or an Impediment?" *Community College Journal of Research and Practice* 31, no.11(2007): 863–881.

③ Brandon LeBeau, Susan G. Assouline, Ann Lupkowski-Shoplik and Duhita Mahatmya, "The Advanced Placement Program in Rural Schools: Equalizing Opportunity," *Roeper ReView* 42, no.3(2020): 192–205.

④ Douglas J. Gagnon, Marybeth J. Mattingly, "Advanced Placement and Rural Schools," *Journal of Advanced Academics* 27, no.4(2016): 266–284.

系列建议以指导后期的课程衔接工作[①]。

## 二、大学生学习积极性的文献综述

### 1.大学生学习积极性的概念界定

《心理学大辞典》中对"积极性"的解释是"进取向上、努力工作的思想和表现"。著名心理学家林崇德教授认为,"学习积极性"涉及学习心理的有关领域,主要是指"主体在学习活动中表现出来的一种积极的心理状态"[②]。

目前,国内有部分学者赞同"学习积极性是一种心理状态"的观点,即认为学习积极性主要是一种内在的学习力量,意指个体在开展学习活动的过程中所表现出的自觉的、带有主观能动倾向的心理状态[③]。也有部分学者认为学习积极性是一种外在的行为表现,如闫丽英认为,学习积极性反映了学生的学习需求,是学生外在学习行为的体现[④]。

国外学者并没有对"Active Learning"(积极学习)给出具体清晰的概念界定,仅有的部分研究认为学习积极性是一个非常广泛的概念,它通常不是一个简单的学习上的概念,而是一个教学概念,积极学习倡导的是以学生为中心,通过指导性教学方法让学生积极参与的学习过程[⑥]。由此

① Anisah Dickson, Laura B. Perry, Susan Ledger, "Impacts of International Baccalaureate Programmes on Teaching and Learning: A Review of the Literature," *Journal of Research in International Education* 17, no.3(2018): 240-261.

② 林崇德 杨治良、黄希庭主编《心理学大辞典》(上卷),上海教育出版社,2003,第30-104页。

③ 刘荣军《大学生学习积极性现状调查及对策研究》,《教育与职业》2008年第33期,第191-192页。

④ 闫丽英《影响大学生学习积极性因素的调查分析与对策》,《晋中学院学报》2006年第2期,第74-77页。

⑤ Susanna Hartikainen, Heta Rintala, Laura Pylväs and Petri Nokelainen, "The Concept of Active Learning and the Measurement of Learning Outcomes: A Review of Research in Engineering Higher Education," *Education Sciences* 9, no.4(2019): 276.

⑥ Chien-Da Huang, Hsu-Min Tseng, Chang-Chyi Jenq and Liang-Shiou Ou, "Active Learning of Medical Students in Taiwan: A Realist Evaluation," *BMC Medical Education* 20, no.1(2020): 5-32.

可见，在界定学习积极性概念时，国外研究既强调学生的主观能动性，也注重教师的教学指导作用。迈克尔（Michael）认为，学习积极性应包含"学生个体自觉主动地去学""教师通过构建良好的学习环境并实施教学，促进学生的主动学习"这两个方面的内容①。尼尔姆斯（Nelms）也认为有必要强化教师的教学指导，这在一定程度上将有益于提高学生学习的主动性②。

总的来说，尽管学习积极性在教育研究中是一个重要的概念，但国内外目前关于学习积极性的概念研究相对较少。现有的研究中对学习积极性的内涵界定往往轻描淡写，这使得学习积极性的概念尚不清晰。

在本研究中，笔者基于国内外学者关于学习积极性的概念阐释，将"大学生学习积极性"这一概念定义为：大学生从事学习活动时，在学习心理和学习行为方面表现出的一种积极主动的心理品质。这一定义强调了学习积极性不光是一种外在的行为表现，更是一种内在的心理状态，它反映了大学生在学习过程中的主动性和积极性。这个定义的提出，旨在为后续的研究提供一个明确的方向，同时也希望能够通过对其定义的明晰推动对学习积极性概念的进一步研究和探讨。相信对学习积极性概念的深入研究和理解，可以使研究者更好地理解和把握大学生的学习行为和心理状态，从而提供更有效的教育和教学策略。

### 2.学习积极性与其他相关概念的辨析

心理学家黄希庭教授认为，学习动机是"激励个体的学习活动朝向一定学习目标的内部心理状态"③。在心理学中，学习动力是指推动个体开展学习活动的力量，是由个体的价值观、非智力因素，以及有助于开展学习活动的各种外部环境因素等共同组成的。其中，个体的非智力因素是学

① Joel Michael, "Faculty Perceptions About Barriers to Active Learning," *College Teaching* 55, no.2(2007): 42-47.

② Gerald Nelms, "Can Transcendentalist Romanticism Save Education? In Search of an Active Learning Countertradition," *Pedagogy* 4, no.3(2004): 475-483.

③ 黄希庭主编《简明心理学辞典》，安徽人民出版社，2004，第452页。

习动力的核心，而在各种非智力因素之中，学习动机又处于核心地位①。由此可见，学习动力与学习动机之间是包含与被包含的关系，且学习动机是学习动力中最为核心的一个组成成分。

学习兴趣指学习者对未知的世界充满求知欲望或对学习活动表现出选择性注意的内在心向②。由学习兴趣的定义可知，学习兴趣是学生对特定学科或学习内容的积极态度和情感倾向，它驱使个体主动探索和深入学习相关知识。根据定义，学习兴趣的表现可以分为三个方面：第一，在认知方面，学习兴趣促使学生在学习过程中表现出高度的注意力和集中力，对所学内容产生好奇心和求知欲，愿意投入时间和精力去理解和掌握新知识。第二，在情感方面，学习兴趣使学生在学习活动中体验到愉悦感和满足感，对学习持有积极的情感态度，乐于接受挑战，并对学习成果抱有成就感。第三，在行为方面，学习兴趣激发学生积极参与学习活动，如主动提问、讨论问题、完成作业等的兴趣，同时，也会促使学生自主寻求学习资源和方法，进行自我驱动的学习。这三个方面相互关联，共同构成了学生学习兴趣的综合体现，在认知层面提供了学习的动力和方向，在情感层面增强了学习的持久性和深度，在行为层面则转化为具体的学习行动和成效。

**3.大学生学习积极性的研究现状**

从文献检索的结果来看，对于"学习积极性"的研究始于20世纪80年代，而关于"大学生学习积极性"的研究则在2000年以后呈现出上升趋势。总体上看，该主题下的研究内容重复度较高，高水平的研究相对较少。本部分将在综述国内外相关研究成果的基础上，重点关注大学生学习积极性的现状、影响因素，以及提高大学生学习积极性的实践对策，以期为相关领域的研究提供一些新的视角和思路。

（1）大学生学习积极性的现状调查研究

刘荣军对广东省部分高校的大学生开展问卷调查，发现部分大学生存在学习动机功利化、学习缺乏方向性等问题，基于对这些问题的分析，给

---

① 王云海、武丹丹、李峰：《影响大学生学习积极性的因素研究与对策分析》，《河南大学学报》（社会科学版）2006年第5期，第163-168页。

② 黄希庭主编《简明心理学辞典》，安徽人民出版社，2004，第455页。

出相应的对策①。曹姗通过调查部分大学生的学习状态，发现大学生总体学习积极性水平较高，但仍存在学习压力较大等问题②。

现实情况中，虽然大学生整体的学习意识较为充分，他们愿意投入时间和精力去掌握新知识，提升自己的能力，但是，其学习动机和学习质量仍然不尽如人意。

（2）大学生学习积极性的影响因素研究

随着社会的快速发展，社会价值观念的多元化，以及社会问题的增多对大学生的学习态度和动机产生了显著影响。20世纪80至90年代，国内关于大学生学习积极性的影响因素研究大多聚焦于心理学层面，思辨性较强。比如，刘春蕾等人从心理学层面出发，深入探讨了影响大学生学习积极性的因素③。

随着时间的推移，研究的焦点也在逐渐演变。早期的研究可能更多地关注于社会环境和个人心理层面的因素，而近期的研究开始更加注重教育实践层面的改革，如课程设计、教学方法的创新等，以期通过改善教育环境来提升学生的学习积极性。沈立峰等人以中国农业大学为例，对该校学生、教师、管理者分别开展调查，运用定量和定性相结合的研究方法，建立起大学生学习积极性影响因素的一般作用模式，且基于对此模式的分析给出提高大学生学习积极性的具体建议④。高庆飞等人认为，自身因素、学校因素、家庭因素是制约大学生学习积极性提高的主要因素，并从这三个因素出发，提出相应的对策性建议⑤。

总体来看，我国大学生学习积极性的影响因素研究在不断深化，研究

---

① 刘荣军：《大学生学习积极性现状调查及对策研究》，《教育与职业》2008年第33期，第191-192页。

② 曹姗：《大学生学习状况调查分析》，《北京教育》(德育)2016年第12期，第62-65页。

③ 刘春蕾、纪国和、于勇：《影响大学生学习积极性的心理因素及调适》，《吉林教育科学》1995年第5期，第55-56页。

④ 沈立峰、吴金环、张陈文：《影响大学生学习积极性的因素的调查分析与对策》，《中国农业教育》2003年第2期，第18-20页。

⑤ 高庆飞、张坤、李钧：《大学生学习积极性影响因素与对策研究》，《教育现代化》2020年第50期，第174-177页。

视角逐渐多样化，研究内容也更加丰富和细致。这不仅有助于研究者更好地理解大学生的学习行为和心理，也为提高大学生的学习积极性提供了有力的理论和实践支持。

（3）研究“学习积极性”的对立面——“学习倦怠”

有部分学者针对学习积极性的对立面——“学习倦怠”现象开展研究。学习积极与学习倦怠是学习态度的两个极端，学习积极性反映了学生对学习的热爱和投入程度，而学习倦怠则是这种积极性的缺失，表现为对学习活动的消极态度和学习行为的退缩。对该现象的研究主要涉及以下两点内容：

第一，通过定量研究方法，探析大学生学习倦怠与其他变量的关系。学习倦怠是一种复杂的心理状态，它可能由多种因素，包括但不限于长期的学业压力、缺乏兴趣或动力，以及对学习成果的期望与现实之间的落差引起。王建坤、刘怡婷、秦鹏飞等人分别探讨了学习倦怠与生活满意度[①]、压力性生活事件[②]、学生手机成瘾[③]等因素的关系。

第二，对大学生学习倦怠现象开展原因分析与措施对策类研究。大学生学习倦怠可能源于多方面的原因。一方面，可能源于学习压力大、课业负担重、休息时间不足等因素引起的生理和心理疲劳。另一方面，可能源于缺乏明确的学习目标、不恰当的学习方法，或是个人兴趣与所学专业不符等情况造成的心理和情感上的厌倦。田丽基于学习倦怠的概念，总结了致使大学生群体产生学习倦怠现象的成因，从而给出对应的建议[④]。沈丹等人从积极心理学的视角出发，对大学生学习倦怠问题产生的原因做出积极的阐释，并提出加强大学生对学习的积极情感体验、发现并挖掘大学生个体内在的积极心理品质等措施，以缓解大学生学习倦

① 王建坤、陈剑、郝秀娟、张平：《大学生学习倦怠对生活满意度的影响——领悟社会支持与心理资本的中介作用》，《中国心理卫生杂志》2018年第6期，第526–530页。

② 刘怡婷、叶宝娟、杨强：《压力性生活事件对大学生学习倦怠的影响：链式中介效应分析》，《中国临床心理学杂志》2019年第4期，第782–784页。

③ 秦鹏飞、赵守盈、李大林、黄昕明、刘国庆：《压力知觉对大学生手机成瘾的影响：自我控制和学习倦怠的序列中介效应》，《心理科学》2020年第5期，第1111–1116页。

④ 田丽：《大学生的学习倦怠述评》，《社会心理科学》2013年第1期，第3–6页。

怠问题①。宋乃庆等人以西南地区部分高校在读本科生为样本开展学习状况调查，发现被试大学生总体上表现出较为明显的学习倦怠问题，因而从学生、教师、学院、学校等方面给出一系列措施，以缓解目前部分大学生学习倦怠的现象②。

为了预防和减轻学习倦怠，研究者们大都建议大学生树立正确的学习态度，积极面对学习压力。例如，可以调整学习计划，将复杂的学习任务分解成小步骤，避免一次性承担过多任务。又如，鼓励大学生学会倾诉，与家人、朋友或老师交流，寻求支持和帮助。

## 三、研究设计与成果

### （一）研究设计

#### 1.研究对象

本研究以某大学全日制在读本科生为研究对象，采取网络调查和纸质问卷填答相结合的形式开展随机抽样调查。此次调查共回收问卷2219份，剔除无效问卷199份，得到有效问卷2020份，问卷有效率约为91.03%。

#### 2.研究工具

（1）研究方法

本课题使用的研究方法包括文献研究法、问卷调查法和访谈调查法。

（2）问卷维度编制

问卷编制的意义在于它是收集数据和信息的重要手段，被广泛应用于市场调研、社会研究、心理学调查等多个领域。一份精心设计的问卷能够有效地测量出研究者所关注的变量，为进一步的数据分析和理论建构提供坚实的基础。

本研究问卷各维度确立的标准主要有相关性、独立性、完整性和可操作性，对问卷进行修订后，最终使用的大学生学习积极性变化状况调查问卷（正式版）框架如下：第一部分为研究对象的基本信息调查，包括性

---

① 沈丹、李思婷、肖帅军、张婷:《积极心理学视角下学习倦怠大学生的健康发展路径探析》,《中国健康教育》2019年第8期,第765-767页。

② 宋乃庆、谢婳姵:《本科生学习倦怠的现状及对策研究——以西南地区为例》,《中国大学教学》2019年第C1期,第93-97页。

别、年级等 0 个题项。第二部分为大学生学习积极性变化情况调查，主要针对大学生学习认知变化、学习情感变化和学习行为变化。

问卷的编制在大量文献阅读和理论分析的基础上，多次预试和修订，力求能够准确地反映大学生的学习积极性。本团队希望这个问卷能够为后续的研究提供有用的工具，同时也能够推动对学习积极性这一主题的进一步研究和探讨。

（3）访谈提纲编制

本研究还结合了访谈的方式进行研究。访谈提纲编制的意义在于它能够确保访谈过程的系统性和目的性。一份好的访谈提纲可以帮助访谈者明确访谈的目标和焦点，确保收集到的信息是相关的和有用的，还能够帮助访谈者预测可能的回答，准备后续的问题，从而提高访谈的效率和质量。

本研究的访谈提纲主要用于更深入地理解高中与大学教育衔接过程中大学生学习积极性变化这一主题。访谈提纲主要分为三个部分：第一部分，了解学生进入大学后的所见、所闻、所感。第二部分，了解学生从高中到大学的学习状态变化。第三部分，了解学生的自我管理能力、学生的同伴关系、学生对大学学习与生活的态度。

通过问卷与访谈相结合的方式，团队既可以获取大量的量化数据，也可以获取更深层次的理解。希望这种结合定量和定性研究的方法能够为本研究提供更全面、更深入的理解。

**（二）研究成果**

**1.大学生学习积极性变化的描述性分析**

本研究对总体样本的学习积极性变化情况和大学生学习积极性各维度变化情况进行描述性分析，以探究大学生学习积极性的具体变化情况。

（1）大学生学习积极性总体变化的描述性分析

被试大学生学习积极性变化的总体情况如表3-8所示。被试大学生在学习积极性总体变化上的均值为3.31分，整体上，进入大学后，被试大学生群体在学习方面表现出更高的积极性。此外，各维度均值得分从高到低排序依次是学习认知变化（3.60分）、学习行为变化（3.20分）、学习情感变化（3.10分）。

表3-8　大学生学习积极性变化的总体分析

| 问卷总体及各维度 | 样本量(N) | 均值(M) | 标准差(SD) |
|---|---|---|---|
| 学习积极性变化 | 2020 | 3.31 | 0.81 |
| 学习认知变化 | 2020 | 3.60 | 0.95 |
| 学习情感变化 | 2020 | 3.10 | 0.92 |
| 学习行为变化 | 2020 | 3.20 | 0.91 |

（2）大学生学习积极性变化各维度的描述性分析

在学习积极性变化的各维度中，学习认知变化表现为4个题项，分别是"和高中相比，现在我认为学习更加重要了（A1）""和高中相比，现在我的学习目标更加明确了（A2）""和高中相比，现在我的学习计划更加明确了（A3）"，以及"和高中相比，现在我更加重视学习成绩了（A4）"。

学习情感变化表现为3个题项，分别是"和高中相比，现在我更加能感受到学习带来的快乐（A5）""和高中相比，我对大学的学习感到更轻松了（A6）"，以及"和高中相比，现在我对学习更加自信了（A7）"。

学习行为变化表现为5个题项，分别是"和高中相比，现在我能更加坚持不懈地完成学习计划（A8）""和高中相比，现在在课堂上我学习的专注度更高了（A9）""和高中相比，现在，我能更加积极地参与课堂讨论（A10）""和高中相比，现在我能更加认真地对待课程作业（A11）"，以及"和高中相比，现在，课余时间我能更加合理地安排好学习（A12）"。对各维度下所设题项的描述性分析如表3-9所示。

表3-9　大学生学习积极性变化各维度的描述性分析

| 维度 | 题项 | 完全不符合 | 不太符合 | 一般符合 | 比较符合 | 完全符合 | 卡方 | p值 |
|---|---|---|---|---|---|---|---|---|
| 学习知识变化 | A1 | 69 (3.4%) | 116 (5.7%) | 436 (21.6%) | 674 (33.4%) | 725 (35.9%) | 921.124[a] | 0.000 |
| | A2 | 84 (4.2%) | 302 (14.9%) | 555 (27.5%) | 571 (28.3%) | 508 (25.1%) | 431.460[a] | 0.000 |
| | A3 | 103 (5.1%) | 355 (17.6%) | 588 (29.1%) | 572 (28.3%) | 402 (19.9%) | 383.876[a] | 0.000 |
| | A4 | 83 (4.1%) | 285 (14.1%) | 634 (31.4%) | 572 (28.3%) | 446 (22.1%) | 495.272[a] | 0.000 |
| 学习情感变化 | A5 | 86 (4.3%) | 315 (15.6%) | 642 (31.8%) | 562 (27.8%) | 415 (20.5%) | 472.213[a] | 0.000 |
| | A5 | 313 (15.5%) | 574 (28.4%) | 545 (27.0%) | 417 (20.6%) | 171 (8.5%) | 276.040[a] | 0.000 |
| | A7 | 127 (6.3%) | 498 (24.7%) | 720 (35.6%) | 429 (21.2%) | 246 (12.2%) | 522.302[a] | 0.000 |
| 学习行为变化 | A8 | 114 (5.7%) | 501 (24.8%) | 685 (33.9%) | 485 (24.0%) | 235 (11.6%) | 513.842[a] | 0.000 |
| | A9 | 125 (6.2%) | 470 (23.3%) | 704 (34.9%) | 506 (25.0%) | 215 (10.6%) | 540.401[a] | 0.000 |
| | A10 | 132 (6.5%) | 475 (23.5%) | 699 (34.6%) | 492 (24.4%) | 222 (11.0%) | 512.173[a] | 0.000 |
| | A11 | 107 (5.3%) | 313 (15.5%) | 659 (32.6%) | 639 (31.6%) | 302 (15.0%) | 562.238[a] | 0.000 |
| | A12 | 118 (5.9%) | 336 (16.6%) | 644 (31.9%) | 623 (30.8%) | 299 (14.8%) | 502.490[a] | 0.000 |

由表3-9可知：

首先，在学习认知变化维度上，69.3%的学生认为进入大学后学习更加重要了，53.4%的学生表示进入大学后自己的学习目标更加明确了，48.2%的学生表示进入大学后自己的学习计划更加明确了，50.4%的学生认为进入大学后自己更加重视学习成绩了。

其次，在学习情感变化维度上，48.3%的学生认为进入大学后自己更加能感受到学习的乐趣，29.1%的学生表示和高中相比，自己对大学的学习感到更加轻松，33.4%的学生认为进入大学后自己在学习方面更加自信了。

再次，在学习行为变化维度上，35.6%的学生表示进入大学后自己能够更加坚定、踏实地完成学习计划，35.6%的学生认为进入大学后自己能够更加认真听课、专注度更高，35.4%的学生表示上大学后自己能够更加主动积极地参与课堂话题讨论，46.6%的学生表示上大学后自己能够更加认真地对待各门课程作业，45.6%的学生表示进入大学后自己可以更加恰当地规划好课余学习时间。

**2.大学生学习积极性变化的差异性分析**

（1）大学生学习积极性变化在人口统计学变量上的差异性分析

首先对总体样本的学习积极性变化情况及其各维度进行人口统计学变量上的差异分析。

1）大学生学习积极性变化在性别变量上的差异分析

表3-10为大学生学习积极性变化在性别变量上的差异分析。由表可知，男生在学习积极性总体变化（p<0.01）、学习情感变化（p<0.001）、学习行为变化（p<0.05）等维度上的水平均值得分显著高于女生；男生在学习认知变化维度上的均值得分高于女生，但并没有表现出显著差异。

表3-10　大学生学习积极性变化在性别变量上的差异分析

| 问卷总体及各维度 | 性别 | 均值（M） | 标准差（SD） | T值 |
|---|---|---|---|---|
| 学习积极性变化 | 男（N=993） | 3.37 | 0.85 | 3.339** |
| | 女（N=1027） | 3.25 | 0.77 | |
| 学习认知变化 | 男（N=993） | 3.60 | 0.98 | 0.327 |
| | 女（N=1027） | 3.59 | 0.93 | |
| 学习情感变化 | 男（N=993） | 3.26 | 0.94 | 7.560*** |
| | 女（N=1027） | 2.95 | 0.87 | |
| 学习行为变化 | 男（N=993） | 3.25 | 0.96 | 2.349* |
| | 女（N=1027） | 3.15 | 0.87 | |

注：*表示 p<0.05，**表示 p<0.01，***表示 p<0.001。

2）大学生学习积极性变化在生源地变量上的差异分析

表3-11是大学生学习积极性变化在生源地变量上的差异分析。如表所示，来自城市的学生在学习积极性总体变化、学习认知变化维度上的水平显著高于来自于农村的学生（p<0.01），在学习情感变化、学习行为变化等维度上的水平也显著高于来自农村的学生（p<0.05）。

表3-11　大学生学习积极性变化在生源地变量上的差异分析

| 问卷总体及各维度 | 生源地 | 均值（M） | 标准差（SD） | T值 |
|---|---|---|---|---|
| 学习积极性变化 | 农村（N=1014） | 3.26 | 0.82 | -2.705** |
| | 城市（N=1006） | 3.36 | 0.80 | |
| 学习认知变化 | 农村（N=1014） | 3.54 | 0.95 | -2.854** |
| | 城市（N=1006） | 3.66 | 0.95 | |
| 学习情感变化 | 农村（N=1014） | 3.06 | 0.91 | -2.085* |
| | 城市（N=1006） | 3.15 | 0.92 | |
| 学习行为变化 | 农村（N=1014） | 3.16 | 0.92 | -2.135* |
| | 城市（N=1006） | 3.24 | 0.91 | |

注：*表示p<0.05，**表示p<0.01。

3）大学生学习积极性变化在年级变量上的差异分析

表3-12是大学生学习积极性变化在年级变量上的差异分析。由表得知，不同年级的学生在学习行为变化维度上具有显著差异（p<0.001），在学校积极性总体变化、学习情感变化等维度上也表现出显著差异（p<0.05），在学习认知变化维度上的差异不显著。

表3-12　大学生学习积极性变化在年级变量上的差异分析

| 问卷总体及各维度 | 大一（N=1040） | 大二（N=302） | 大三（N=330） | 大四（含大五）（N=348） | F值 |
|---|---|---|---|---|---|
| 学习积极性变化 | 3.31±0.79 | 3.31±0.87 | 3.40±0.85 | 3.20±0.77 | 3.636* |
| 学习认知变化 | 3.59±0.92 | 3.54±0.99 | 3.67±1.02 | 3.60±0.94 | 1.017 |
| 学习情感变化 | 3.05±0.93 | 3.17±0.97 | 3.21±0.90 | 3.11±0.83 | 3.173* |
| 学习行为变化 | 3.25±0.88 | 3.22±0.95 | 3.31±0.95 | 2.93±0.91 | 12.547*** |

注：*表示p<0.05，***表示p<0.001。

图3-1是不同年级学生学习积极性变化的均值得分图。如图所示，在

学习积极性总体变化维度上，大三学生的学习积极性变化水平得分最高，大四学生最低，四个年级的学生学习积极性总体变化得分水平排序依次为：大三＞大二＞大一＞大四。

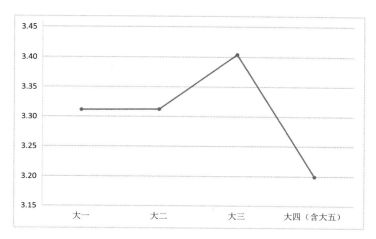

图3-1　不同年级学生学习积极性变化的均值得分图

表3-13是不同年级学生学习积极性变化差异的多重比较。如表所示，进一步通过LSD事后检验发现，大四学生在学习积极性总体变化维度上的水平均显著低于大一学生（$p<0.05$）、大三学生（$p<0.01$）。

表3-13　不同年级学生学习积极性变化差异的多重比较

| 年级（I） | 年级（J） | 均值差值<br>（I-J） | 标准错误 | 95% 置信区间 | |
|---|---|---|---|---|---|
| | | | | 下限 | 上限 |
| 大一 | 大二 | −0.00098 | 0.05302 | −0.1050 | 0.1030 |
| | 大三 | −0.09291 | 0.05124 | −0.1934 | 0.0076 |
| | 大四 | 0.11191* | 0.05023 | 0.0134 | 0.2104 |
| 大二 | 大一 | 0.00098 | 0.05302 | −0.1030 | 0.1050 |
| | 大三 | −0.09193 | 0.06459 | −0.2186 | 0.0347 |
| | 大四 | 0.11289 | 0.06378 | −0.0122 | 0.2380 |
| 大三 | 大一 | 0.09291 | 0.05124 | −0.0076 | 0.1934 |
| | 大二 | 0.09193 | 0.06459 | −0.0347 | 0.2186 |
| | 大四 | 0.20482* | 0.06232 | 0.0826 | 0.3270 |
| 大四 | 大一 | −0.11191* | 0.05023 | −0.2104 | −0.0134 |
| | 大二 | −0.11289 | 0.06378 | −0.2380 | 0.0122 |
| | 大三 | −0.20482* | 0.06232 | −0.3270 | −0.0826 |

注：*表示$p<0.05$。

从学习积极性变化的各维度来看，在学习认知变化维度上，大三＞大四＞大一＞大二，但四个年级间并没有表现出显著差异。在学习情感变化维度上，大三＞大二＞大四＞大一，且大一学生在学习情感变化维度上的得分水平显著低于大二学生（p＜0.05）、大三学生（p＜0.01）。在学习行为变化维度上，大三＞大一＞大二＞大四，且大四学生在学习行为变化维度上的得分水平显著低于大一、大二和大三的学生（p＜0.001）。四个年级在各维度上的变化趋势见图3-2。

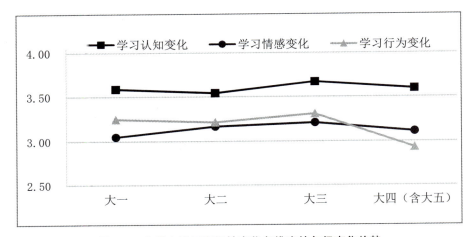

**图3-2　大学生学习积极性变化各维度的年级变化趋势**

4）大学生学习积极性变化在专业录取方式变量上的差异分析

表3-14是大学生学习积极性变化在专业录取方式变量上的差异分析。从表中可以看出，第一志愿录取的学生在学习积极性总体变化、学习情感变化、学习行为变化维度上的水平显著高于被调剂录取的学生（p＜0.001），第一志愿录取的学生在学习认知变化维度上的水平也显著高于被调剂录取的学生（p＜0.01）。

**表3-14　大学生学习积极性变化在专业录取方式变量上的差异分析**

| 问卷总体及各维度 | 所学专业录取方式 | 均值（M） | 标准差（SD） | T值 |
|---|---|---|---|---|
| 学习积极性变化 | 第一志愿录取（N=1438） | 3.35 | 0.81 | 4.041*** |
| | 被调剂录取（N=582） | 3.19 | 0.81 | |
| 学习认知变化 | 第一志愿录取（N=1438） | 3.64 | 0.94 | 3.312** |
| | 被调剂录取（N=582） | 3.49 | 0.97 | |

续表3-14

| 问卷总体及各维度 | 所学专业录取方式 | 均值（M） | 标准差（SD） | T值 |
|---|---|---|---|---|
| 学习情感变化 | 第一志愿录取（N=1438） | 3.15 | 0.92 | 3.698*** |
| | 被调剂录取（N=582） | 2.99 | 0.91 | |
| 学习行为变化 | 第一志愿录取（N=1438） | 3.25 | 0.92 | 3.628*** |
| | 被调剂录取（N=582） | 3.08 | 0.90 | |

注：**表示 $p < 0.01$，***表示 $p < 0.001$。

（2）大学生学习积极性变化在不同分组间的差异性分析

由上一部分可知，大学生学习积极性总体变化及其各维度存在群体间差异。在此基础上，为深入探究总体样本中大学生学习积极性变化的差异情况、更有针对性地提出对策性建议，笔者将分组探讨大学生学习积极性变化情况。

基于心理学数据处理中常用的高低分组标准，先计算2020个样本的总分，将总分按降序排列，随后确定总分排名中的前27%为学习积极性变化高分组（和高中相比，学习积极性有所提高），中间46%为学习积极性变化中间组（从高中到大学，学习积极性变化幅度较小，学习积极性相对稳定），后27%为学习积极性变化低分组（和高中相比，学习积极性有所降低）。为方便描述，以下分析中将三个组分别简称为高分组、中间组和低分组。

以分组为因子，以学习积极性变化的总表现为因变量，借助单因素方差分析来研究学习积极性总体变化在不同分组间的差异，得到表3-15。由表可知，三个不同分组在学习积极性总体变化维度上表现出显著差异（ $p < 0.001$ ）。

表3-15 学习积极性变化在不同分组间的差异性分析

| 学习积极性变化分组 | 样本量 | 平均值（M） | 标准差（SD） | F值 |
|---|---|---|---|---|
| 高分组 | 545 | 4.30 | 0.39 | 3928.993*** |
| 中间组 | 930 | 3.30 | 0.27 | |
| 低分组 | 545 | 2.33 | 0.47 | |

注：***表示 $p < 0.001$。

表3-16是不同组别间学习积极性变化差异的多重比较。如表所示，对不同组别间的大学生学习积极性变化差异进行事后检验发现，各组间均分差值都达到了0.05的显著性水平，表明学习积极性变化高分组、中间组、低分组两两之间在学习积极性总体变化维度上的差异显著。这既为前面对学习积极性变化进行分组提供了数据支撑，也为接下来分组进行相关和回归分析提供了依据，即重点讨论学习积极性变化高分组、低分组中各变量间的相关关系以及高、低分组中大学生学习积极性变化各自的影响因素。

另外，由于中间组被试学生上大学后的学习积极性变化较小，总体上学习积极性保持在一个较稳定的范围，对本研究中"学习积极性变化"的核心主题研究意义不大，因而接下来仅对学习积极性变化高分组和低分组进行变量间的相关分析以及回归分析。

表3-16　不同组别间学习积极性变化差异的多重比较

| 分组（I） | 分组（J） | 均值差值（I-J） | 标准错误 | 95%置信区间 | |
|---|---|---|---|---|---|
| | | | | 下限 | 上限 |
| 高分组 | 中间组 | 1.00230* | 0.01982 | 0.9634 | 1.0412 |
| | 低分组 | 1.97309* | 0.02226 | 1.9294 | 2.0167 |
| 中间组 | 高分组 | −1.00230* | 0.01982 | −1.0412 | −0.9634 |
| | 低分组 | 0.97079* | 0.01982 | 0.9319 | 1.0097 |
| 低分组 | 高分组 | −1.97309* | 0.02226 | −2.0167 | −1.9294 |
| | 中间组 | −0.97079* | 0.01982 | −1.0097 | −0.9319 |

注：*表示 $p < 0.05$。

### 3.大学生学习积极性变化与影响因素的回归分析

本部分主要探究大学生学习积极性变化高分组、低分组中学习积极性变化各维度与其影响因素之间的关系，以发现学段衔接过程中大学生学习积极性发生正向或负向变化的具体影响因素。

（1）学习积极性变化高分组各变量与影响因素的回归分析

高分组学习积极性总体变化与影响因素的回归分析如表3-17所示。在学习积极性变化高分组中，以学习积极性变化总表现为因变量，以学习积极性变化的各影响因素为自变量进行回归分析。

表3-17  高分组学习积极性变化与影响因素的回归分析

| 模型 | 变量 | 未标准化系数 | | 标准化系数Beta | T值 | R | R方 | 调整后R方 | R方变化量 |
| | | β | 标准误差 | | | | | | |
|---|---|---|---|---|---|---|---|---|---|
| 1 | 常量 | 2.998 | 0.113 | — | 26.478*** | 0.446ª | 0.199 | 0.197 | 0.199 |
| | 自身因素 | 0.303 | 0.026 | 0.446 | 11.611*** | | | | |
| 2 | 常量 | 2.712 | 0.121 | — | 22.449*** | 0.495ᵇ | 0.245 | 0.242 | 0.046 |
| | 自身因素 | 0.210 | 0.030 | 0.309 | 6.992*** | | | | |
| | 学校因素 | 0.162 | 0.028 | 0.254 | 5.746*** | | | | |
| 3 | 常量 | 2.671 | 0.121 | — | 22.134*** | 0.507ᶜ | 0.257 | 0.253 | 0.012 |
| | 自身因素 | 0.197 | 0.030 | 0.291 | 6.553*** | | | | |
| | 学校因素 | 0.122 | 0.031 | 0.191 | 3.933*** | | | | |
| | 社会因素 | 0.065 | 0.022 | 0.134 | 3.012** | | | | |

注：**表示p<0.01，***表示p<0.001。

由回归分析表可以发现：

在高分组中，自身因素、学校因素、社会因素均对学习积极性总体变化具有显著的正向预测作用，且依据引入不同自变量后的R方变化量可以看出，各因素对学习积极性变化的解释变异量排序依次为：自身因素＞学校因素＞社会因素。

模型1中引入自变量自身因素，得出自身因素对学习积极性总体变化的回归系数为0.303，T=11.611，p<0.001，反映了自身因素对学习积极性总体变化具有显著的正向预测作用。

模型2在模型1的基础上引入自变量学校因素，得出学校因素对学习积极性总体变化的回归系数为0.162，T=5.746，p<0.001，反映了学校因素对学习积极性总体变化具有显著的正向预测作用。

模型3在模型1、模型2的基础上引入自变量社会因素，得出社会因素对学习积极性总体变化的回归系数为0.065，T=3.012，p<0.01，反映了社会因素对学习积极性总体变化具有显著的正向预测作用。

在自变量同伴因素、家庭因素对因变量学习积极性总体变化的回归分析中，p值均大于0.05，反映了同伴因素、家庭因素对学习积极性变化的影响不显著。

（2）学习积极性变化低分组各变量与影响因素的回归分析

低分组学习积极性总体变化与影响因素的回归分析如表3-18所示。在学习积极性变化低分组中，以学习积极性变化总表现为因变量，以学习积极性变化的各影响因素为自变量进行回归分析。

表3-18　低分组学习积极性变化与影响因素的回归分析

| 模型 | 变量 | 未标准化系数 | | 标准化系数 Beta | T值 | R | R方 | 调整后R方 | R方变化量 |
|---|---|---|---|---|---|---|---|---|---|
| | | β | 标准误差 | | | | | | |
| 1 | 常量 | 1.988 | 0.082 | | 24.297*** | 0.181[a] | 0.033 | 0.031 | 0.033 |
| | 自身因素 | 0.096 | 0.022 | 0.181 | 4.289*** | | | | |

注：***表示 $p < 0.01$。

由回归分析表可以发现：

在低分组中，自身因素对学习积极性总体变化的回归系数为0.096，T=4.289，$p < 0.001$，反映了自身因素对学习积极性总体变化具有显著的正向预测作用。

在自变量同伴因素、学校因素、家庭因素、社会因素对因变量学习积极性总体变化的回归分析中，p值均大于0.05，反映了同伴因素、学校因素、家庭因素、社会因素对学习积极性总体变化的影响不显著。

**4.大学生学习积极性变化各变量间的相关分析**

（1）学习积极性变化高分组各变量间的相关分析

1）高分组学习积极性变化与人口统计学变量的相关分析

对高分组学习积极性变化及其各维度与人口统计学变量进行斯皮尔曼相关分析，得到表3-19。由表可知，在学习积极性变化高分组中，性别与学习认知变化呈显著正相关，与学习情感变化呈显著负相关；是否独生子女与学习积极性总体变化、学习情感变化呈显著负相关；生源地与学习认知变化呈显著正相关；年级与学习积极性总体变化、学习情感变化、学习行为变化均呈显著负相关；是否担任学生干部与学习认知变化、学习行为变化呈显著负相关；所学专业录取方式与学习行为变化呈显著正相关；专业选择原因与学习积极性总体变化、学习认知变化呈显著负相关；高中就读学校类型、所属学科类型、是否有过离家住校学习的经历等变量与学习积极性总体变化及其各维度之间的相关性不显著。

表3-19　高分组学习积极性变化与人口统计学变量的相关分析

| 变量 | 学习认知变化 | 学习情感变化 | 学习行为变化 | 学习积极性变化 |
|---|---|---|---|---|
| 性别 | 0.106* | −0.185** | −0.033 | −0.057 |
| 是否独生子女 | −0.075 | −0.104* | −0.052 | −0.103* |
| 生源地 | 0.096* | 0.048 | 0.021 | 0.070 |
| 高中就读学校类型 | −0.061 | −0.022 | −0.055 | −0.064 |
| 所属学科类型 | −0.066 | 0.013 | −0.062 | −0.055 |
| 年级 | −0.026 | −0.087* | −0.156** | −0.136** |
| 是否担任学生干部 | −0.107* | 0.043 | −0.104* | −0.082 |
| 所学专业录取方式 | −0.004 | 0.075 | 0.089* | 0.081 |
| 选择现在所学专业的原因 | −0.106* | −0.067 | −0.083 | −0.117** |
| 上大学之前是否有过离家住校学习的经历 | 0.029 | −0.078 | −0.067 | −0.060 |

注：*表示 $p < 0.05$，**表示 $p < 0.01$。

2）高分组学习积极性变化与影响因素的相关分析

对高分组学习积极性变化及其各维度与影响因素进行皮尔逊积差相关分析，得到表3-20。由表可知，在学习积极性变化高分组中，自身因素、学校因素、家庭因素、社会因素与学习积极性总体变化及其各维度均表现出显著正相关关系；同伴因素与学习积极性总体变化、学习情感变化、学习行为变化呈显著正相关。

表3-20 高分组学习积极性变化与影响因素的相关分析

| 影响因素 | 学习认知变化 | 学习情感变化 | 学习行为变化 | 学习积极性变化 |
|---|---|---|---|---|
| 自身因素 | 0.375** | 0.220** | 0.365** | 0.446** |
| 同伴因素 | 0.083 | 0.165** | 0.328** | 0.288** |
| 学校因素 | 0.286** | 0.223** | 0.379** | 0.420** |
| 家庭因素 | 0.197** | 0.163** | 0.314** | 0.324** |
| 社会因素 | 0.182** | 0.153** | 0.383** | 0.352** |

注：**表示 $p < 0.01$。

（2）学习积极性变化低分组各变量间的相关分析

1）低分组学习积极性变化与人口统计学变量的相关分析

对低分组学习积极性变化及其各维度与人口统计学变量进行斯皮尔曼相关分析，得到表3-21。由表可知，在学习积极性变化低分组中，性别与学习行为变化呈显著正相关；生源地与学习积极性总体变化、学习行为变化呈显著正相关；年级与学习行为变化呈显著负相关；是否独生子女、高中就读学校类型、所属学科类型、是否担任学生干部、所学专业录取方式、专业选择原因、是否有过离家住校学习的经历等变量与学习积极性总体变化及其各维度之间的相关性不显著。

表3-21 低分组学习积极性变化与人口统计学变量的相关分析

| 变量 | 学习认知变化 | 学习情感变化 | 学习行为变化 | 学习积极性变化 |
|---|---|---|---|---|
| 性别 | 0.073 | −0.048 | 0.086* | 0.067 |
| 是否独生子女 | −0.045 | −0.048 | 0.039 | −0.022 |
| 生源地 | 0.054 | 0.069 | 0.094* | 0.102* |
| 高中就读学校类型 | −0.005 | −0.016 | −0.064 | −0.041 |
| 所属学科类型 | 0.053 | 0.026 | −0.042 | 0.017 |
| 年级 | 0.037 | 0.075 | −.227** | −0.069 |
| 是否担任学生干部 | −0.017 | 0.019 | 0.005 | 0.000 |
| 所学专业录取方式 | 0.020 | 0.014 | 0.058 | 0.046 |
| 选择现在所学专业的原因 | −0.059 | −0.044 | −0.007 | −0.051 |
| 上大学之前是否有过离家住校学习的经历 | 0.021 | −0.021 | −0.026 | −0.009 |

注：*表示 $p < 0.05$，**表示 $p < 0.01$。

2）低分组学习积极性变化与影响因素的相关分析

对低分组学习积极性变化及其各维度与影响因素进行皮尔逊积差相关分析，得到表3-22。由表可知，在学习积极性变化低分组中，自身因素与学习积极性总体变化、学习认知变化、学习情感变化呈显著正相关；同伴因素、家庭因素与学习积极性总体变化、学习认知变化之间呈显著正相关；学校因素、社会因素与学习积极性总体变化、学习认知变化、学习行为变化呈显著正相关。

表3-22　低分组学习积极性变化与影响因素的相关分析

| 影响因素 | 学习认知变化 | 学习情感变化 | 学习行为变化 | 学习积极性变化 |
|---|---|---|---|---|
| 自身因素 | 0.212** | 0.088* | 0.067 | 0.181** |
| 同伴因素 | 0.146** | 0.036 | 0.081 | 0.134** |
| 学校因素 | 0.137** | 0.070 | 0.107* | 0.154** |
| 家庭因素 | 0.254** | 0.015 | 0.040 | 0.165** |
| 社会因素 | 0.130** | −0.014 | 0.099* | 0.117** |

注：*表示$p < 0.05$，**表示$p < 0.01$。

## 五、结论与建议

### （一）结论

从高中到大学，学生所处的外部环境和内部心理都会经历一系列的变化。这些变化既包括生活环境和学习方式的转变，也包括个人角色和自我认知的发展。

在外部环境方面，大学生通常离开家乡，前往新的城市甚至国家求学。他们面临着全新的社交圈，需要适应不同的文化背景和生活习惯。大学的教学模式也与高中有所不同，更加强调自主学习研究和批判性思维。此外，大学生还需要处理更加复杂的人际关系，这包括与同学、教授和导师的互动。

在内部心理方面，大学生的自我认知和角色定位也在发生变化。他们开始思考自己的未来职业规划，探索个人兴趣和激情所在。同时，大学生也面临着独立生活的压力，需要学会自我管理和情绪调节。在这个过程中，他们可能会遭遇到挫折，产生困惑，但这也是成长和成熟的机会。

因此，关注大学生群体的学习状态变化具有重要的意义。首先，大学生正处于人生的关键时期，他们的学习状态直接关系到他们的未来发展。对大学生学习状态及时关注，可以帮助他们及时发现和解决学习中的问题，提高学习效果，为未来的发展打下坚实的基础。其次，大学生是国家未来的栋梁之材，他们的学习状态直接影响到国家的未来发展。对大学生学习状态的关注，可以为国家和教育部门提供决策参考，从而制定更加科学合理的政策，促进教育事业的发展。最后，关注大学生学习状态的变化，也是关注他们的心理健康和生活质量的重要途径。通过对大学生学习状态的关注，学校与家长可以及时发现和解决他们面临的心理压力和困扰，帮助他们培养健康的生活方式和心态，促进他们的全面发展。

关注大学生群体的学习状态变化对于促进高等教育与基础教育的有效衔接具有重要意义。首先，通过对大学生学习状态的关注，高等教育机构可以发现基础教育阶段存在的问题和不足，从而为中小学教育提供反馈，帮助基础教育阶段改进教学方法、课程设置和学生评价体系，提高基础教育质量。其次，了解大学生的学习状态有助于高等教育机构更好地理解学生的需求和能力，从而制订出如设置适当的预备课程、提供必要的学术支持等更有效的衔接策略，以帮助学生顺利过渡到大学学习。最后，从长远的角度来看，关注大学生的学习状态变化有助于高等教育机构和基础教育机构共同制订长远的教育发展规划，实现教育资源的优化配置和教育质量的持续提升。

在本研究中，笔者从高中与大学教育衔接的视角出发，对大学生学习积极性变化状况及其影响因素进行深入分析。大学生的学习积极性可能会受到多种因素的影响，这些因素包括个人的学习能力、学习动机、自我管理能力、同伴关系、家庭环境等。这些因素可能会在不同的程度上影响大学生的学习积极性，从而导致他们的学习状态发生变化。总结上述研究，具体得出如下结论：

**1.大学生学习积极性总体表现出正向变化，各维度发展不平衡**

第一，大学生的学习积极性整体上表现出正向积极的变化，但是提升幅度不大，另外，有一部分学生的学习积极性发生了负向变化，即学习积极性降低。

尽管大学生普遍认识到学习的重要性，但由于社会环境的压力和影响，他们的学习动机可能变得更加现实和功利，这种浅层的学习动机可能限制学生学习积极性的显著提升。加之在现行的教育体制下，每一个学生的个性化教育需求不可能完全得到满足。这些因素都可能会影响学生的学习积极性。

第二，大学生学习积极性变化的各维度发展水平不平衡，学习认知变化得分最高，学习行为变化次之，学习情感变化得分最低。这说明大学生在学习认知方面的积极性较高，但在学习行为和学习情感方面可能存在一些问题。从研究结果看，应加强对大学生学习情感变化、学习行为变化的关注，促进其各维度的均衡发展。

学习情感变化涉及大学生对学习的态度和情感体验，比如对学习的兴趣、自信心和满足感。这些情感因素会影响学生的学习动力和持久性，进而影响他们的学习效果。如果大学生对学习持有积极的态度和情感，他们更有可能投入地学习，克服困难并取得好的成绩。相反，如果他们对学习持有消极的态度，可能会学习倦怠，甚至放弃学习。

学习行为变化涉及大学生的学习方式和习惯，如学习时间管理、学习策略选择和学习资源利用等，这些行为因素会影响大学生的学习效率和学习效果。如果大学生能够养成良好的学习习惯，采用有效的学习策略，合理安排学习时间，他们更有可能取得好的学习效果。相反，如果大学生的学习行为存在问题，比如拖延、缺乏自律等，可能会导致学习效果欠佳。

**2.大学生学习积极性变化及各维度水平存在群体间差异**

总结本部分研究数据可以发现，大学生学习积极性变化及各维度水平存在群体间差异，具体体现在三个方面：

第一，是否担任过学生干部对大学生的学习认知变化有显著影响。可能的原因是，担任过学生干部的学生有更多的机会参与学习和实践活动，这有助于提高他们的学习认知。

第二，性别、年级、是否为独生子女等因素对大学生的学习积极性总体变化、学习情感变化、学习行为变化等维度有显著影响。这可能是因为这些因素影响了学生的心理状态、生活环境和社交网络，从而影响了他们的学习积极性。

第三，专业录取方式、专业选择原因、生源地等因素对大学生的学习积极性总体变化及其各维度有显著影响。这可能是因为这些因素影响了学生的学习目标、学习动力和资源获取，从而影响了他们的学习积极性。

### （二）建议

基于对研究结果的讨论与总结，本研究现就促进高中与大学的有效衔接，以及提高大学生的学习积极性水平和学习适应能力，提出以下七点建议：

**1.学生应充分挖掘并培养自身有利因素，积极应对外部变化**

中学教育与大学教育在教育目标、学习内容、学习方式和学习条件等方面存在着显著的差异。首先，中学教育主要关注基础知识和技能的传授，大学教育则更注重专业知识和学术素养的培养。其次，中学教育主要着眼于分科课程的基础知识学习，大学教育则既注重专业知识的积累，又强调广博知识的涉猎。再次，中学教育主要是以班级为单位的集体学习，大学教育则要求学生具备较强的自主学习能力和自我管理能力。最后，中学的教育条件相对有限，学生主要通过教师的课堂传授获取知识，大学则提供丰富的学习资源，学生可以利用课余时间进行自主学习。

在当今这个快速变化的时代，大学生作为社会的新鲜血液和未来发展的中坚力量，面临着前所未有的机遇和挑战。为了充分挖掘并培养自身的有利因素，以积极的态度应对外部变化，大学生需要从多个方面着手，全面提升自我：

第一，明确自我认知与学习定位。一方面，大学生需要了解自己的兴趣和优势，通过自我反思、心理测试，以及向他人征询意见等方式，深入了解自己的兴趣所在和擅长的领域，这有助于他们明确未来的职业方向和个人发展目标。大学生还应基于对自我的认知，制订个人发展计划，包括短期和长期的学术目标、技能提升计划以及社交网络拓展等。另一方面，大学生应充分利用大学资源，深入学习专业课程，掌握扎实的理论基础和实践技能，同时还应关注行业动态和技术革新，不断更新知识体系。学校与家庭应鼓励学生探索不同领域的知识，拓宽视野，培养跨界思维和创新能力，鼓励学生通过参与科研项目、实习或兼职工作，将所学理论知识与实践相结合，提高其问题解决能力，积累工作经验。

第二，软技能培养和心理素质建设。学会有效表达自己和倾听他人对于团队合作、人际交往，以及未来职场发展至关重要。学生应积极参与团队项目，锻炼协作精神和领导能力，学会在团队中发挥自己的作用。还应合理安排时间，平衡学业、社交和个人生活，培养自律性和高效率的工作习惯。当大学生面对学业和人际关系压力，以及未来的不确定性时，需要学会调整心态，保持乐观和积极的心态，认识到情绪对于决策和行为的影响，学会合理表达和控制自己的情绪，同时建立自信，设定可实现的目标，并通过达成小目标来激励自己持续进步。

第三，社交网络构建和社会责任感培养。大学生应积极参加社团活动、学术研讨会和其他社交场合，结识志同道合的朋友和潜在的导师；通过社交媒体和专业论坛，扩大人际圈，获取更多的信息和资源；定期与同学、老师及行业内人士保持联系，分享经验，互相支持；关注社会问题，积极参与社会公益活动，关心社会发展和民生问题，培养责任感和公民意识；自觉提升道德修养，遵守法律法规，尊重他人，诚实守信，具备良好的道德品质。

第四，注重身体素质，培养健康的生活习惯。大学生正处于成长的关键时期，身体和心理健康直接影响到他们的学习和生活质量。健康的身体和良好的心理状态是完成学业、实现个人目标的基础。大学生的身体素质和健康习惯对他们未来的工作和生活有着深远的影响。在大学期间养成的健康习惯将会伴随他们一生，对他们的长期健康和福祉产生积极的影响。与此同时，大学生面临着如学业压力、人际关系压力、就业压力等各种压力的挑战，为了更好地应对这些压力和挑战，减少焦虑和抑郁等心理问题，保持良好的作息规律、坚持体育锻炼、保证充足的睡眠是关键。学生应学会放松，进行适当的休闲娱乐活动，保持心理平衡，还应学会灵活应对变化，对新环境和新挑战保持开放态度，快速适应新的学习和生活节奏。

第五，树立终身学习理念，提升全球竞争力。随着科技的快速发展和知识的不断更新，终身学习已成为适应现代社会发展的必要条件。树立终身学习理念，意味着需要意识到学习是一个持续的过程，不仅局限于大学阶段。大学生应养成自主学习的习惯，不断提升自我；提升语言能力，学习至少一门外语，提高自己的国际交流能力；争取参加国际交流项目，体验不同的文化，拓宽国际视野；参与国际竞赛或合作项目，提升自己的全球竞争力和跨文化交际能力。

**2. 积极利用社会性人力资源，获得有效的学业和职业支持**

在大学生活中，学生们可能会面临各种方面的挑战，如专业学习、人际交往和社会活动等。在这个过程中，学生们的心态和努力至关重要，积极向上的心态和行为方式可以帮助他们克服这些困难，适应从高中生到大学生的转变，并迅速投身于大学的专业学习中。

然而，除了学生自身的心态和努力外，外部资源的支持也是非常重要的。当学生在专业学习上遇到困难时，他们可以主动向教师寻求帮助，通过积极的沟通和交流，激发学习兴趣，扩大知识面，并重新确立大学期间的学习目标。这样，学生学习的信心和动力就会增强，学习积极性也会提高。

此外，同伴支持也是大学生获取社会支持的重要来源。已有研究发现，同伴支持对大学生的情绪适应[①]、行为适应、人际适应[②]等具有重要影响。在大学生活中，同学们的心态和行为习惯都会对大学生的学习状态产生一定的影响。

利用外部资源有助于大学生快速地成就自我，大学生可以通过多种方式利用社会性人力资源来进行学业成长和职业成长。其一，他们可以充分利用校友网络。校友网络是宝贵的资源，可以提供职业发展、实习机会和行业洞察等多方面的信息。通过参加校友会和校友活动，大学生可以加强与校友的联系和交流，为自己的学业和职业发展铺路。其二，大学生可以积极参与志愿服务、社区服务、实习等社会实践。这些活动可以让大学生直接接触到社会各个层面的人群，从中学习到书本上学不到的知识和经验，这对于他们的学业和职业发展都是非常有益的。其三，大学生可以利

① 王晓丹：《同伴支持对大学生情绪适应的影响》，硕士学位论文，河南大学，2020，第21-24页。

② 陈姝玉：《同伴支持对大学生人际适应的影响》，硕士学位论文，河南大学，2020，第28-30页。

用学校图书馆和网络资源来获取信息和知识。图书馆和网络是大学生获取信息和知识的宝贵资源。通过阅读书籍、查阅资料、参加在线课程等，大学生可以扩大知识面，提高自己的能力。教授、导师等专业人士都能通过外部环境给予学生丰厚的学习资源，这些专业人士的经验和智慧对于大学生的学业和职业发展都是非常有价值的。

总而言之，最成功的大学生往往是那些能够综合利用人力资源、学习资源和自我发展资源的人。学生应该不断寻求各种机会，积累经验，建立联系，提高自己的能力和素质。这将有助于他们在毕业后更好地应对职业挑战，实现自己的职业和生活目标。无论是在学术领域、社交领域还是个人兴趣爱好领域，充分利用三大资源都将为大学生带来更好的未来。大学生应该珍惜大学这段宝贵的时光，不断追求卓越，成就更好的自己。

### 3. 学校应加强教育引导工作，促成学段间的良性衔接

学校在高中与大学的教育衔接过程中发挥着至关重要的作用，中学教育与大学教育之间相互独立又互为制约[1]，两者应协同承担好学段衔接过程中的教育引导工作。

目前，中学教育与大学教育似乎处于"各司其职"的状态，彼此之间存在明显的"断裂"现象，引导学生从高中顺利过渡到大学是教育引导工作亟须加强的重点工作。本研究就学校的教育引导工作提出以下五点建议：

第一，加强入学教育工作。高中到大学的过渡意味着学生从相对封闭和结构化的中学环境进入到更为开放和自主的大学环境。大学和高中在教育目标、教学方法、课程安排、评价体系等方面存在显著差异，高中教育通常更侧重于基础知识的传授，而大学则强调批判性思维，以及独立研究和创新能力的培养。通过入学教育，学生可以了解到这些差异，并开始调整自己的学习策略和生活习惯以适应更高层次的教育要求。在大学中，学生将面临更多的选择和责任，包括选课、参与课外活动、寻找实习机会等。具体来看，对于初入大学的新生来说，熟悉大学的环境、规章制度、学习方法是进校的第一步。例如，学校应通过举办新生入学教育活动，让

---

[1] 乔连全、李玲玲：《中美比较：中学与大学衔接断裂的原因及对策》，《江苏高教》2011年第5期，第80-82页。

学生了解大学的学习模式、评估体系、图书馆的使用方法等。同时，学校可以邀请高年级的学生或者优秀毕业生分享他们的学习和生活经验，让新生们对未来的大学生活有更清晰的认识和规划。

第二，开展职业规划辅导。对大学生开展职业规划辅导的重要性不言而喻，它旨在协助学生探索自我认知，明晰职业目标，并为未来就业市场做好准备。职业规划辅导可以为学生提供丰富的职业信息、实用的决策工具和方法等，帮助学生了解自己的兴趣和优势，明确自己的职业目标和发展方向。同时，职业规划辅导可以提供相关的就业市场趋势、不同职业要求的信息等，帮助学生做出明智的职业选择。大学开展职业规划辅导对于帮助学生认识自我、了解职业世界、制订职业决策、制订行动计划，以及应对挑战都起到了至关重要的作用。通过职业规划辅导，学生能够更加自信和从容地迈向职业生涯的第一步，为实现个人职业理想奠定坚实基础。

第三，提供心理辅导服务。大学是学生们走向社会的"前哨站"，学生们在大学阶段需要学会面对生活中的各种挑战，处理生活中的各种问题。学校应帮助学生处理在学习、生活和社交等方面的压力和问题。面对各种挑战的过程可能会让一些学生感到迷茫、无助、焦虑，甚至产生抑郁等不良心理状态和心理问题。而及时有效的心理辅导能帮助学生建立健康的心理状态，提高他们的心理适应能力。

第四，与家庭、社会展开合作。大学应鼓励学生参加各种社会实践活动，如志愿服务、实习、课题研究等。通过这些活动，学生可以将在课堂上学到的知识应用到实际中，提高自己的实践能力和社会责任感。同时，大学应加强家校合作，与学生家长建立良好的合作关系，共同关注学生的成长和发展。例如，大学可以通过家访、家长会等方式，了解学生在高中的表现和需求，以便更好地提供个性化的教育和指导。此外，大学在课程设置上，应充分考虑高中教育的特点，避免课程内容重复，确保学生能够顺利过渡到大学。大学还应提供一些衔接课程，帮助学生在进入专业学习之前，打好必要的基础。

第五，开展教师培训。大学应开展教师培训，提高他们的教育教学能力，使他们能够更好地指导学生。大学应鼓励教师进行教育研究，以便发现和改进教育过程中的问题。

#### 4.严抓教学质量与外部环境支持，转变教育理念和教育方式

研究结果显示，虽然学段衔接中，大部分大学生的学习积极性呈现出正向积极的变化，但是，其提升幅度并不大，且仍然有一部分大学生在学习目标、自信心、计划执行力和时间管理等方面存在问题。因此，高校需要继续贯彻落实"严进严出"政策，严格把控教育教学质量，提高学生的学习质量。这种高标准、严要求的教育模式可以让学生感受到学习的压力，从而引导他们更加认真地学习专业知识，提高他们的主观能动性。

第一，严格把控教学质量。首先，高校需贯彻"严进严出"的政策要求，确保教育教学质量。这意味着，高校需要对学生的学习进行严格的监控和管理，以确保他们能够达到学校设定的学术标准。这包括定期的学业评估，以及对未达到标准的学生进行及时的干预和支持。此外，高校还需要提供高质量的教学资源，如优秀的教师队伍和先进的教学设施，以确保学生能够接受优质的教育。其次，高校需加强对学生学习质量的管理，提高学生专业学习的压力和动力。这意味着，高校需要为学生设立明确的学习目标和期望，使学生明白他们需要达到什么样的水平。同时，高校还需要提供足够的支持和资源，帮助学生实现这些目标，这包括提供个性化的学习指导，以及提供各种学习资源和工具，如在线课程、研究数据库等。

第二，优化外部环境。首先，高校应改进管理模式，实现高中与大学的有效衔接。这意味着，高校需要考虑到学生在高中时期的学习和生活经验，以便更好地帮助他们适应大学的生活。例如，高校可以设立新生引导项目，帮助学生了解大学的学习和生活方式，以及如何有效地管理自己的时间和资源。其次，高校应营造积极的学习氛围。这意味着，高校需要提供各种机会，让学生参与到各种学术活动中，如举办学科竞赛、主题沙龙等，以提高他们的学习兴趣和动力。这些活动不仅可以提高学生的学术能力，还可以帮助他们建立人际关系，提高社交技能。最后，高校应创新教学方式，增强课堂互动，激发学生内部学习动机。这意味着，高校需要采用各种教学方法，如小组讨论、案例研究、实验操作等以提高学生的参与度和积极性。同时，高校还需要鼓励教师与学生之间的互动，以便更好地理解学生的需求和困难，从而提供更有针对性的支持。

第三，关注学生的学习状态变化。首先，家长需要转变教育观念，以

对待成年人的方式对待自己的孩子。这意味着，家长需要尊重孩子的个性和独立性，允许他们有自己的想法和决定。同时，家长还需要理解孩子的成长和发展是一个复杂的过程，需要时间和耐心。其次，家长需要选择正确的教育方式，及时关注孩子的学习状态变化。这意味着，家长需要观察和了解孩子的学习习惯和兴趣，以便提供适当的支持和指导。例如，当家长发现孩子对某个学科特别感兴趣时，可以提供相关的书籍和资源，鼓励孩子深入学习。

第四，提高孩子的学校适应能力。首先，家长需要有意识地培养孩子适应新环境的能力。这意味着，家长需要鼓励孩子参加各种社交活动以提高他们的沟通和协作能力。同时，家长还需要教育孩子处理挫折和失败，以便他们在面对困难时能够保持积极和坚韧。其次，家长在注重孩子知识学习的同时，也应关注其综合能力的发展。这意味着，家长需要鼓励孩子参加各种实践活动，如科学实验、社区服务、艺术表演等，以提高他们的实践和创新能力。最后，家长还需要教育孩子管理自己的时间和资源，以便他们能够有效地平衡学习和休闲。

**5.发挥社会评价的正向激励作用，引导学生形成积极的就业期望**

在网络信息时代，正向的社会评价对大学生群体是一种外部的激励力量，对提高大学生的学习自信心有一定的积极作用。社会各界应做到如下几点，以引导学生形成积极的就业期望。

第一，建立公正公平的社会评价体系。社会评价体系应该公正公平，不偏袒任何一方，这样才能保证所有学生都有平等的机会展示自己的能力。公正公平的评价体系可以激励学生努力学习，提高自己的能力和素质，从而在就业市场上具有竞争力。另外，社会评价体系应该覆盖全面，不仅评价学生的学习成绩，还要评价学生的道德品质、创新能力、团队协作能力等。这样可以帮助学生发现自己的优点和不足，从而更好地规划自己的职业生涯。

第二，提供多元化的就业信息和咨询指导服务。社会应该提供多元化的就业信息，让学生了解各种职业的特点和要求，从而形成合理的就业期望。同时，社会也应该提供职业咨询和指导服务，帮助学生根据自己的兴趣和能力选择合适的职业。社会应该提供实习和实践的机会，让学生亲身体验各种职业，更准确地了解自己的职业兴趣和能力，从而帮助学生形成实际的就业期望，而不是仅仅停留在理论层面的想象上。

第三，倡导健康的就业观念。社会应该倡导健康的就业观念，让学生明白就业不仅是为了谋生，还是为了实现自我价值和社会价值。这样可以帮助学生形成长远的就业期望，而不仅是短期的利益追求。社会应该倡导平等的就业观念，让学生明白无论从事何种职业，只要能够为社会作出贡献，都是值得被尊重和赞扬的。这样可以帮助学生形成正确的就业期望，而不是盲目追求高薪和高社会地位的职业。

第四，大众媒体应该积极传播大学生社会参与的正面事件，发挥社会评价的正面激励作用。例如，可以宣传青年大学生扎根西部、甘于奉献的精神等。这些都有助于让大学生感受到自己的人生价值和社会价值，激发他们奋发向上、报效祖国的学习斗志，提高他们的学习主动性和自觉性。同时，学校也应该引导大学生树立正确的就业观念，正确看待大学生就业市场的现状，从而形成良好的就业预期。这可以在一定程度上激励大学生更加主动地投身于学习，形成积极的学习品质。

### 6. 构建家校合作机制，合力提升学生的学习适应能力

大学生的学习积极性是衡量他们学习适应性的一个重要指标。进入大学后，部分大学生的学习积极性下降，这可能与他们对待大学生活的态度和应对策略有关，也可能与高中和大学之间的衔接不畅，以及学校和家庭的教育引导不足有关。

因此，促进中学和大学的良性衔接，提高大学生的学习积极性和学习适应能力，是一个长期而复杂的系统工程，学校、家庭和社会都应当参与其中。学校应与家庭和社会保持紧密联系，建立家校合作机制，共同做好学段衔接的教育引导工作。高校应特别关注学生在学习情感和学习行为方面的变化，引导大学生明确"学习依然是大学的主旋律""奋斗是青春最亮丽的底色"等事实道理，激发他们的专业学习兴趣，培养他们对大学专业学习的积极情感体验，鼓励他们形成良好的学习行为习惯，提高他们的学习积极性，帮助他们顺利适应从高中到大学的过渡。

# 第四章
# 调研家庭

## 第一节　家庭教养方式与大学生学习的关系

### 一、问题的提出

#### （一）大学生群体的重要性和特殊性

在社会复杂的群体中，大学生之所以被视为社会中最特殊、最亮眼、最具代表性的群体之一，是因为他们在多个层面上扮演着至关重要的角色。首先，从年龄结构来看，大学生通常处于青年期，这是人生中充满理想和活力、思维活跃、学习能力最强的阶段。这个年龄段的人群对创新有着天然的敏感，对社会变革有着天然的推动欲望。其次，从教育背景来看，大学生享受了系统的高等教育，拥有较为丰富的知识储备和较高的文化素养。他们是知识的传播者和创造者，对于科学技术的发展和文化理念的更新起着至关重要的作用。同时，高等教育也培养了大学生独立思考和解决问题的能力，使他们能够更好地适应社会发展的需求。再次，从大学生的规模来看，全国各类高等教育在学人数总规模超四千万，这样庞大的大学生群体，其心理健康状况对于他们个人、高校和社会的影响都不容小觑。每一位大学生身后都代表着一个家庭，家庭又是社会的组成部分，是影响国家安定与和谐的重要因素，所以，大学生的心理健康状态可以在一定程度上反映社会的状态。

心理健康是个体身心健康的重要组成部分，是人格全面发展的基础，在青少年群体中作用尤为重要。随着社会的快速变革和教育的不断发展，青少年的心理健康问题越来越受到关注。现代社会快节奏、高度竞争的环境，以及科技，尤其是社交媒体的发展，都给青少年的心理发展带来了前所未有的挑战。

在学校教育模式方面，传统的应试教育往往只注重学生的学习成绩，而忽视了他们的心理健康和情感需求。这种教育模式可能导致学生承受巨大的学习压力，缺乏足够的情感支持，从而引发各种心理健康问题。在家庭教育观念方面，过去，家长可能更注重孩子的物质需求，而忽视了他们的情感发展和心理需求。现在，越来越多的家长开始意识到心理健康的重要性，但在实际操作中，由于缺乏科学的教育方法和正确的引导，有时反而可能加剧孩子的心理压力。青少年心理健康问题的低龄化趋势，确实需要更早地进行干预。早期干预可以帮助青少年更好地应对压力，提高他们的心理素质，预防心理问题的发生。

**（二）家庭功能是影响大学生心理健康的关键阵地**

维护大学生的心理健康需要从多方面入手，其中，家庭是学生的首要的成长环境。温馨和睦的家庭环境能够为大学生提供强大的心理支持，帮助他们更好地应对生活中的压力和挑战。相反，充满冲突和负面情绪的家庭环境可能导致大学生形成消极的生活态度，甚至可能导致其人格障碍的产生，对他们的心理健康产生负面影响。

第一，家庭教养方式。家庭教养方式对大学生的心理发展有着深远的影响。例如，过于严厉或溺爱的教养方式可能导致大学生产生焦虑、自卑等问题。理解、尊重的教育环境有助于培养大学生的自信心、自尊心和自立能力，这些都是支撑心理健康的重要素质。

第二，家庭功能的完整性。家庭功能的完整性也对大学生的心理健康有着显著影响，功能健全的家庭能够为大学生提供情感支持、角色模范和应对策略，帮助他们更好地应对生活中的挑战。相反，家庭功能的缺失可能导致大学生在应对压力时出现困难，进而影响其心理健康。国内外相关跟踪研究发现，不良的家庭关系、暴力的问题处理方式和过度的父母心理控制等来自家庭的坏影响在一定程度上会导致犯罪行为发生。

第三，家庭环境的质量和家庭结构的变化。家庭环境的质量和家庭结构的变化都会深刻影响学生心理健康的变动，充满爱和自由的家庭氛围有利于大学生的健康心理发展，而过于沉重或严格的家庭规则可能引发其心理问题。独生子女和多子女家庭的不同环境，也会影响大学生的心理健康。2021年《中华人民共和国家庭教育促进法》的出台为家庭教育提供了法律保障和方向指引，同时也为父母心理控制等研究领域带来了新的机遇和挑战。对该法案的深入研究，不仅可以丰富家庭教育研究理论，还能为家庭教育实践提供有力的科学支撑，促进青少年的健康全面发展。

家庭作为个体成长的最初环境，是个人心理发展的基石。因此，家庭教育中父母心理控制对于大学生情绪管理与人际适应必然有着相应的联系。探索三者的关系，以便更好地指导大学生心理健康工作，给予家庭教育相应的建议，是本研究的出发点之一。

## 二、文献回顾

### （一）国内相关研究综述

#### 1.父母心理控制

父母控制对孩子的成长过程和未来社会化的影响不容小觑。从以往研究来看，父母控制可以分为两个主要方面：父母心理控制和父母行为控制。这两者相辅相成，共同塑造孩子的性格和行为习惯。父母心理控制涉及情感、认知和价值观等方面，旨在培养孩子的独立性和自我调节能力。父母行为控制则更侧重于用日常生活中的具体行为规范，如按时完成作业、遵守规则等帮助孩子养成良好的行为习惯。

#### （1）父母控制

家长是孩子的第一任老师，是孩子最重要的老师，也是孩子终身的老师。不同的家庭教养方式在孩子成长与逐步社会化的过程中具有较大影响，但目前我国的家长在家庭教育方面的参与是严重缺失的。陈巍（2007）与杨慧芳（1997）发现，父母教养方式包括情感因子和抑制因子，情感因子主要涉及父母与孩子之间情感的交流和互动，而抑制因子则涉及父母对孩子的行为限制和规则制订。其中，父母在教育孩子过程中对其行为活动进行监督和规定的、较为稳定的行为方式被称为父母控制[1]。

陶沙对3—6岁孩童母亲的教养方式进行研究发现，不同类型的母亲教养方式对孩童的社会性发展有较大影响[2]。个体的一生要经历四个重要的生命场域：母亲的子宫、家庭、学校的教室和工作的职场，所以，母亲扮演着孩子成长最关键的引路人的角色。家庭是人生最重要的场所，是孩子成人、成才、成就的关键，母亲在教养孩子时应该把延展自然生命的长度放在最重要的位置，学会在保持健康生活方式的同时培养孩子的健康习惯。

（2）父母心理控制

在中国传统文化中，等级制度和儒家思想的深远影响使得家庭教育模式呈现出独有的特点。儒家思想强调孝顺和长幼有序，这为父母在孩子面前树立权威提供了理论基础。在这种文化背景下，子女往往被要求绝对服从家长的意愿，而家长则在家庭中享有至高无上的权威。

这种教育模式在一定程度上强化了父母心理控制的作用。父母通过自身的言行举止，向孩子传递出"孝子之养也，乐其心，不违其志"的观念，使孩子在心理上产生依赖和顺从。同时，父母也会利用各种手段来维护自己的权威地位，例如，惩罚、奖励或者情感操控等。这些做法能够在一定程度上保证家庭秩序的稳定，但也可能使孩子丧失独立能力和责任感。

（3）父母心理控制的内容

父母的心理控制可能对儿童的独立性发展产生阻碍。心理控制可能削弱儿童的自主性和自我效能感，使他们感到自己没有能力做出决定，或者担心自己的行为会让父母失望或生气。陈巍（2007）在研究中提到，心理控制的维度包括愧疚感的导向、情感支持、忽视、监管、理性指导、抑制性信息、鼓励独立、权威控制、贬低儿童、焦虑感引导、情感表达、家长

---

[1] 陈巍：《3—5岁儿童自主性与母亲心理控制水平的相关研究》，硕士学位论文，辽宁师范大学，2007，第51-64页。

[2] 陶沙、林磊：《3—6岁儿童母亲的教育方式及其影响因素的研究》，《心理发展与教育》1994年第3期，第40-47页。

的独立、保护儿童13个因素①。从现实情况来看，限制言语表达、不肯定情绪感受、爱的撤回、情感敲诈、情感隔离等心理控制形式都可能对孩子的心理健康产生负面影响。其影响包括抑制孩子自我价值感的发展，使孩子产生心理社会功能的失调，如自尊心受损、情绪调节能力下降、社交能力减弱等。

张露（2011）在研究父母心理控制时提到，父母控制理论源于西方心理学的行为主义理论②。在西方心理学中，行为主义理论确实对父母控制理论有一定的影响。行为主义理论强调外在行为的观察和学习，认为人的行为主要是通过学习和强化来塑造的，这种观点在一定程度上影响了对父母控制理论中行为控制的理解和应用。

实际上，父母控制理论是一个更为广泛和复杂的概念，它包含了多个心理学流派的观点，包括但不限于行为主义。父母控制理论也受到了其他心理学流派的影响，如人本主义心理学和精神分析学派。人本主义心理学强调人的自我实现和自主性，精神分析学派则关注人的潜意识过程和心理防御机制，这些理论对父母控制理论的理解和应用也产生了重要的影响。

（4）父母心理控制的影响及危害

陈巍（2007）在调查中发现，孩童与青少年的抑郁情绪在一定程度上受父母心理控制的影响，抑郁的情绪会通过行为与状态表现出来，从而导致孩童对社交中的人际关系过分敏感③。张朋云（2012）在研究中发现，父母对儿童心理与行为控制的水平存在一定差异，儿童的性别、年龄等会影响其父母的心理控制水平④。另外，在社会交往方面，父母心理控制会对儿童思想产生消极影响。父母的心理控制可能使青少年在人际交往中感到压力和不安，会影响他们建立和维护健康的人际关系。例如，受父母心

---

① 陈巍:《3—5岁儿童自主性与母亲心理控制水平的相关研究》,硕士学位论文,辽宁师范大学,2007,第51—64页。

② 张露:《中学生父母控制及其与亲子亲合的关系研究》,硕士学位论文,福建师范大学,2011,第41—45页。

③ 陈巍:《3—5岁儿童自主性与母亲心理控制水平的相关研究》,硕士学位论文,辽宁师范大学,2007,第51—64页。

④ 张朋云:《父母控制与青少年问题行为的关系》,硕士学位论文,山东师范大学,2012,第49—62页。

理控制的儿童会为了避免冲突与批评而避免与他人交往，或者在与他人交往时过于谨慎和保守。在儿童成长过程中，爱的撤回、引发内疚等方式均会对其主观能动性的发挥产生限制，使其失去创造力与解决问题的能力，并对自身产生较大的自我否定，从而影响其对人际交往过程中各类人际问题的解决[①]。

父母心理控制对儿童或青少年的行为也存在影响，方晓义与房超（2012）对父母控制与中学生烟酒问题的相关研究中发现，父母心理控制对中学生的烟酒使用问题存在着明显的正向预测作用[②]。李董平和宋静静（2014）在青少年问题性网络使用与父母控制的研究中发现，青少年问题性网络使用的变异可以被父母控制负向预测与解释[③]。叶宝娟等学者（2015）也通过相关研究发现，父母控制（心理控制与行为控制）对工读生使用毒品存在着较为独特的效应[④]。

（5）父母心理控制量表

国内相关研究者编制了一部分针对特定群体的父母心理控制测量问卷，郑月清（2013）在其硕士论文中编制了大学生父母心理控制的测量问卷，该问卷的信度是0.921，包括了四个维度，各维度信度均在0.695—0.976之间[⑤]。陈巍（2007）在论文中编制了专门测量3—5岁孩童的母亲单方面心理控制问卷，陈巍的问卷包括了愧疚感的导向、情感支持、忽视、监管、理性指导、抑制性信息、鼓励独立、权威控制、贬低儿童、焦虑感引导、情感表达、家长的独立、保护儿童13个维度，且信效度均良

---

① 满达呼、李宜娟、张景焕：《父母控制、自尊与小学生社会创造力的关系》，《心理与行为研究》2015年第1期，第81-86页。

② 房超、方晓义、申子姣：《心理控制、行为控制与青少年网络成瘾的关系》，《中国特殊教育》2012年第12期，第70-74页。

③ 宋静静、李董平、谷传华、赵力燕、鲍振宙、王艳辉：《父母控制与青少年问题性网络使用：越轨同伴交往的中介效应》，《心理发展与教育》2014年第3期，第303-311页。

④ 叶宝娟、郑清、夏扉、叶理丛：《气质和父母控制对工读生毒品使用的影响：独特效应和交互效应检验》，《中国临床心理学杂志》2015年第5期，第886-890页。

⑤ 郑月清：《父母控制对大学生亲社会行为倾向的影响研究》，硕士学位论文，福建师范大学，2013，第69-71页。

好[1]。硕士生何凤雪2010年在其论文中为测量中学生父母心理控制编制了问卷，该问卷信度是0.765，共包括四个维度，各维度信度均在0.696—0.734之间[2]。张露（2011）也对中学生的父母控制进行过测量，其问卷将父母控制分为父亲控制部分和母亲控制部分，两个问卷各有20道题目，均采用李克特5点评分法，两个分问卷的分半系数在0.642—0.752间，一致性系数在0.679—0.860间[3]。

刘颖（2016）在其硕士论文中提到，我国部分学者于2007年在我国文化传统的基础上对巴伯（Barber，1996）的心理控制量表进行逐步修订，该量表又名"自我报告"，共有八个项目，修订后的中国版量表一致性系数在0.83—0.90之间，该量表有抑制言语表达、取消爱抚、引发不稳定行为、人身攻击、无效的情感和引发内疚感这六个维度，全量表均采用3级评分制[4]。

**2.情绪管理**

（1）情绪管理概念

我国情绪管理相关研究学者黄敏儿、郭德俊[5]（2001）、葛荣晋[6]（2004）的共同观点是，情绪管理的定义为，个体深入了解自己的情绪、可以自主控制自己的情绪、可以理解并且较好地处理其他人情绪的过程与能力。这个过程包括识别和了解自己的情绪，以及理解并适当处理他人的情绪。有效的情绪管理能帮助个体在面对各种情境时保持平衡的心态，提

---

① 陈巍：《3—5岁儿童自主性与母亲心理控制水平的相关研究》，硕士学位论文，辽宁师范大学，2017，第51-64页。

② 何凤雪：《中学生的父母心理控制及与其心理健康的关系研究》，硕士学位论文，西南大学，2010，第49-64页。

③ 张露：《中学生父母控制及其与亲子亲合的关系研究》，硕士学位论文，福建师范大学，2011，第41-45页。

④ 刘颖：《高中生的父母心理控制、完美主义与人际交往能力的关系研究》，硕士学位论文，湖南师范大学，2016，第67-87页。

⑤ 黄敏儿、郭德俊：《大学生情绪调节方式与抑郁的研究》，《中国心理卫生杂志》2001年第6期，第438—442页。

⑥ 葛荣晋：《孙子的"人情之理"与企业家的"情绪管理"》，《华北电力大学学报》（社会科学版）2004年第2期，第22-26页

高适应力和解决问题的能力。学者师曙光（2006）则认为，情绪管理是个体理性控制自己情绪情感、可以进行合理判断，以至于可以很好地处理人际关系的一种较为良好的心理状态①。另外，陈亚琴（2016）在其硕士论文中提到，通过恰如其分的方法对个体的情感情绪状态进行合理调整和有效调控，使个体保持积极良好状态且可以对自我进行完整认知与良好控制的能力即情绪管理②。

事实上，情绪管理并不是消除所有的负面情绪，而是在面对不可避免的痛苦时，学会积极应对，不沉溺于悲观之中。例如，当遭遇负面情绪时，应当承认痛苦已经发生，无法避免，然后积极地寻找解决方案，而不是过分纠结于既定结果之外的其他可能性，这样会影响执行任务的效率。

（2）情绪管理的测量

情绪管理作为一个跨学科的研究领域，吸引了心理学、管理学、教育学等众多学科的学者进行探索。基于施瓦茨（Schwarz）等人提出的情绪事件理论，以及古尔曼（Goleman）的情绪智力理论等理论模型，研究人员开始编制相应的量表，用以测量情绪管理能力。例如，梅尔（Mayer）和萨洛维（Salovey）开发了情绪智力量表，用于评估个体的情绪智力水平。我国学者王飞飞（2006）为研究大学生情绪管理与大学生心理健康的关系，编制了测量大学生情绪管理的调查问卷，经测量发现，该问卷具有较好的信效度，可以为心理学研究测量所使用③。

随着科技的发展，情绪管理测量的研究不仅限于理论探讨和量表编制，还包括应用研究，如将情绪管理量表应用于员工选拔、培训、心理咨询等领域，以评估和提升个体和组织层面的情绪管理能力。在未来的发展中，情绪管理测量的研究可能会更多地结合新技术，如人工智能和大数据技术，从而更准确地捕捉和分析个体的情绪反应模式。

---

① 师曙光：《情绪管理浅析》，《太原大学学报》2006年第3期，第84-86页。

② 陈亚琴：《高中生的父母心理控制感、情绪管理与攻击行为的关系研究》，硕士学位论文，上海师范大学，2016，第13-21页。

③ 王飞飞：《大学生情绪管理能力与心理健康的关系研究》，硕士学位论文，西南大学，2006，第35-42页。

### 3.人际适应

（1）人际适应的概念

人类是群居动物，人类的社会性决定了人际关系在我们生活中的重要性。人类不仅与他人共享时间和空间，还在心理上与他人紧密相连。这种联结包含了认知、情感和行为等多个层面，是个体在特定群体中共同生活、互相认识和交往的过程中逐渐建立的。

良好的人际适应可以帮助个体更好地应对生活中的压力和挑战，提高生活质量，还可以帮助个体建立和维护良好的人际关系，这对于个人的社会交往和职业发展都非常有利。然而，人际适应并不是一件容易的事情，个体需要不断地调整自己的行为和态度，以适应不断变化的社会环境。此外，个体还需要处理各种人际关系中的冲突和矛盾，这需要一定的沟通技巧和问题解决能力。

我国学者马世栋（2002）在相关研究中提出，当个体进入全新的外部环境时，自主调控自己的行为方式、调适自己的思想观念用来适应新环境，且与新的社会群体逐步形成良好人际关系的能力即人际适应[①]。王刚（2007）在相关研究中提到，人际适应是人在满足自身社会性需要时，主动对自身或他人进行调整、对环境进行改变，从而达到与他人和环境和谐相处的交往目标的过程[②]。

中国现代著名心理学家，也是中国医学心理学和病理心理学的奠基人、创始人之一的丁瓒教授指出，人的心理适应很大程度上取决于人际关系的适应情况。当人际关系和谐时，人们往往能保持良好的心理状态；反之，若人际关系出现失调，则可能导致个体的心理压力增大，甚至引发心理疾病。这一观点在现代心理学研究中被进一步证实，某些心理问题和心理疾病的产生的确与人际关系失调有关。

（2）人际适应的理论

人际适应会通过以下所提到的方面表现出来：乐群性、合作性、信任

---

[①] 马世栋：《高中生同伴竞争人际适应问题及其教育干预研究》，硕士学位论文，西南师范大学，2002，第24-26页。

[②] 王刚：《大学生人际适应性量表编制及特点研究》，硕士学位论文，西南大学，2007，第29-48页。

感，以及利他倾向（陈建文、王滔，2003）[①]。个体在社会互动过程中会不可避免地遭遇挑战和压力，面对这些不利的人际互动情境，每个人的内在人格特质都会发挥作用，评估当前的环境并调动个人的心理资源来制订相应的应对策略。不同的人会采取截然不同的方法来解决这些问题，而这些不同的处理方式又反过来会影响他们的人格发展。举例来说，如果一个人持续面临无法解决的社交难题，他或她的人格稳定性可能受到威胁，长期的压力和不愉快体验最终可能导致人格障碍的形成。与之相反，如果个体能够有效地管理和解决人际问题，那么，其人格特质更有可能保持稳定，并在积极的反馈循环中得到加强。此外，人格特质的差异也会影响个体解释和处理人际互动中冲突和挑战的方式。一些人格特质，如外向性、开放性、责任心和宜人性，可能在某种程度上促进个体积极的社会交往，而其他特质，如神经质或消极的情绪倾向，可能增加个体在社交场合中的适应困难。值得注意的是，人格并不是固定不变的，而是可以通过经验和学习积累发生变化的。这意味着即使个体在生命早期经历了某些不良的人际互动，他们也可以通过后续的努力和学习来改善自己的人际交往技能和人格特质。

我国著名心理学家黄希庭（2002）认为，适应论完全适用于人格适应。适应论主张个体与环境之间存在动态的互动，个体需要不断地调整自己的行为以适应不断变化的环境条件。这一理论在解释个体如何在不同环境中生存和发展方面具有一定的适用性，尤其是在短期内个体如何应对特定环境压力的情境下。

人格适应是个体在成长过程中逐步进行发展和完善的，人格的适应很大程度上影响个体的人际适应[②]。人格适应是一个长期且复杂的过程，涉及个体从出生到成年，乃至整个生命周期的发展和完善。人格适应不仅是对外部环境的简单适应，还包括内在心理结构的成熟和自我意识的提升。在这个过程中，个体不仅要学习如何应对外部环境的要求和挑战，还要学

① 陈建文、王滔：《关于社会适应的心理机制、结构与功能》，《湖南师范大学教育科学学报》2003年第4期，第90-94页。

② 黄希庭：《再谈人格研究的中国化》，《西南师范大学学报》（人文社会科学版）2004年第6期，第5-9页。

会处理内心的冲突和矛盾。至于人际适应，它是人格适应的一个重要组成部分，涉及个体如何与他人建立和维持健康的人际关系。人格适应的程度和方式在很大程度上影响着个体的人际适应。

（3）人际适应的量表

我国学者编制的人际适应相关的量表主要有以下三种：

1）人际关系综合诊断量表

人际关系综合诊断量表是由我国著名心理学家郑日昌教授编制的一份针对人际关系行为困扰的诊断量表。该量表旨在评估个体在人际交往中可能遇到的困扰，帮助人们更好地认识自己在人际关系方面的问题，并提供改进的方向。

该量表共有28个问题，对每个问题作"是"或"否"两种回答。"是"记"1"分，"否"记"0"分，被试自行进行选择。得分在15—28分的被试存在较为严重的人际交往困扰，人际交往能力较差；9—14分的被试存在一定程度上人际交往困扰，人际交往能力较为一般；0—8分的被试则属于人际交往能力良好[①]。通过这份量表，个体可以了解自己在尊重他人、承担责任、适应环境等方面的表现，以及在与异性交往过程中可能存在的困扰。

②大学生人际适应性量表

张琴心（2008）为进行大学生人际适应性相关研究编制了大学生人际适应性量表，该量表共有四个维度，分别是善于交往、敢于交往、利于交往和乐于交往。量表累积得分越高，表明被试大学生人际适应性越强[②]。

③人际关系适应问卷

由方晓义等人（2005）在研究大学生适应量表的过程中编制的中国大学生适应量表中有人际关系适应的分量表。该分量表共有10道题目，均采用李克特5级评分法，分数越高，表明人际适应状况越好[③]。

---

① 郑日昌主编《中学生心理诊断》，山东教育出版社，1994，第222页。

② 张琴心《大学生人际适应性的量表编制及群体特征的差异分析》，硕士学位论文，华中科技大学，2008，第26-36页。

③ 教育部《大学生心理健康测评系统》课题组、方晓义、沃建中、蔺秀云：《中国大学生适应量表的编制》，《心理与行为研究》2005年，第2期，第95-101页。

#### 4.父母心理控制与情绪管理、人际适应的关系

（1）父母心理控制与情绪管理的关系

王才康和何智雯（2002）通过对高中一年级和二年级学生的父母教养方式进行研究发现，青少年情绪管理与父母教养方式中的情感温暖和情感理解因子有显著的相关关系[1]。张雅婷等人（2010）在研究父母教养方式对青少年情绪智力的影响时发现，父母采用爱、温暖、保护、理解的教养方式对青少年的情绪智力发展起到一定程度的促进作用[2]。杨建峰等人（2003）通过巴昂情商量表（青少年版）对高中生的情绪智力进行研究发现，学校环境对青少年情绪智力的影响甚微，而家庭环境，特别是父母教养方式对青少年情绪智力存在显著影响[3]。另外，我国学者任杰、张金莉（2009）通过相关研究发现，儿童体验到父母温暖、爱和理解的积极养育方式对其情绪管理能力存在正向的促进作用，而严厉、抑制和心理控制的消极教养方式对儿童的情绪管理能力存在抑制作用[4]。

从输出情绪的正负向来看，父母心理控制对儿童情绪管理的影响是复杂的，既有积极的一面，也有消极的一面。积极的一面是，父母通过心理控制，可以教会孩子适当地表达和管理自己的情绪。例如，父母可以通过设定明确的规则和期望，教导孩子如何在不同的情况下适当地表达自己的情绪，以及如何处理自己的情绪反应。

然而，父母心理控制对儿童情绪管理影响的消极一面更为突出。父母过度的心理控制可能导致孩子出现一系列的情绪管理问题。例如，孩子可能学会压抑自己的情绪，而不是适当地表达它们，他们会对情绪表达感到害怕或羞愧，不敢表达自己的真实感受。孩子会模仿父母的情绪处理方式，如果他们看到父母通过愤怒、责备或惩罚来处理情绪，也可能学会这

① 王才康、何智雯：《父母养育方式和中学生自我效能感、情绪智力的关系研究》，《中国心理卫生杂志》2002年第11期，第781-782页。

② 张雅婷、高健、苏海：《天津市高中生情绪智力与父母养育方式关系分析》，《中国学校卫生》2010年第5期，第557-559页。

③ 杨建锋、徐小燕、张进辅：《关于中学生情绪智力的调查研究》，《西南师范大学学报》（自然科学版）2003年第4期，第650-654页。

④ 任杰、张金莉：《父母养育方式与大学生情绪智力关系的研究》，《广州大学学报》（社会科学版）2009年第3期，第24-30页。

些行为。此外，父母心理控制还可能导致孩子出现长期的心理健康问题，如自卑、焦虑或抑郁，这是因为父母心理控制会削弱孩子的自我价值感，使他们感到自我的价值取决于父母的爱和认可。

（2）情绪管理与人际适应的关系

刘艳、邹泓（2010）在情绪管理对人际关系、人际冲突的影响研究中发现，个体对情绪的理解和自主运用能力可以显著预测其人际适应水平[1]。人际适应与情绪管理之间的关系主要体现在以下两个方面：

一方面，情绪管理是人际适应的基础。个体只有在理解和控制自己情绪的基础上，才能更好地理解和适应他人的情绪和行为，从而实现有效的人际适应。

另一方面，人际适应有助于情绪管理。良好的人际关系可以为个体提供情感支持，帮助个体更好地应对压力和挑战，从而提高情绪管理的效能。总之，两者相互促进，人际适应能力的提高可以帮助个体更好地管理自己的情绪，良好的情绪管理能力也可以帮助个体更好地适应社会环境和人际关系。

（3）父母心理控制与人际适应的关系

我国学者董奇、邹泓等人（1997）通过研究证明，"民主型"父母教养方式可以正向预测社会适应性指标，"专制型"父母教养方式（父母心理控制程度较强）可以负向预测社会适应性与同伴接受性[2]。徐慧，张建新等人（2008）通过研究发现，积极的父母教养行为，如温暖、理解、支持等与儿童学业成就、人际交往能力等呈显著正相关；消极的父母教养行为，如心理控制、忽视、惩罚等与儿童学业成就、人际交往能力呈显著负相关[3]。徐夫真（2010）通过家庭因素对中学生人际适应的影响研究发现，中学生的亲社会倾向（积极的人际适应）和不良的社会性发展（消极的人

---

① 刘艳、邹泓：《中学生的情绪智力及其与社会适应的关系》，《北京师范大学学报》（社会科学版）2010年第1期，第65-71页。

② 曾琦、王咏莉、邹泓、董奇、陈欣银：《父母教育方式与儿童的学校适应》，《心理发展与教育》1997年第2期，第47-52页。

③ 徐慧、王建新、张梅玲：《家庭教养方式对儿童社会化发展影响的研究综述》，《心理科学》2008年第4期，第940-942页。

际疏离）均与家庭的功能水平存在显著相关[1]。程玉洁，邹泓（2011）的研究表明，儿童情绪管理能力受父母情感关系、父母心理控制与父母行为控制等家庭环境因素的影响，另外，情绪管理与儿童的人际适应水平之间也存在相关关系[2]。

整体来看，父母心理控制与青少年的人际适应之间存在复杂的关系。父母心理控制可能在短期内促使青少年顺从，但长期而言，它可能导致青少年在人际交往中缺乏自信、独立性差，难以建立和维护健康的人际关系。

父母心理控制可以通过多种形式体现，如情感敲诈、贬低与否定、侵入私人领域、条件性关爱等。这些做法可能导致青少年在心理上对父母产生依赖，缺乏自主性，从而影响他们的人际交往能力。另外，青少年时期是个体社会化的重要阶段，良好的人际适应能够帮助青少年建立自信、发展自主性，以及学会与他人合作和沟通。父母心理控制可能阻碍这些能力的培养，使得青少年在面对同伴、恋爱等社交关系时显得力不从心。父母过度的心理控制可能导致青少年在人际交往中表现出消极的自我形象、较低的自尊，以及更高的焦虑和抑郁水平。这些心理问题可能会进一步影响青少年的人际交往能力，导致他们在与他人的互动中遇到困难。

为了改善青少年的人际适应，笔者建议父母采取更加积极健康的教养方式，如给予孩子适当的自主空间、鼓励他们表达自己的观点和感受，以及在孩子做出决定时给予支持而不是批评。同时，学校和社会也应该提供相关的教育和培训，帮助青少年提升人际交往技能，促进他们的人际适应。

### 5.国内研究评价

在我国，对父母心理控制的研究仍处于起步阶段，相较于国外的丰富成果，国内的相关研究显得零散且缺乏系统性。特别是在父母心理控制的表现形式上，国内尚未有明确的定义和研究结论。目前，国内的研究主要

---

[1] 徐夫真、张文新：《家庭功能对青少年疏离感的预测:同伴接纳的调节作用及性别差异》,《心理发展与教育》2010年第3期,第274-281页。

[2] 程玉洁、邹泓：《中学生人际适应的特点及其与家庭功能、情绪智力的关系》,《中国特殊教育》2011年第2期,第65-70页。

针对中学生，尤其是高中生群体，而对于大学生父母心理控制水平的研究相对较少，特别是针对父母心理控制对大学生人际适应能力影响的实证研究，更是凤毛麟角。

尽管近年来人们的观念有所转变，开始更加关注家庭教养方式对孩子的影响，但在中国文化背景的影响下，这方面的研究仍然十分有限，针对大学生人际关系、情绪管理和父母心理控制这三者之间的具体关系并没有明确的研究结论。这可能与中国传统的家庭观念有关，过去，人们往往忽视了儿童、少年乃至青年在成长过程中的心理需求。然而，随着社会的进步和人们认识的更新，越来越多的人开始认识到家庭教养方式的重要性。所以，本研究准备对人际关系、情绪管理和父母心理控制这三者的关系进行探讨。

## （二）国外相关研究综述

早期父母心理控制领域的研究主要集中在父母对子女的控制行为及其对子女行为的影响上。进入 21 世纪后，更多的研究开始关注父母心理控制的长远影响。

### 1. 父母心理控制

（1）父母控制

阿弗莱德·鲍德温（Alfred L. Baldwin）在其著作《社会化和亲子关系》中提出了"父母控制"（Psychological Control）的概念，这篇文章在学术界被认为是父母心理控制研究的早期成果之一。鲍德温探讨了父母如何通过自己的行为影响孩子的社会化过程，其中就包括了父母对孩子的心理控制。他提出，父母的心理控制会提高或降低孩子行为的意愿和能力，进而影响孩子未来的社会适应能力。罗伊（Roy）等人在接下来的研究中发现，父母控制很大程度上体现在对儿童的要求中，属于一种要求控制[1]。

巴伯（Barber，1994，1996）在对父母控制的定义中将其分为心理控制和行为控制，并认为这两种不同的控制方式在青少年的成长发展过程中

---

[1] Roy A. Bean and Jason C. Northup, "Parental Psychological Control, Psychological Autonomy, and Acceptance as Predictors of Self-Esteem in Latino Adolescents," *Journal of Family Issues* 30, no.11(2009): 1486-1504.

均存在着突出的作用[①]。巴伯（1996，2002）和王乾（音，Qian Wang）在各自的研究中均提到，父母心理控制的定义是，家长尝试通过对儿童及青少年情绪情感、思想观念和亲子关系的控制进一步控制孩子的行为方式，使其达到自己的要求；父母的行为控制则指家长通过监控儿童及青少年与其同伴的行踪来控制子女的日常生活方式[②][③]。

（2）父母心理控制

舍费尔（Schaefer，1965）和贝克尔（Becker，1964）是较早关注父母教养方式中心理控制方式的西方研究者。贝克尔在其早期研究中提到，父母心理控制指父母通过引发子女内疚感、对子女表达失望、羞辱或忽视孩子的方式来影响和控制亲子关系的负性行为。舍费尔则通过儿童报告的方式利用父母行为量表（Child's Report of Parents Behavior Inventory，CRPBI）对孩子进行施测，进一步用因素分析的方法提出父母行为的三种因素：拒绝和接受、宽松控制和严厉控制、心理控制和心理自主[④]。巴伯则在其研究中指出，父母心理控制是对儿童及青少年成长过程中心理和情绪的发展进行强烈控制的意图[⑤]。

（3）父母心理控制的影响及危害

巴伯在其研究中发现，采取心理控制方式的父母通过引发子女内疚感、爱的撤回、忽视情感等策略对子女的思想、行为和情感进行监管，这一系列的行为都对儿童及青少年的心理发展有重大的消极影响，对儿童及

[①] Brain K. Barber, "Parental Psychological Control: Revisiting a Neglected Construct," *Child Development* 67, no.6(1996): 3296-3319.

[②] 何凤雪:《中学生的父母心理控制及与其心理健康的关系研究》,硕士学位论文,西南大学,2010,第49-64页。

[③] Qian Wang, Eva M. Pomerantz and Huichang Chen, "The Role of Parents' Control in early Adolescents Psychological Functioning: A Longitudinal Investigation in the United States and China," *Child Development* 78, no.5(2007): 1592-1610.

[④] Earl S. Schaefer, "Children's Reports of Parental Behavior: An Inventory," *Child Development* 36, no.2(1965): 413-424.

[⑤] Brain K. Barber, Heidi E. Stolz and Joseph A. Olsen, "Parental Support, Psychological Control, and Behavioral Control: Assessing Relevance Across time, Culture, and Method," *Monographs of the Society for Research in Child Development* 70, no.4(2005): 21-35.

青少年的内化问题及其他身心方面指标会有很大程度的预测作用①。

父母心理控制的作用不仅限于一时的行为改变，它可能影响孩子的一生。父母心理控制之所以被视作危险且可怕的，是因为它可能对孩子的心理发展和行为模式产生深远的负面影响。过度的心理控制往往伴随着对孩子思想和行为的过度干预，这可能导致孩子缺乏独立思考和做决定的机会，从而限制了他们个性和自主性的发展。当父母对孩子的感受和意见不重视，甚至予以否定时，孩子可能会逐渐内化这些负面的反馈，导致其自尊和自信的受损。此外，长期经历父母心理控制的孩子可能会出现一系列心理问题，如自我价值感低落、抑郁、焦虑等，甚至可能在未来的关系中重复这种控制模式，在与朋友、伴侣或子女的关系中，都可能出现过度依赖、占有欲强等问题。

### 2.情绪管理

（1）情绪管理概念

丹尼尔·戈尔曼（Daniel Goleman，2006）在其著作《情绪智力》（*Emotional Intelligence*）中提到，"情绪管理"是个体能理解自我、调节情绪、对生活中冲突事件引起的情绪反应进行适当排解，且能以积极乐观的态度及时有效地缓解紧张焦虑的心理状态②。情绪管理不仅是个人修养的体现，也是社会交往中不可或缺的技能。

总结以往研究成果，笔者发现情绪管理的表现集中在以下四个方面：第一，自我觉察。个体能够准确地识别和了解自己当前的情绪状态。第二，自我调节。个体在面对强烈或不适的情绪时，能够运用有效的策略，如深呼吸、放松训练、正念冥想等来调节情绪。第三，情绪表达。个体能够以适当的方式表达自己的情绪，既不压抑也不过度发泄。第四，情绪智力。个体具备较高的情绪智力，能够理解自己和他人的情绪并有效管理自己的情绪。通过有效的情绪管理，个体可以在面对生活的压力和挑战时保持冷静和理智，从而提高生活质量，促进个人成长。

---

① Brain K. Barber, "Parental Psychological Control: Revisiting a Neglected Construct," *Child Development* 67, no.6(1996): 3296-3319.

② 陈亚琴：《高中生的父母心理控制感、情绪管理与攻击行为的关系研究》，硕士学位论文，上海师范大学，2016，第25-27页。

（2）情绪管理量表

美国心理学家丹尼尔·戈尔曼提出的情绪智力量表（Emotional Intelli-gence Scale，EIS）旨在测量个体在情绪智力方面的表现，其中包括理解、表达、运用和控制自己负面情绪的能力。这个量表被广泛应用于心理学、教育、商业和个人发展等领域，帮助研究者、教育工作者和咨询师了解个体在这些维度上的能力水平。其中，情绪管理分量表专注于评估个体在应对和管理自身情绪方面的技巧和能力，应用比较广泛。

戈尔曼编制的情绪智力量表中的情绪管理因素分量表共有四个项目，用于测量青少年是否具有适度控制、了解、宣泄和改变自己负面情绪的能力。量表采用4点计分法，从1分"总是这样"到5分"不曾这样"，分数越高，表明被试的情绪管理能力越强。该分量表的克隆巴赫系数为0.751，具有良好的内部一致性信度。

需要注意的是，尽管情绪智力量表提供了一个评估情绪智力的有用框架，但它并非唯一的方法。其他研究者也开发了不同的量表来测量情绪智力，比如萨洛维和梅耶的情绪智力量表（EIS），以及情绪智力量表修订版（EIS-R）等。每种量表都有其特定的用途和局限性，因此，在选择使用哪种量表时需要考虑具体的研究背景和应用目的。

**3.人际适应**

（1）人际适应概念

适应是一个复杂的概念，涉及个体与环境之间的关系。根据心理学家皮亚杰的观点，适应包括两个基本过程：同化和顺应。同化是个体将外部刺激纳入到自己的认知结构中，顺应则是个体调整自己的认知结构以适应外部环境变化的过程。这两个过程相互作用，最终达到一种动态的平衡状态。在社会心理学中，适应被视为个体为了在社会环境中生存和发展而不断调整和改变自己行为的过程。个体只有在社会中才能找到自己的位置和价值，因此，适应是个体生存的必要条件。

人际适应是个体在与他人交往的过程中，能够及时调整自己的行为和心理状态以达到与他人和谐相处的能力。这不仅涉及个体的认知和情感反应，还涉及个体的沟通技巧和人际交往能力。人际适应能力强的人通常能够更好地建立和维护人际关系，从而在社会中获得更多的支持和资源。

（2）人际适应量表

1）适应行为量表

适应行为量表（AAMR Adaptive Behavior Scale，ABS）是由美国智力和其他发展障碍协会（American Association on Mental Retardation，AAMR）所开发的，用于评估个体在日常生活中所需的基本自理、社交和实用技能水平的量表。ABS通常由一系列标准化的测试项目组成，包括两大部分，即被试的社会化能力和被试的人际交往能力，涵盖了个人自理、社会交往、实用技能等多个方面。该量表经历过一系列的修订，最终的量表信效度均比初始版本高，其施测的常模范围也很全面，包括普通常模和智力障碍常模。通过ABS的评估结果，教育者和治疗师可以制定个性化的教学计划或干预措施，以帮助个体提高其适应行为能力，更好地融入社会生活。

2）文兰适应行为量表

文兰适应行为量表（Vineland Adaptive Behavior Scale，VABS）是一种常用于评估个体在日常生活、社会交往和沟通技能方面的适应行为能力的工具。文兰适应行为量表一共有六个项目，可以全面系统地测量个体从出生到成年的适应能力。此外，VABS还包括了家长或照顾者问卷、教师问卷和观察者报告三种格式，以满足不同评估场景的需求。这些问卷和报告提供了详细的标准化评分，使得专业人员能够全面了解个体的适应行为能力。该量表的常模也较为全面，信度和效度均较高，全量表均采用3点记分法。

### 4.父母心理控制与情绪管理、人际适应的关系

（1）父母心理控制与情绪管理的关系

洛佩斯（Lopes，2003）等人在研究父母关系对情绪管理能力的影响中发现，情绪管理能力得分较高的人在父母支持方面的得分更高，在父母控制方面的得分偏低[①]。情绪管理能力与父母支持之间存在正向关系，与父母控制之间存在负向关系。

---

① Paulo N. Lopes, Peter Salovey and Rebecca Straus, "Emotional Intelligence, Personality, and the Perceived Quality of Social Relationships," *Personality and Individual Differences* 35, no.3(2003): 641-658.

一方面，情绪管理能力高的人通常能够更好地理解和表达自己的情感，更有效地调节和管理自己的情绪反应。这种能力的发展可能与他们在成长过程中得到的父母支持有关。父母支持包括情感上的支持、鼓励、理解和接纳，这些都可能有助于孩子发展出更好的情绪管理能力。

另一方面，过度的父母控制可能会限制孩子的自主性发展和自我效能感，从而负面影响他们情绪管理能力的培养。例如，当孩子在情绪表达上总是受到父母的批评或惩罚时，他们可能学会压抑自己的情绪，而不是有效地管理和调节自己的情绪。

（2）情绪管理与人际适应的关系

洛佩斯等人（2001）在其研究中提出，情绪智力可以正向预测同伴交往能力和人际关系，负向预测人际冲突[1]。

（3）父母心理控制与人际适应的关系

爱森伯格（Eisenberg，2001）在对父母行为、儿童情绪管理与儿童社会化适应的关系研究中提到，父母的行为可以通过儿童的情绪调节能力对儿童社会化适应（尤其是人际适应）产生较大程度的影响[2]。

父母作为儿童的第一任教师，他们的行为和反应往往成为儿童学习和模仿的对象。当父母展现出积极的情绪调节策略，如用平静的方式解决问题、表达情感时，儿童更有可能学会这些策略，并在自己面临情绪挑战时加以运用。因此，父母的行为和反应对儿童的情绪调节能力有显著影响，而这种能力又进一步影响着儿童的社会化适应，特别是人际适应。为了促进儿童的社会化适应，父母应该提供积极的情绪支持，采用支持性的教养方式，并提高自身情绪调节的能力。

### 5.国外研究评价

国外在父母心理控制方面的研究已经有了相当长的历史，并且在理论和实证研究上都积累了丰富的成果。早在1996年，巴伯就从社会化的角度

---

[1] Paulo N. Lopes, Marc Brackett, John Nezlek, et al., "Emotional Intelligence and Social Interaction," *Personality & Social Personality Bulletin* 30, no.8(2004): 1018-1034.

[2] Nancy Eisenberg, Sandra Losoya, Richard Fabes, et al., "Parental Socialization of Children's Dysregulated Expression of Emotion and Externalizing Problems," *Journal of Family Psychology* 15, no.12(2001): 183-205.

定义了心理控制的概念，认为心理控制是一种父母试图限制孩子的自主和独立表达意愿的社会化压力。随后，大量的研究探讨了父母心理控制的各种表现形式，以及它如何影响儿童和青少年的社会心理发展。例如，有西方研究表明，父母的心理控制会增加儿童的社交焦虑水平，父母的自主支持则有助于减少儿童的社交焦虑。父母心理控制通常通过内部控制和外部控制两种方式实现，前者通过微妙的语言或肢体等信号来操控孩子的内心世界，后者则通过明显的手段，如喊叫、打罚等来迫使孩子顺从。

这些研究不仅加深了研究人员对父母心理控制的理解，还为如何建立健康的亲子关系提供了指导。这一成熟的理论和实践体系对我国的父母心理控制领域研究有着很大程度的影响，对今后我国在这一领域上的发展方向也有一定的启发。

## 三、研究设计与成果

### （一）研究设计

#### 1.研究假设

在对父母心理控制及情绪管理、人际适应的相关研究回顾的基础上，本研究做出的假设如下：

假设一，父母心理控制与大学生情绪管理存在相关关系；父母心理控制与大学生人际适应存在相关关系；大学生情绪管理与大学生人际适应存在相关关系。

假设二，情绪管理在父母心理控制和大学生人际适应之间存在中介作用。

#### 2.研究方法

（1）研究对象

本研究以我国统一招生全日制本科在校大学生为研究对象。

（2）抽样方法

首先在多所综合类、理工类、师范类院校对我国统一招生全日制本科院校进行典型抽样。在上述高校中对全日制本科在校生进行问卷调查研究，结合性别、生源地等人口学变量分别进行分层随机抽样和简单随机抽样。

### 3.研究工具

（1）父母心理控制问卷

本研究采用国内研究者翻译并修订的中文版父母心理控制问卷，该问卷有三个维度，共18道题目。该问卷的信度为0.89，结构效度为0.94，具有较好的信效度。整个问卷均采用李克特5点计分法，"完全不符合"计1分，"非常符合"计5分，在问卷中被试得分越高，表示其感知到的父母心理控制程度越高。

（2）人际适应问卷

以郑日昌老师编制的人际关系综合诊断量表等为基础，编写人际适应问卷，该问卷共有14个题目，两个维度，即交际维度（第1、3、5、7、9、11、13题）和待人接物维度（第2、4、6、8、10、12、14题）。问卷内部一致性系数为0.87，结构效度为0.86。选"是"计1分，选"否"计2分，在问卷中得分越高，表明人际适应能力越强。

（3）情绪管理问卷

本研究选取依据戈尔曼（1995）的情绪智力理论编制的情绪智力量表中的情绪管理分量表，以及孟佳、顾昭明（2012）编制的大学生情绪管理问卷为依据编写大学生情绪管理问卷。该问卷共有23个题目，五个维度：情绪的觉察（第1—4题）、情绪的理解（第5—9题）、情绪的表达（第10—14题）、情绪的调控（第15—18题）、情绪的运用（第19—23题）。问卷内部一致性系数为0.79，结构效度为0.86。选"否"记1分，选"是"记2分，得分越高，表明情绪管理能力越弱。

本研究中所使用的三个问卷均为施测过程中被试根据自身状况自行填写的自评式量表，为保证研究所得出的最终结果的准确性，将全部问卷一起进行共同方法偏差检验与探索性因素分析，通过因子旋转得出12个主成分，其中，第一个主成分解释了总方差的17.2%。所以，本研究所采用的所有调查问卷均不存在共同方法偏差的问题。

### （二）研究成果

本研究选取中国部分高校大学生为研究对象，采用随机整体抽样的方法，通过网络问卷和纸质问卷对900个大学生进行问卷测验，回收问卷873份，回收率为97%，剔除无效问卷之后，有效问卷为824份，有效率为

94.39%。被试的基本情况见表4-1：

表4-1　被试信息表（N=824）

| 变量 | 类别 | 样本量（N） | 百分比（%） |
|---|---|---|---|
| 性别 | 男 | 439 | 53.3 |
| | 女 | 385 | 46.7 |
| 独生子女 | 是 | 339 | 41.1 |
| | 否 | 485 | 58.9 |
| 年级 | 大一 | 495 | 60.1 |
| | 大二 | 156 | 18.9 |
| | 大三 | 29 | 3.5 |
| | 大四 | 144 | 17.5 |
| 居住地 | 农村 | 409 | 49.6 |
| | 城镇 | 415 | 50.4 |

**1. 大学生父母心理控制和情绪管理、人际适应的描述统计分析**

（1）大学生父母心理控制现状

对大学生父母心理控制各个维度进行描述统计，结果见表4-2：

表4-2　大学生父母心理控制现状（N=824）

| 维度 | 题目数量 | 均值（M） | 标准差（SD） |
|---|---|---|---|
| 引发内疚感 | 10 | 2.44 | 0.80 |
| 爱的撤回 | 5 | 2.17 | 0.93 |
| 权力专断 | 3 | 2.83 | 1.14 |
| 父母心理控制 | 18 | 2.43 | 0.82 |

本研究使用的父母心理控制量表采用5点计分，因此，每个测量项目理论上平均数为3。通过上表可以看出，权力专断维度得分最高，引发内疚感维度次之，爱的撤回维度得分最低。说明我国学生在父母权力专断方

面感受到的控制感最高，这与我国家庭普遍采用"权威型"的教养方式有关，即父母认为作为监护人便有权利为孩子做决定。

（2）大学生情绪管理能力现状

对大学生情绪管理能力各个维度进行描述统计，结果见表4-3：

表4-3　大学生情绪管理能力现状（N=824）

| 维度 | 题目数量 | 均值（M） | 标准差（SD） |
|------|---------|----------|-------------|
| 情绪觉察 | 4 | 1.19 | 0.25 |
| 情绪理解 | 5 | 1.21 | 0.23 |
| 情绪表达 | 5 | 1.40 | 0.23 |
| 情绪调控 | 4 | 1.34 | 0.24 |
| 情绪运用 | 5 | 1.21 | 0.24 |
| 情绪管理 | 23 | 1.27 | 0.18 |

本研究使用的问卷采用的"是""否"记分方式，因此，情绪管理每个测量项目理论上平均数为1.5。上表是大学生情绪管理能力现状统计情况，通过该表可以看出，情绪管理能力维度中情绪表达维度得分最高，即情绪表达能力最低，情绪理解维度和情绪运用维度得分最低，即情绪理解能力和情绪运用能力最高。

（3）大学生人际适应现状

对大学生人际适应各个维度进行描述统计，结果见表4-4：

表4-4　大学生人际适应现状（n=824）

| 维度 | 题目数量 | 均值（M） | 标准差（SD） |
|------|---------|----------|-------------|
| 交际方面 | 7 | 1.81 | 0.30 |
| 待人接物 | 7 | 1.56 | 0.20 |
| 人际适应 | 14 | 1.68 | 0.22 |

本研究使用的问卷采用的"是""否"记分方式，因此人际适应每个测量项目理论上平均数为1.5。通过上表可以看出，人际适应中交际维度的得分较高，待人接物维度的得分较低。

### 2.大学生父母心理控制在人口学上的差异

（1）父母心理控制在性别上的差异

通过独立样本T检验，分析不同性别对大学生父母心理控制及其各维度方面的差异，结果见表4-5：

表4-5　大学生父母心理控制在性别上的差异（N=824）

| 维度 | 性别 | 样本量（N） | 均值（M） | 标准差（SD） | T值 |
|------|------|------------|-----------|--------------|------|
| 引发内疚感 | 男 | 439 | 2.51 | 0.79 | 2.57* |
| | 女 | 385 | 2.36 | 0.80 | |
| 权力专断 | 男 | 439 | 2.84 | 1.13 | 0.42 |
| | 女 | 385 | 2.81 | 1.15 | |
| 爱的撤回 | 男 | 439 | 2.23 | 0.96 | 1.92 |
| | 女 | 385 | 2.10 | 0.91 | |
| 父母心理控制 | 男 | 439 | 2.48 | 0.82 | 2.10* |
| | 女 | 385 | 2.36 | 0.81 | |

注：*表示 p<0.05。

824个被试中，男生有439人，女生有385人。比较大学生父母心理控制在性别上的差异，通过上表可以看出，不同性别的大学生在父母心理控制上存在差异（p<0.05），男生比女生得分高；引发子女内疚感维度在性别上也存在差异（p<0.05），也是男生得分高于女生；但男、女生在爱的撤回和权力专断这两个维度上不存在显著差异。

（2）父母心理控制在不同年级的差异

对父母心理控制与其中引发子女内疚感、权力专断、爱的撤回三个维度进行单因素同质性检验，结果见表4-6：

表4-6　父母心理控制在不同年级上差异的方差齐性检验

| 维度 | Levene 统计量 | df1 | df2 | p值 |
|------|---------------|-----|-----|------|
| 引发子女内疚感 | 0.954 | 3 | 820 | 0.414 |
| 权力专断 | 0.073 | 3 | 820 | 0.974 |
| 爱的撤回 | 1.106 | 3 | 820 | 0.346 |
| 父母心理控制 | 0.706 | 3 | 820 | 0.548 |

从上表可以看到p（引发子女内疚感）=0.414＞0.05，p（权力专断）=0.974＞0.05，p（爱的撤回）=0.346＞0.05，p（父母心理控制）=0.548＞0.05，说明方差是齐性的，可以对其进行单因素方差分析法。

通过单因素方差分析，分析不同年级在父母心理控制及其各维度方面的差异，数据见表4-7：

表4-7　大学生父母心理控制在年级上的差异（N=824）

| 维度 | 年级 | 样本量(N) | 均值(M) | 标准差(SD) | F值 |
|---|---|---|---|---|---|
| 引发内疚感 | 大一 | 495 | 2.36 | 0.75 | 6.938*** |
| | 大二 | 156 | 2.70 | 0.81 | |
| | 大三 | 29 | 2.48 | 0.85 | |
| | 大四 | 144 | 2.42 | 0.85 | |
| 权力专断 | 大一 | 495 | 2.78 | 0.75 | 6.636*** |
| | 大二 | 156 | 2.70 | 0.81 | |
| | 大三 | 29 | 2.48 | 0.85 | |
| | 大四 | 144 | 2.42 | 0.85 | |
| 爱的撤回 | 大一 | 495 | 2.06 | 0.89 | 12.631*** |
| | 大二 | 156 | 2.58 | 0.97 | |
| | 大三 | 29 | 2.10 | 0,99 | |
| | 大四 | 144 | 2.09 | 0.97 | |
| 父母心理控制 | 大一 | 495 | 2.35 | 0.78 | 9.581*** |
| | 大二 | 156 | 2.74 | 0.83 | |
| | 大三 | 29 | 2.41 | 0.89 | |
| | 大四 | 144 | 2.37 | 0.87 | |

注：***表示p＜0.001。

通过上表可以看出，大学生父母心理控制在年级上存在显著差异（p＜0.001），且在引发子女内疚、权力专断和爱的撤回维度上均存在显著差异（p＜0.001）。通过LSD多重比较发现，父母心理控制大二年级学生显著高于大一（p＜0.001）、大三（p＜0.05）和大四（p＜0.001）学生；在引发子女内疚感维度，大二年级与大一年级（p＜0.001）、大四年级（p＜0.01）均存在显著差异，大二年级得分显著高于大一和大四年级；在权力专断维度，大二年级与大一年级（p<0.001）、大三年级（p<0.01）、大四年级（p<0.001）均存在显著差异，大二年级得分显著高于其他三个年级；在爱的撤回维度，大二年级与大一年级（p<0.001）、大三年级（p<0.05）、大四年级（p<0.001）二存在显著差异，大二年级得分显著高于其他三个年级。

（3）父母心理控制在不同专业的差异

对父母心理控制与其中引发子女内疚感、权力专断、爱的撤回三个维度进行单因素同质性检验，数据见表4-8：

表4-8 父母心理控制在不同专业上差异的方差齐性检验

| 维度 | Levene 统计量 | df1 | df2 | p值 |
|---|---|---|---|---|
| 引发子女内疚感 | 1.608 | 5 | 818 | 0.155 |
| 权力专断 | 1.228 | 5 | 818 | 0.294 |
| 爱的撤回 | 2.617 | 5 | 818 | 0.053 |
| 父母心理控制 | 1.038 | 5 | 818 | 0.394 |

从上表中可以看出，p（引发子女内疚感）=0.155>0.05，p（权力专断）=0.294>0.05，p（爱的撤回）=0.053>0.05p（父母心理控制）=0.394>0.05，说明方差是齐性的，可以对其进行单因素方差分析法。

通过对数据进行单因素方差分析，分析不同专业在父母心理控制及其各维度方面的差异，数据见表4-9：

表4-9 大学生父母心理控制在专业上的差异（N=824）

| 维度 | 专业 | 样本量(N) | 均值(M) | 标准差(SD) | F值 |
|---|---|---|---|---|---|
| 引发内疚感 | 理工 | 482 | 2.43 | 0.79 | 3.365** |
| | 经管 | 81 | 2.58 | 0.78 | |
| | 人文 | 106 | 2.29 | 0.71 | |
| | 医学 | 101 | 2.34 | 0.79 | |
| | 艺术 | 4 | 3.08 | 0.87 | |
| | 其他 | 50 | 2.72 | 0.97 | |

续表4-9

| 维度 | 专业 | 样本量(N) | 均值(M) | 标准差(SD) | F值 |
|------|------|-----------|---------|-----------|-----|
| 权力专断 | 理工 | 482 | 2.78 | 1.14 | 3.004* |
| | 经管 | 81 | 3.00 | 1.12 | |
| | 人文 | 106 | 2.75 | 1.21 | |
| | 医学 | 101 | 2.72 | 1.00 | |
| | 艺术 | 4 | 3.50 | 0.58 | |
| | 其他 | 50 | 3.32 | 1.18 | |
| 爱的撤回 | 理工 | 482 | 2.16 | 0.95 | 4.319*** |
| | 经管 | 81 | 2.35 | 0.91 | |
| | 人文 | 106 | 2.03 | 0.87 | |
| | 医学 | 101 | 1.98 | 0.81 | |
| | 艺术 | 4 | 2.70 | 1.15 | |
| | 其他 | 50 | 2.60 | 1.12 | |
| 父母心理控制 | 理工 | 482 | 2.41 | 0.82 | 4.079*** |
| | 经管 | 81 | 2.58 | 0.81 | |
| | 人文 | 106 | 2.30 | 0.76 | |
| | 医学 | 101 | 2.30 | 0.75 | |
| | 艺术 | 4 | 3.04 | 0.87 | |
| | 其他 | 50 | 2.79 | 0.97 | |

注：*表示 $p<0.05$，**表示 $p<0.01$，***表示 $p<0.001$。

通过上表可以看出，大学生父母心理控制在专业上存在显著差异（$p<0.001$），且在引发子女内疚（$p<0.01$）、权力专断（$p<0.05$）和爱的撤回维度（$p<0.001$）上均存在显著差异。通过LSD多重比较发现，父母心理控制在其他类专业与理工类专业（$p<0.01$）、人文类专业（$p<0.001$）和医学类专业（$p<0.001$）存在显著差异，其他类专业得分高于理工类、人文类和医学类专业；在引发子女的内疚感维度其他类专业与理工类专业（$p<0.05$）、人文类专业（$p<0.01$）和医学类专业（$p<0.01$）存在显著差

异，且其他类专业得分均高于另外三个专业；在权力专断维度其他类专业的得分显著高于理工类（p<0.001）、人文类（p<0.01）和医学类专业（p<0.01）；在爱的撤回维度其他类专业的得分显著高于理工类（p<0.01）、人文类（p<0.001）和医学类专业（p<0.001），经管类专业得分显著高于人文类专业（p<0.05）和医学类专业（p<0.05）。

### 3.大学生情绪管理与人际适应在人口学变量上的差异

（1）情绪管理和人际适应在性别上的差异

通过独立样本T检验，分析不同性别对大学生情绪管理和人际适应方面的差异，数据见表4-10：

表4-10 大学生情绪管理能力和人际适应能力在性别上的差异（N=824）

| 维度 | 性别 | 样本量(N) | 均值(M) | 标准差(SD) | T值 |
|---|---|---|---|---|---|
| 情绪管理 | 男 | 439 | 1.28 | 0.20 | 1.27 |
| | 女 | 385 | 1.26 | 0.14 | |
| 人际适应 | 男 | 439 | 1.69 | 0.23 | 0.44 |
| | 女 | 385 | 1.68 | 0.20 | |

通过上表可以看出，不同性别的大学生在情绪管理维度和人际适应维度均不存在显著差异。

（2）情绪管理和人际适应在生源地上的差异

通过独立样本T检验，分析不同生源地大学生在情绪管理和人际适应方面的差异，数据见表4-11：

表4-11 大学生情绪管理能力和人际适应能力在生源地上的差异（N=824）

| 维度 | 生源地 | 样本量(N) | 均值(M) | 标准差(SD) | T值 |
|---|---|---|---|---|---|
| 情绪管理 | 农村 | 409 | 1.30 | 0.18 | 4.114*** |
| | 城镇 | 415 | 1.24 | 0.16 | |
| 人际适应 | 农村 | 409 | 1.67 | 0.22 | -0.83 |
| | 城镇 | 415 | 1.69 | 0.22 | |

注：***表示p<0.001。

通过上表可以看出，不同生源地的大学生在情绪管理维度方面存在显著差异（p<0.001），生源地为农村的被试得分高与生源地为城镇的被试。但不同生源地被试在人际适应方面不存在显著差异。

（3）情绪管理和人际适应在独生子女方面的差异

通过独立样本T检验，分析是否为独生子女在大学生情绪管理和人际适应方面的差异，数据见表4-12：

表4-12　大学生情绪管理能力和人际适应能力在独生子女上的差异（N=824）

| 维度 | 独生子女 | 样本量（N） | 均值（M） | 标准差（SD） | T值 |
|------|----------|------------|-----------|--------------|-----|
| 情绪管理 | 是 | 339 | 1.25 | 0.19 | −2.08* |
| | 否 | 485 | 1.28 | 0.16 | |
| 人际适应 | 是 | 339 | 1.70 | 0.23 | 1.52 |
| | 否 | 485 | 1.67 | 0.21 | |

注：*表示 p<0.05。

通过上表可以看出，独生子女方面在情绪管理维度上存在差异（p<0.05），独生子女得分低于非独生子女的被试。但不同被试在人际适应方面上不存在显著差异。

（4）情绪管理和人际适应在年级方面的差异

对大学生情绪管理和人际适应在年级方面的差异进行单因素同质性检验，数据见表4-13：

表4-13　情绪管理和人际适应在年级方面的差异的方差齐性检验

| 维度 | Levene 统计量 | df1 | df2 | p值 |
|------|---------------|-----|-----|-----|
| 人际适应 | 1.200 | 3 | 819 | 0.309 |
| 情绪管理 | 2.525 | 3 | 819 | 0.056 |

从上表中可以看出，p（人际适应）=0.309>0.05，p（情绪管理）=0.056>0.05，说明方差是齐性的，可以使用单因素方差分析法。

通过对数据进行单因素方差分析，分析不同年级大学生在情绪管理和人际适应方面的差异，数据见表4-14：

多变量视角的大学生学习心理机制研究

表4-14　大学生情绪管理和人际适应在年级上的差异（N=824）

| 维度 | 年级 | 样本量（N） | 均值（M） | 标准差（SD） | F值 |
|---|---|---|---|---|---|
| 人际适应 | 大一 | 495 | 1.67 | 0.22 | 7.134*** |
|  | 大二 | 156 | 1.62 | 0.22 |  |
|  | 大三 | 29 | 1.77 | 0.18 |  |
|  | 大四 | 144 | 1.70 | 0.22 |  |
| 情绪管理 | 大一 | 495 | 1.25 | 0.16 | 7.599*** |
|  | 大二 | 156 | 1.32 | 0.19 |  |
|  | 大三 | 29 | 1.30 | 0.11 |  |
|  | 大四 | 144 | 1.28 | 0.19 |  |

注：***表示 $p < 0.001$。

表4-15是不同年级大学情绪管理和人际适应在年级方面的差异上的LSD多重比较，由表可以看出人际适应和情绪管理在不同年级上均存在显著差异。

表4-5　情绪管理和人际适应在年级方面的差异上的LSD多重比较

| 因变量 | (D)年级 | (J)年级 | 均值差(I-J) | 标准差 | 显著性 | 95%的置信区间 下限 | 上限 |
|---|---|---|---|---|---|---|---|
| 人际适应 | 大一 | 大二 | 0.07965* | 0.01998 | 0.000 | 0.0404 | 0.1189 |
|  |  | 大三 | −0.07298 | 0.04147 | 0.080 | −0.1546 | 0.0086 |
|  |  | 大四 | 0.00055 | 0.02060 | 0.979 | −0.0399 | 0.410 |
|  | 大二 | 大一 | −0.07965* | 0.01998 | 0.000 | −0.1189 | −0.0404 |
|  |  | 大三 | −0.15263* | 0.04400 | 0.001 | −0.2390 | −0.0663 |
|  |  | 大四 | −0.07910 | 0.02514 | 0.002 | −0.1284 | −0.0297 |
|  | 大三 | 大一 | 0.07298 | 0.04157 | 0.080 | −0.0086 | 0.1546 |
|  |  | 大二 | 0.15263* | 0.04400 | 0.001 | 0.0663 | 0.2390 |
|  |  | 大四 | 0.07353 | 0.04428 | 0.097 | −0.0134 | 0.1605 |
|  | 大四 | 大一 | −0.00055 | 0.02060 | 0.979 | −0.0410 | 0.0399 |
|  |  | 大二 | 0.07910* | 0.02514 | 0.002 | 0.0297 | 0.1284 |
|  |  | 大三 | −0.07353 | 0.04428 | 0.097 | −0.1605 | 0.0134 |

续表4-15

| 因变量 | (I)年级 | (J)年级 | 均值差(I-J) | 标准差 | 显著性 | 95%的置信区间 | |
|---|---|---|---|---|---|---|---|
| | | | | | | 下限 | 上限 |
| 情绪管理 | 大一 | 大二 | −0.07431* | 0.01589 | 0.000 | −0.1055 | −0.0431 |
| | | 大三 | −0.04395 | 0.03306 | 0.184 | −0.1088 | 0.0209 |
| | | 大四 | −0.02752 | 0.01639 | 0.093 | −0.0597 | 0.0046 |
| | 大二 | 大一 | −0.07431* | 0.01589 | 0.000 | 0.0431 | 0.1055 |
| | | 大三 | 0.03036 | 0.03499 | 0.386 | −0.0383 | 0.0990 |
| | | 大四 | 0.04679* | 0.01999 | 0.019 | 0.0075 | 0.0860 |
| | 大三 | 大一 | −0.04395 | 0.03306 | 0.184 | −0.0109 | 0.1088 |
| | | 大二 | −0.03036 | 0.03499 | 0.386 | −0.0990 | 0.0381 |
| | | 大四 | 0.01644 | 0.03521 | 0.641 | −0.0527 | 0.0856 |
| | 大四 | 大一 | −0.02752 | 0.01639 | 0.093 | −0.0046 | 0.0597 |
| | | 大二 | −0.04679* | 0.01999 | 0.019 | −0.860 | −0.0075 |
| | | 大三 | −0.01644 | 0.03521 | 0.641 | −0.0856 | 0.0527 |

注：*表示p<0.05。

通过上表可以看出，人际适应和情绪管理在年级上均存在显著差异（p<0.001）。通过LSD多重比较发现，在人际适应方面，大二与大一（p<0.001）、大三（p<0.005）、大四（p<0.005）的学生均存在显著差异，且大二学生的得分显著低于其他三个年级。在情绪管理方面，仅大一和大二学生之间存在显著差异（p<0.001），且大二学生得分高于大一学生。

（5）大学生情绪管理和人际适应在不同专业的差异

对大学生情绪管理和人际适应在不同专业的差异进行单因素同质性检验，数据见表4-16：

表4-16　大学生情绪管理和人际适应在不同专业上的方差齐性检验

| 维度 | Levene 统计量 | df1 | df2 | 显著性 |
|---|---|---|---|---|
| 人际适应 | 0.596 | 5 | 817 | 0.703 |
| 情绪管理 | 4.299 | 5 | 817 | 0.057 |

从上表中可以看到，p（人际适应）=0.703＞0.05，p（情绪管理）=0.057＞0.05，说明方差是齐性的，可以使用单因素方差分析法。

通过对数据进行单因素方差分析，分析不同专业大学生在情绪管理和人际适应方面的差异，数据见表4-17：

表4-17　大学生情绪管理和人际适应在专业上的差异（N=824）

| 维度 | 专业 | 样本量(N) | 均值(M) | 标准差(SD) | F值 |
|---|---|---|---|---|---|
| 人际适应 | 理工 | 482 | 1.69 | 0.22 | 4.788*** |
| | 经管 | 81 | 1.62 | 0.21 | |
| | 人文 | 106 | 1.66 | 0.19 | |
| | 医学 | 101 | 1.74 | 0.23 | |
| | 艺术 | 4 | 1.80 | 0.22 | |
| | 其他 | 50 | 1.61 | 0.23 | |
| 情绪管理 | 理工 | 482 | 2.78 | 0.19 | 2.482* |
| | 经管 | 81 | 1.30 | 0.15 | |
| | 人文 | 106 | 1.24 | 0.12 | |
| | 医学 | 101 | 1.28 | 0.16 | |
| | 艺术 | 4 | 1.17 | 0.57 | |
| | 其他 | 50 | 1.33 | 0.22 | |

注：*表示 p＜0.05，***表示p＜0.001。

通过上表可以看出，大学生人际适应（p＜0.001）和情绪管理（p＜0.05）均在专业方面存在显著差异。从LSD检验可以看出，在人际适应方面，医学类学生与理工类（p＜0.05）、经管类（p＜0.001）、人文类（p＜0.05）和其他类（p＜0.001）学生存在显著差异，且医学类学生得分显著高于理工类、经管类、人文类和其他类学生；理工类学生与经管类（p＜0.05）和其他类（p＜0.05）学生存在显著差异，且理工类学生得分显著高于经管类和其他类学生。在情绪管理方面，其他类学生与理工类（p＜0.05）和人文类（p＜0.05）存在显著差异，其他类学生得分显著低于理工类和人文类学生。

**4.大学生父母心理控制、情绪管理与人际适应之间的关系研究**

（1）父母心理控制与人际适应的相关

通过相关分析的方法对父母心理控制与大学生人际适应进行检验，结果见表4-18：

表4-18　父母心理控制与大学生人际适应的相关分析（N=824）

| 维度 | 引发内疚 | 权力专断 | 爱的撤回 | 心理控制 | 人际适应 |
|---|---|---|---|---|---|
| 引发内疚 | 1 | — | — | — | — |
| 权力专断 | 0.683** | 1 | — | — | — |
| 爱的撤回 | 0.833** | 0.665** | 1 | — | — |
| 心理控制 | 0.962** | 0.812** | 0.921** | 1 | — |
| 人际适应 | −0.182** | −1.64** | −0.221** | −0.206** | 1 |

注：**表示p＜0.01。

由上表可知，父母心理控制与大学生人际适应存在显著负相关（p＜0.001），引发子女内疚感与大学生人际适应存在显著负相关（p＜0.001），权力专断与大学生人际适应存在显著负相关（p＜0.001），爱的撤回与大学生人际适应存在显著负相关（p＜0.001）。

（2）父母心理控制与情绪管理的相关

通过相关分析的方法对父母心理控制与大学生情绪管理进行检验，结果见表4-19：

表4-19　父母心理控制与大学生情绪管理的相关分析（N=824）

| 维度 | 引发内疚 | 权力专断 | 爱的撤回 | 心理控制 | 情绪管理 |
|---|---|---|---|---|---|
| 引发内疚 | 1 | — | — | — | — |
| 权力专断 | 0.683** | 1 | — | — | — |
| 爱的撤回 | 0.833** | 0.665** | 1 | — | — |
| 心理控制 | 0.962** | 0.812** | 0.921** | 1 | — |
| 情绪管理 | −0.091** | −0.081* | −0.139** | −0.112** | 1 |

注：*表示p＜0.05，**表示p＜0.01。

由上表可知，父母心理控制与大学生情绪管理存在显著负相关（p<0.001），引发子女内疚感与大学生情绪管理存在显著负相关（p<0.01），权力专断与大学生情绪管理存在显著负相关（p<0.05），爱的撤回与大学生情绪管理存在显著负相关（p<0.001）。

（3）大学生情绪管理与人际适应的相关

通过相关分析的方法对大学生情绪管理与人际适应进行检验，结果见表4-20：

表4-20 大学生情绪管理与人际适应的相关分析（N=824）

| 维度 | 情绪的觉察 | 情绪的理解 | 情绪的表达 | 情绪的调控 | 情绪的运用 | 情绪管理 | 人际适应 |
|---|---|---|---|---|---|---|---|
| 情绪的觉察 | 1 | — | — | — | — | — | — |
| 情绪的理解 | 0.478** | 1 | — | — | — | — | — |
| 情绪的表达 | 0.358** | 0.438** | 1 | — | — | — | — |
| 情绪的调控 | 0.324** | 0.340** | 0.392** | 1 | — | — | — |
| 情绪的运用 | 0.417** | 0.439** | 0.471** | 0.407** | 1 | — | — |
| 情绪管理 | 0.719** | 0.741** | 0.727** | 0.678** | 0.758** | 1 | — |
| 人际适应 | 0.166** | 0.69* | 0.46 | 0.27 | 0.229** | 1.51** | 1 |

注：*表示 p<0.05，**表示 p<0.01。

由上表可知，大学生情绪管理与人际适应存在显著正相关（p<0.001），情绪的觉察维度与大学生人际适应存在显著正相关（p<0.001），情绪的理解维度与大学生人际适应存在显著正相关（p<0.001），情绪的运用维度与大学生人际适应存在显著正相关（p<0.001），情绪的表达维度和情绪的调控维度与大学生人际适应不存在显著相关。

**5.情绪管理在父母心理控制与大学生人际适应之间的中介作用**

在本研究中，如果要对父母心理控制和大学生人际适应作进一步的分析，就应该对父母心理控制和大学生情绪管理的其他变量进行控制。通过逐步回归进行数据分析，结果显示，父母心理控制对大学生情绪管理有显著的预测作用。回归系数为0.112（p<0.001）。父母心理控制对人际适应

有显著预测作用，回归系数为0.206（p<0.001）。由此可以预测，情绪管理在父母心理控制和人际适应间起中介作用。父母心理控制、情绪管理与人际适应单个变量之间两两显著相关。因此，应研究情绪管理在父母心理控制与人际适应之间的中介作用，检验预测过程如下：

第一步，检验总效应c。对父母心理控制与大学生人际适应之间的关系进一步研究，以父母心理控制为自变量，以大学生人际适应为因变量进行回归分析。检验自变量（X）父母心理控制与因变量大学生人际适应（Y）的回归系数c。结果见表4-21：

表4-21　父母心理控制与人际适应之间的回归分析（N=824）

| 因变量 | 自变量 | $R^2$ | $\triangle R^2$ | Beta | T值 | F值 |
|---|---|---|---|---|---|---|
| Y | X | 0.042 | 0.041 | −0.206 | −6.040*** | 36.479 |

注：***表示p<0.001。

通过上表可以看出，父母心理控制进入了回归方程，父母心理控制对大学生人际适应的回归系数c=−0.206，T检验的结果均达到显著水平（p<0.001）。说明了父母心理控制对大学生人际适应有显著的预测作用。据此说明，可以进一步考虑情绪管理能力的中介效应，模型如图4-1，模型拟合的指标见表4-22：

图4-1　父母心理控制对大学生人际适应的总效应模型图（标准化）

表4-22　总效应模型拟合指数表

| 指标 | $\chi^2$ | df | $\chi^2$/df | GFI | NFI | RFI | IFI | TLI | CFI | RMSEA |
|---|---|---|---|---|---|---|---|---|---|---|
| 值 | 19.14 | 8 | 2.39 | 0.98 | 0.98 | 0.97 | 0.94 | 0.99 | 0.98 | 0.05 |

第二步，对父母心理控制与大学生情绪管理之间的关系进一步研究。首先构建中介模型，见图4-2，其次计算模型拟合的指标，结果显示模型拟合各项指标均良好，见表4-23。

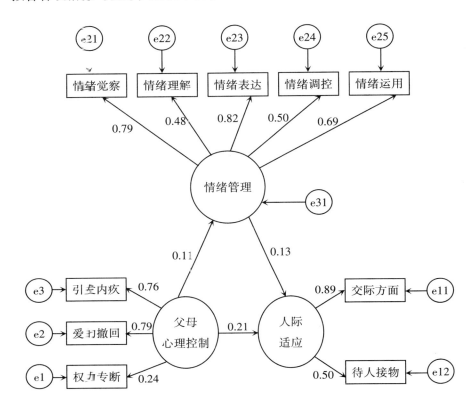

图4-2　父母心理控制对大学生情绪管理与人际适应的中介模型图（标准化）

表4-23　情绪管理作为中介效应的模型拟合指数表

| 指标 | $\chi^2$ | df | $\chi^2$/df | GFI | NFI | RFI | IFI | TLI | CFI | RMSEA |
|------|------|------|------|------|------|------|------|------|------|------|
| 值 | 368.61 | 74 | 4.98 | 0.90 | 0.90 | 0.87 | 0.91 | 0.89 | 0.91 | 0.08 |

以父母心理控制为自变量，以大学生情绪管理为因变量进行回归分析。检验自变量（X）父母心理控制与因变量大学生情绪管理（M）的偏回归系数a。结果见表4-24：

表4-24　父母心理控制与情绪管理之间的回归分析（N=824）

| 因变量 | 自变量 | $R^2$ | $\triangle R^2$ | Beta | T值 | F值 |
|---|---|---|---|---|---|---|
| M | X | 0.013 | 0.011 | −0.112 | −3.229*** | 10.429 |

注：***表示 $p < 0.001$。

通过上表可以看出，父母心理控制进入了回归方程，父母心理控制对大学生情绪管理的回归系数为−0.112，T检验的结果均达到显著水平（$p < 0.001$）。说明父母心理控制对大学生情绪管理有显著的预测作用。

第三步，以父母心理控制和情绪管理为自变量，人际适应为因变量进行回归分析，将情绪管理进入方程，依次检验情绪管理（M）与人际适应（Y）的偏回归系数b和自变量父母心理控制（X）与因变量人际适应（Y）的回归系数c′是否显著。具体结果见表4-25：

表4-25　父母心理控制、情绪管理与人际适应的回归分析（N=824）

| 因变量 | 自变量 | Beta | T值 | $R^2$ | $\triangle R^2$ | F值 |
|---|---|---|---|---|---|---|
| Y | — | — | — | 0.060 | 0.058 | 26.245 |
| — | X | −0.195 | −5.714** | — | — | — |
| — | M | 0.129 | 3.787** | — | — | — |

注：**表示 $p < 0.01$。

由上表可知，将情绪管理这一中介变量带入回归方程后，父母心理控制对人际适应的回归系数从0.206降到了0.195，并且回归系数依然显著。

最后通过回归分析，发现a、b两个系数均显著，说明情绪管理（M）的中介效应显著。另外，结果发现c′也显著，说明情绪管理在父母心理控制与大学生人际适应中起部分中介作用，中介效应为0.21×0.11/0.13=17.8%。

中介效应检验步骤见表4-26：

表4-26　情绪管理在父母心理控制与大学生人际适应中的中介效应检验步骤

| 步骤 | 标准化回归方程 | 回归系数检验 | |
| --- | --- | --- | --- |
| 第一步 | Y=-0.206X | SE=0.206 | T=-6.040*** |
| 第二步 | Y=-0.112M | SE=0.112 | T=-3.229*** |
| 第三步 | Y=-0.195X+0.129M | SE=0.009<br>SE=0.043 | T=-5.714***<br>T=-3.787*** |

注：***表示 $p < 0.001$。

将情绪管理的五个维度分别放入回归方程，并对其进行中介检验。最后得出情绪的理解维度在父母心理控制和大学生人际适应间起完全中介作用 $c'=0.056$，$T=1.365$（$p > 0.05$）；情绪的表达维度在父母心理控制和人际适应间起完全中介作用 $c'=0.063$，$T=1.569$（$p > 0.05$）；情绪的觉察维度在父母心理控制和人际适应间起部分中介作用 $c'=-0.119$，$T=-2.992$（$p < 0.01$）；情绪的调控维度在父母心理控制和人际适应间起部分中介作用 $c'=0.079$，$T=2.051$（$p < 0.05$）；情绪的运用维度在父母心理控制和人际适应间起部分中介作用 $c'=-0.180$，$T=-5.397$（$p < 0.001$）。

## 五、结论与建议

根据以上数据分析，现就父母心理控制得出结论，提出建议。

### （一）结论

第一，大学生父母心理控制程度整体属于正常水平。不同性别的大学生在父母心理控制总分与引发子女内疚感维度存在显著的差异，男性被试比女性被试被控制感程度更高，更多地感觉到父母引发自己内疚感的情况发生。这是由于社会文化通常对男性和女性的角色有不同的期望，男性可能被期望更加独立和自主，而女性可能被期望更加依赖和顺从。这种期望可能会影响个体对父母控制感的感知。不同生源地的大学生和是否为独生子女的大学生在父母心理控制总分与爱的撤回维度有显著差异存在，生源地为农村和非独生子女的被试更明显地感觉到父母心理控制与爱的撤回。其原因可能是来自农村的学生面临着更大的经济压力和社会压力，由于城乡差异，农村学生可能更倾向于传统的家庭观念，这也会影响他们对父母心理控制的感知。独生子女可能因为缺乏兄弟姐妹的支持，而在心理上更依赖于父母，他们可能更敏感地感受到父母的心理控制和爱撤回，因为这些行为会对他们的自我价值感和安全感产生影响。

第二，父母心理控制与大学生情绪管理存在显著负相关，说明父母的心理控制程度越高，大学生的情绪管理能力越弱。父母心理控制与大学生的人际适应也存在显著负相关，说明父母的心理控制程度越高，大学生的人际适应情况越糟糕。情绪管理与人际适应存在显著正相关，说明情绪管理能力越强，人际适应能力越好。父母的心理控制程度越高，意味着父母可能更多地采用威胁、羞辱、引起罪恶感等方式来操纵孩子的行为和情感，而非通过设定规则和限制等外在行为控制。前者可能会削弱孩子的自主性和自我效能感，使他们感到没有能力做出自己的决定，或者担心自己的行为会让父母失望、生气。这种心理状态可能会使孩子在尝试调节自己的情绪时感到更加困难，他们可能会因为害怕面对父母的反应而压抑自己的情绪，或者在激动时无法有效地控制自己的情绪，进而影响他们在社会交往中的情绪表达和情绪管理。

第三，情绪管理在父母心理控制和人际适应之间起部分中介作用，说明父母心理控制不仅可以直接预测大学生人际适应情况，还可以通过情绪管理间接对人际适应产生影响。情绪的表达和情绪的理解在父母心理控制和大学生人际适应间起完全中介作用，说明父母心理控制对大学生人际适应的影响，完全是通过情绪的理解和情绪的表达起作用的。情绪的觉察、情绪的运用和情绪的调控在父母心理控制与大学生人际适应之间起部分中介作用，说明父母心理控制对大学生人际适应的影响一部分是通过情绪的觉察、情绪的运用和情绪的调控起作用的。受父母心理控制较严重的个体可能在人际交往中表现出更多的不适应性，如依赖性、顺从性或反抗性，这些都可能影响他们建立和维护健康的人际关系。

## （二）建议

在中国的教育模式下，"以爱为名"的父母心理和行为控制令许多孩子喘不过气，甚至会影响到孩子与同龄人建立健康社交关系的能力。严厉又苛刻的教养方式也可能导致孩子与家长之间的沟通不畅，难以建立起亲密的关系。

　　大学生正处于青春期后期和成年初期，这个阶段的个体正在经历生理和心理上的巨大变化。他们可能遇到各种各样的情绪问题，如焦虑、抑郁、孤独、自卑等。当孩子们进入大学，开始住校生活时，早期的被控制经历会对他们的情绪管理和人际适应产生负面影响。不良的情绪管理能力可能导致他们在同学关系、师生关系等方面遇到困难，进而表现出两种极端。一种是过度参与社交活动，试图以这种方式来弥补内心的孤独和不安。但这种方法带来的改变可能只是短期的和表面的，因为它没有解决根本的问题，且个体在社交活动中体验到的效能感缺失、社交焦虑或对网络社交的过度依赖。另一种则是选择逃避现实，沉溺于网络世界中，不愿与他人面对面交流。进入大学后，学生由严格的高考准备阶段转变为相对自由的自主学习阶段，与此同时，网络世界提供了丰富多彩的虚拟体验，如游戏、社交、娱乐等，这些都可以成为大学生逃避现实的途径。在网络游戏中，他们可以不负责任、无拘无束地放纵，获得自我价值的肯定，网络色情信息和网络交际则带来心理和感官上的刺激，满足孩子们倾诉和被理解的欲望。

　　在人际交往中，微妙的情绪变化可能影响到每个人与他人的互动方式。善于觉察、理解和表达自己的情绪的人，更有可能建立起健康的人际关系。反之，如果一个人对自己的情绪缺乏了解，或者不知道如何适当地表达和管理自己的情绪，那么他可能在与他人的交往中遇到困难。控制与放手是存在于父母内心的持久较量，如何适度控制、适时放手是家庭教育自始至终的难题。

　　研究表明，心理控制程度的高低与父母的受教育水平之间并没有必然的联系。换句话说，父母的受教育程度高低不决定他们是否采用心理控制的策略。父母掌握心理控制的"度"是一个复杂且细致的过程，稍有不慎，父母或孩子就会陷入极端的情绪怪圈。对已然经历过近二十年父母心理控制的大学生来说，成长过程无法从头再来，但学生可以自主进行改变，建立合理的情绪管理与人际适应方式，其具体内容分以下四点。

　　第一，设定清晰的界限和合理的期望。父母和孩子对未来都是充满期望的，因此，双方要为彼此留下足够的自由空间和沟通空间。对于父母来说，应该明确告诉孩子什么是可以接受的，什么是不被允许的。同时，为孩子设定的期望应该是现实的，充分考虑到孩子的年龄、能力和发展阶段。对于大学生来说，应保持与父母的边界感，明确自己的立场和底线，适当地表达自己的感受和需求，让父母明白哪些行为是自己不能接受的；应尝试和父母进行开放、诚实的对话，让他们了解自己的想法和生活方式；如果面对面沟通困难，可以考虑书信或电子邮件的形式。

第二，寻求专业帮助。大到世界态势，小到日常生活的细琐碎事，面对纷繁复杂的问题和解决这些问题是贯穿人一生的课题，其压力也贯穿人生始终。及时寻求支持和专业帮助是保持情绪健康的途径之一，如果感受到父母的心理控制给自己带来了极大的困扰和压力，大学生既可以向亲朋好友寻求帮助，分享经历和感受，获得情感支持和实用的建议，也可以向专业的心理咨询师咨询，寻求治疗。

第三，教育和引导父母。"教育"本身就是一项双边的互动过程，大学生应理解父母的行为背后可能有他们的担忧和不安，尽量保持冷静和理智，避免激烈的对抗。同时也要通过适当的方式帮助父母了解更好的教育方式和沟通技巧，如给父母推荐相关文章或视频，引用身边的例子等。

第四，精神和经济逐渐独立。大学生应在经济和生活上逐渐实现独立，减少对父母的依赖，这样能在一定程度上减少父母的控制欲。生活技能的习得是大学生摆脱父母直接干预、提高个人生活质量、更好地适应社会生活的第一步。当然，父母也要认识到适度指导孩子掌握基本的生活技能的必要性，比如财务管理、烹饪、洗衣等。随着孩子的成长，父母应该逐渐减少对这些日常活动的直接干预，给予孩子更多的实践机会，让他们在尝试和错误中学习并成长为独立个体。问题解决能力的培养是大学生从容应对学术生活、职业规划、人际交往等现实生活问题的根基。父母要做的并不是"替代"或者"包揽"，而是应该引导孩子面对挑战、分析问题、寻找解决方案，适度控制他们的生活。独立思考、敢于创新和应对挑战的能力对大学生的未来的生活和职业发展来说是非常宝贵的。

总而言之，父母心理控制对大学生的情绪管理和学业成就具有深远的影响。这种影响既可以是直接的，也可以是间接的，通过情绪管理这一中介变量来实现。父母的心理控制会通过情绪管理这一中介变量对大学生的学业成就产生影响，父母的心理控制会导致孩子产生消极的思想，如自卑、无助、无望等，这些消极思想可能影响孩子的心理健康，使他们更容易陷入抑郁或其他心理问题，进一步影响他们的情绪管理能力。而情绪管理能力与心理健康密切相关，情绪管理能力强的个体通常能够更好地理解和表达自己的情感，更有效地调节和管理自己的情绪反应。这种能力的发展可能与他们在成长过程中得到的父母支持有关。父母支持包括情感上的支持、鼓励、理解和接纳，这些都有助于孩子发展出更好的情绪管理能力。

为了促进大学生的情绪管理能力和学业成就提高，父母应该避免过度的心理控制，而应该更多地采用支持性和理解性的养育方式。

# 第二节　留守经历大学生的学习心理

## 一、问题的提出

### （一）留守经历对青少年心理健康影响是社会关注的焦点之一

随着中国经济的快速发展，许多农村劳动力涌入城市，寻求更高的收入以改善家庭生活条件。然而，由于经济等条件的限制，他们无法将子女带在身边，导致子女留在农村，成为留守儿童。此外，一些父母的教养观念淡薄、责任意识不足，也加剧了这一现象的严重性。随着时间的推移，这些儿童逐渐成长，其中一部分人已经进入了大学，成为全日制在读大学生，"00后"一代的留守儿童，面临的问题既有老问题的新表现形式，也有新时代带来的新问题。

留守儿童问题是当今社会关注的焦点之一。留守儿童的成长环境和家庭背景对他们的心理、情感和行为发展有着深远的影响。由于父母长期在外务工，留守儿童往往缺乏父母的直接关爱和监管，这可能对他们的心理健康产生影响。一些研究指出，留守儿童会体会到更高的孤独感，面临更高的焦虑和抑郁风险。此外，由于缺少父母的陪伴和指导，他们在成长过程中更容易遭遇心理发展障碍，产生问题行为。在留守儿童教育问题上也存在诸多挑战。一方面，留守儿童可能因为缺乏父母的监督而在学习上缺乏动力和自律；另一方面，由于家庭经济条件的限制或其他原因，留守儿童可能无法获得与城市儿童同等的教育资源和机会。

然而，个体的成长发展需要经历漫长的过程，在这个过程当中留守儿童的发展也表现出较大的个体性差异。比如，部分儿童会出现适应性问题，从而产生各种问题行为，也有部分留守儿童在不利的环境中反而功能发展完好，表现出较高的"抗逆性"——个体的心理功能及其发展并未受到压力、逆境的损伤性影响的心理现象[①]，从而在逆境中完好地成长发展。

### （二）情绪与留守经历对个体的双重影响

情绪是人类心理的重要组成部分，它不仅是人们的内心对环境的反映，还对人们的认知和行为产生深远的影响。在大学阶段，学生们正处于生理和心理发展的关键时期，他们的情绪体验丰富而复杂，容易出现情绪波动和困扰。因此，情绪管理的作用十分重要。首先，情绪管理有助于提升学生的学习和生活质量。当学生能够有效地管理自己的情绪时，他们可以更好地集中精力学习，提高学习效率，同时也能保持良好的生活习惯和身心健康。其次，情绪管理有助于学生建立良好的人际关系。在人际交往中，情绪起着重要的作用。通过有效的情绪管理，学生可以更好地理解自己和他人的情绪，增进彼此之间的了解和信任，从而建立起健康的人际关系。最后，情绪管理还有助于学生的心理健康。长期的负面情绪积累可能导致心理问题，如焦虑、抑郁等产生。通过有效的情绪管理，学生可以降低心理问题产生的风险，保持积极乐观的心态，促进心理健康。

留守经历对学生的情绪有着复杂的影响。一方面，留守经历可能导致儿童在情绪调节上面临更多的挑战。由于在成长的关键时期缺少父母的陪伴，留守儿童可能在情绪表达和理解上存在一定的困难，他们会更倾向于压抑自己的情绪，或者在情绪激动时难以有效地控制自己的情绪。这种情绪调节的困难会影响他们在社会交往中的表现，使他们更难与他人建立和维持健康的人际关系。另一方面，留守经历可能导致儿童在情绪体验上更为敏感和强烈。由于在成长过程中缺少父母的支持和理解，留守儿童会对他人的情绪反应更为敏感，同时也更容易体验到负面情绪，如焦虑、抑郁、孤独等。这种情绪体验的敏感性会进一步加剧他们在情绪调节上的困

---

① 李燕平、杜曦：《农村留守儿童抗逆力的保护性因素研究——以曾留守大学生的生命史为视角》，《中国青年社会科学》2016年第4期，第69-74页。

难。此外，留守经历可能影响儿童在情绪认知和情绪智力上的发展。

在进入大学后，有留守经历的儿童在情绪管理上会表现出一些不同的处理模式，那么这些情绪管理模式有何问题，又为何产生？本调研拟通过对有留守经历的大学生进行情绪管理方面的研究，更深入地了解这一特殊群体的心理健康状况，并为他们今后的教育和生活提供针对性的建议。

## 二、文献回顾

### （一）情绪管理

目前，多数研究将情绪管理定义为个体管理情绪的能力，理论依据主要是情绪智力概念的应用[1]。20世纪八九十年代，美国心理学家梅耶（Mayer）、萨洛维（Salovey）、戈尔曼（Goleman）和以色列心理学家巴昂（Bar-On）先后明确提出了"情绪智力"的概念，随后，*Emotional Intelligence* 的出版使这一概念得到迅速普及与推广[2]。

情绪智力是一个包含多个维度的综合能力，包括但不限于情绪识别、情绪表达、情绪调节和情绪利用等维度，侧重于个体识别、理解、管理自己和他人情绪的能力。而情绪管理更多地关注在实际生活中有效地管理和调节情绪以适应不同的环境和要求，这包括了自我监控、自我激励、压力管理、冲动控制等多种技能，更偏向于实际应用层面，是对情绪的识别、评估和调节的过程。

#### 1.情绪管理内涵

19世纪以来，心理学家对情绪进行了持续深入的研究，但是，由于情绪的复杂性，关于其定义至今没有统一的意见。当代心理学家认为，情绪是一种混合的心理现象，它是由独特的主观体验、外部表现和生理唤醒三种成分组成的[3]。美国心理学家利珀（Liby）把情绪定义为一种具有动机和

---

① 吴佳钰：《3—6岁儿童情绪管理能力的现状研究——以广州市为例》，硕士学位论文，广州大学，2013，第10页。

② 朱朕红：《教师情绪管理能力提升研究：以××初中为例》，硕士学位论文，西南大学，2014，第6页。

③ 彭聃龄主编《普通心理学》，北京师范大学出版社，2012年，第406-407页。

知觉的积极力量，它组织、维持和指导着行为①。拉扎勒斯（Arnold Allan Lazarus）则认为，情绪是对周围环境中各种信息的生理、心理反应的整合，它依赖于短时的或持续的评价②。

大学阶段既是个人成长发展的重要时期，也是情绪体验特别丰富的时期。大学生的情绪体验不只是简单的快乐或不快乐，还包含了更复杂的维度，如强度、持续时间、触发因素等。因此，外部环境和内部因素都要共同助力，提供资源和支持，在帮助学生们更好地理解和处理他们的情绪的同时，不断提高他们的情绪管理能力。

国内外学者对于情绪管理的内涵有着不同的理解和界定，这些理解反映了情绪管理的复杂性，以及它在个体生活中的重要性。依照着手角度的不同，学者对情绪管理的定义可分为四类。

第一类从客体本身着手。王泽华（2006）认为，情绪管理应该是一种善于掌握自我并善于调节情绪，能够适当排解生活当中的矛盾和事件，能够以乐观的态度及时缓解紧张的心理状态的能力。他认为，情绪管理主要涉及体察自己的情绪、合理地表达情绪，以及能够以合宜的方式对情绪给予个人理解③。孟佳（2012）认为，大学生通过对自己与他人情绪的觉察来进一步对自己的情绪进行理解和运用，通过调控最终表现出来的过程即情绪管理④。

第二类从客体和对象着手。许若兰（2003）认为，情绪管理是对个体和群体情绪进行调控的过程，是大学生对自身和他人情绪的认识、协调、引导、互动和控制，是对情绪智商的挖掘和培植，是培养驾驭情绪的能力，是建立和维护良好情绪状态的一种现代管理方法⑤。王卓茹（2011）认为，情绪管理是个体能够正确认知并评估自身的情绪，以同理心作为基

① 何茂荣：《给情绪找个好去处》，《企业研究》2005年第1期，第74-75页。

② 焦丽敏：《论教师的情绪管理》，硕士学位论文，湖南大学，2008，第6页。

③ 胡晴：《大学生情绪管理能力与主观幸福感关系的研究》，硕士学位论文，西华师范大学，2016，第2-3页。

④ 孟佳：《大学生情绪管理能力问卷的编制》，硕士学位论文，山西医科大学，2012，第3页。

⑤ 许若兰：《论大学生情绪管理和情绪教育》，《成都理工大学学报》（社会科学版）2003年第4期，第116-118页。

础来觉察他人的情绪状态的过程，内容包含在相应情景下运用适当的方式，通过适当时机进行表达，对于情绪刺激源进行合理、弹性地思考，最终采取适当的调适策略进行纾解或转化，以减少负性情绪的影响，从而维持身心平衡于增进良好的人际关系①。

第三类人意识与生理反应着手。西凯迪（Cicchetti）、艾克蒙（Ackerman）等人（1995）认为，情绪管理是发生在意识内外的，包括生理、认知、体验和行为反应的动力组织系统，其功能是驱动和组织行为以适应特定的环境②。

第四类人过程和方法着手。汤普森（Thomposon，1994）指出，情绪管理是一种适应社会现实的活动过程，它要求人们的情绪反应具有灵活性、应变性和适度性，以使人们能以有组织、有建设性的方式，迅速而有效地适应变化的社会情景③。焦丽敏（2008）认为，情绪管理是人们运用心理学和管理学的理论与方法，通过对自己或他人情绪的觉察、分析、调适，达到管理者目标的一种管理过程④。栗早霞（2011）认为，情绪管理是人们为了消除或减少不良的情绪状态，运用心理学的理论和方法，对自己或他人情绪进行感知、理解、表达、调适的管理过程⑤。

本研究对情绪管理作如下定义：情绪管理是个体对自己或他人的情绪进行觉察和理解，采取适当的方式表达情绪，并运用各种方法进行情绪调控，从而达到管理者理想目的的过程。

**2.大学生情绪管理的维度划分**

杜继淑、王飞飞、冯维（2007）通过情绪管理量表和SCL-90症状自评量表对大学生进行测试发现，大学生情绪管理能力的五个维度与心理健

---

① 杨洁：《大学生的情绪管理能力对风险偏好的影响研究》，硕士学位论文，湖南师范大学，2016，第5页。

② 张荣伟：《情绪对初中生学习自控影响的研究》，硕士学位论文，福建师范大学心理学系，2006，第一页。

③ Tedra A. Walden and Maureen C. Smith, "Emotion Regulation," *Motivation and Emotion* 21, no.1(1997): 7-25.

④ 焦丽敏：《论教师的情绪管理》，硕士学位论文，湖南大学，2008，第9页。

⑤ 栗早霞：《小学教师课堂教学情绪管理的现状及对策研究》，硕士学位论文，沈阳师范大学，2011，第5页。

康的九个因子之间有显著的相关。孟佳（2012）对大学生情绪管理能力问卷的编制进行研究，最终将大学生情绪管理划分为情绪觉察能力、情绪理解能力、情绪运用能力、情绪调控能力、情绪表现能力五个维度。胡晴（2016）对大学生情绪管理能力进行研究，其问卷在孟佳（2012）参考王才康（2002）修订的 EIS 中文版问卷与王飞飞、冯维（2006）编制的大学生情绪管理能力问卷等问卷的基础上修订编制而成。

### 3.情绪管理与影响因素研究

情绪管理是一个涉及多方面因素的复杂过程，其中，家庭教养方式、心理健康和人际关系是三个重要的影响因素。首先，家庭是孩子成长的第一环境，父母的教育方式和态度对孩子的情绪管理能力有着深远的影响。其次，情绪管理与个体的心理健康状况密切相关。心理健康的人通常能够更好地识别、表达和控制自己的情绪。而心理疾病，如抑郁症和焦虑症的出现，常常伴随着情绪调节的困难。再次，人际关系对情绪管理的影响是长期且交互的。一方面，良好的人际关系可以提供情绪支持，帮助个体更好地应对压力。另一方面，冲突或紧张的人际关系可能导致负面情绪的积累，对情绪管理构成挑战。因此，建立和维护积极的人际关系是情绪管理的重要因素。

（1）情绪管理能力与家庭教养方式

家庭教养方式会对不同年龄阶段学生的情绪管理能力产生影响。哈尔伯施塔特（Halberstat，1991）等人的研究表明，儿童的情绪管理能力及其同伴交往能力是由父母的情绪管理能力所决定的，父母情绪管理能力较好的儿童在同伴交往过程中往往也表现得比较积极[1]。孟佳（2012）对大学生情绪管理研究发现，民主型家庭教养的大学生情绪管理能力得分最高，且在情绪调控维度上显著高于放任自由型家庭教养的大学生[2]。甘强（2013）以中学生为研究对象，发现其情绪管理能力受到父母教养方式的影响，父亲管教严格的男生情绪管理得分高于父亲溺爱、粗暴或变化无常

---

① 王飞飞:《大学生情绪管理能力与心理健康的关系研究》,硕士学位论文,西南大学,2006,第3-4页。

② 孟佳:《大学生情绪管理能力问卷的编制》,硕士学位论文,山西医科大学,2012,第23页。

的男生；父亲管教严格、放任或漠不关心的女生情绪管理得分高于父亲粗暴或变化无常的女生①。马波（2014）的研究发现，接受和信任的家庭环境对于儿童情绪的表达与宣泄更有利，在信任的家庭环境中，儿童较少出现焦虑情况。给予儿童适当的自由度有利于儿童的情绪表达和健康成长②。

由此可见，良好的家庭教养方式发挥着非常重要的作用，它可以提供良好的家庭氛围，有利于孩子的人际交往、情绪宣泄、情感表达与调节。

（2）情绪管理与心理健康

王飞飞（2006）以大学生为研究对象，发现大学生情绪管理能力越强，心理健康水平就越高；情绪管理能力越低，心理健康水平就越弱③。肖敏、葛缨等（2010）以农村寄宿制留守儿童作为研究对象，发现农村寄宿制留守儿童的情绪管理能力与心理健康水平呈正相关的关系，情绪管理能力越强的留守儿童，其心理健康水平越高④。罗军和禹玉兰（2011）对心理健康与情绪管理之间的关系进行研究，发现情绪管理是影响心理健康、生理健康、关系满意度和工作行为等方面的重要因素⑤。

因此，可以看出，情绪管理的有效策略实施对于个体的心理健康发展有着重要的积极作用。一方面，有效的情绪管理可以帮助个体更好地应对压力和挑战。当学生面临困难或压力时，更容易产生负面情绪，如焦虑、沮丧或愤怒。如果学生能够有效地识别和管理这些情绪，就可以避免它们对自己的健康和幸福造成长期的负面影响。例如，大学生可以通过深呼吸、冥想或运动等方式，减轻压力，平静心情，从而更好地应对挑战。另一方面，有效的情绪管理可以提高个体自我意识和自我理解的程度。通过

① 甘强：《家庭环境因素及依恋与中学生情绪管理能力的相关性研究》，硕士学位论文，安徽医科大学，2013，第20—21页。

② 马波：《家庭教养方式对小学高年级儿童焦虑心理的影响：情绪调节的部分中介作用》，硕士学位论文，西北大学，2014，第25—26页。

③ 王飞飞：《大学生情绪管理能力与心理健康的关系研究》，硕士学位论文，西南大学，2006，第32页。

④ 肖敏、葛缨、曹成刚：《农村寄宿制留守儿童情绪管理与心理健康关系分析》，《中国学校卫生》2010年第11期，第1294—1296页。

⑤ 罗军、禹玉兰：《公务员情绪管理现状与对策的实证研究》，《人力资源管理》2011年第8期，第22—23页。

观察和理解自己的情绪，个体可以更好地了解自己和发现自己的需求。这不仅可以提高个体的自尊和自信，还可以帮助个体做出更符合自己内心需求的决策。

（3）情绪管理与人际关系等影响因素

人际关系良好的学生相对于人际关系不良的学生，其性格更为活泼外向，更擅长朋友间的情感交流，在情绪波动或遇到问题时，会主动向朋友倾诉或寻求帮助以缓解不良情绪[①]。解小青（2011）对大学生情绪管理的现状进行研究，结果表明，学校对于大学生的情绪管理有显著性影响，学校提供的支持主要包括组织活动、实施管理、促进班级氛围和谐等方面[②]。有效的情绪管理可以改善大学生的人际关系，当大学生能够有效地管理自己的情绪时，就更能够理解和接纳他人的情绪，从而与他人建立更深层次的联系。此外，有效的情绪管理还可以帮助大学生避免因为情绪失控而伤害他人，从而维护和谐的人际关系。

大学生的情绪管理受多种因素影响，这些因素交织在一起，共同作用于他们的情绪体验和行为反应。除了已提到的家庭教养方式、心理健康和人际关系外，还有以下几个重要影响因素。

第一，家庭经济条件的好坏直接影响大学生的生活质量和心理状态。经济条件较差的学生可能因为经济负担而感到焦虑和压力，经济条件较好的学生则可能因为优越感而产生不同的情绪问题。

第二，学业压力是影响大学生情绪管理的主要因素之一。大学生面临着繁重的学业任务，如考试、论文、项目等，这些都可能造成巨大的心理压力，影响他们的情绪稳定性。学业上的失败或挫折感可能引发焦虑、沮丧等负面情绪的产生。

第三，社会经济的发展、就业市场的状况、社会舆论等都会对大学生的情绪产生影响。例如，就业困难会增加大学生的焦虑和不安，而负面的社会新闻和评论也可能对他们的情绪产生不良影响。同时，过度依赖网络

① 李梅、卢家楣：《高中生不同人际关系群体情绪调节方式的比较研究》，第十届全国心理学学术大会论文，上海，2005，第484页。

② 解小青：《大学生情绪管理的现状与对策分析》，《教育与职业》2011年第6期，第82-84页。

也可能导致大学生现实生活中的社交技能下降，进一步影响其情绪管理。

总而言之，以上因素相互作用，共同影响着大学生的情绪管理能力。因此，要增强大学生的情绪管理能力，需要从多个角度出发，提供综合性的支持和干预。

### （二）有留守经历大学生

留守儿童现象是在特定的历史背景下产生的。1980年，随着中国改革开放和城市化进程的加速，大量的农村劳动力开始向城市转移，寻找就业机会。这一时期，留守儿童现象开始出现，主要原因是父母双方或一方外出务工，导致儿童留在户籍所在地，由其他家庭成员照顾。特别是90年代初，随着工业化和城市化的推进，留守儿童现象作为一个社会现象开始显现，主要指因父母出国留学或工作而被留在国内的儿童。90年代后期，留守儿童的概念转变为因父母离开农村外出务工而被留在农村的儿童。

进入21世纪，随着农村劳动力持续向城市转移，留守儿童的数量不断增加，这一群体引起了社会的广泛关注，留守儿童的概念逐渐成形。随后，相关部门对留守儿童的内涵进行了细化，明确了统计口径和年龄界限，使得留守儿童概念的内涵更加精确。近年来，随着社会对留守儿童问题的持续关注和深入研究，留守儿童的概念已经趋于成熟，相关的政策措施和社会服务也在不断完善。留守儿童概念的演变反映了社会对这一群体认识的深化和政策响应的进步。

如今，留守儿童仍然是一个值得关注的社会群体，他们的教育、心理健康和社会融入等问题需要全社会的共同努力来解决。

### 1.有留守经历大学生的消极心理表现及群体内部差异

（1）有留守经历大学生的消极心理表现

留守经历对个体的主观幸福感有长期负面影响，并具有"双重时间效应"，即累积留守时间越长，对留守者成年后主观幸福感造成的负面冲击越大，且留守者成年后的主观幸福感并不会因为结束留守而回升。

张莉华（2006）认为，已处于青年期的有留守经历大学生心理发展水平不平衡，主要表现为自我评价低、情绪不稳定，以及人际交往退缩[1]。

---

[1] 张莉华：《具有"留守经历"大学生的心理分析》，《当代青年研究》2006年第12期，第28-30页。

王玉花（2008）以有留守经历大学生和无留守经历大学生为对象进行对比研究发现，前者的依恋质量、社会支持与主观幸福感水平均显著低于后者[①]。杨曙民、李素敏等（2008）发现有留守经历大学生抑郁症患病率达44.1%，远高出无留守经历大学生13.97%的患病率水平[②]。温义媛、曾建国（2010）研究发现，有留守经历大学生比无留守经历大学生更孤独、内向，情感更冷漠、人际更敏感[③]。徐礼平、王平（2009）的研究结果表明，有留守经历大学生的自我和谐状况不容乐观，自我灵活性也显著低于普通大学生[④]。

（2）有留守经历群体的情绪管理内部差异性表现

留守经历对大学生情绪表现的影响存在内部差异性。齐红霞（2010）采用访谈和问卷相结合的方法对有留守经历大学生进行回溯性调查研究，结果表明，留守经历对大学生的学习、情绪、性格、人际交往等各方面都有不同程度的影响，且每个个体表现的方面和程度也不相同。其中，情绪是受影响最明显、最严重的方面，留守经历大学生负性情绪影响成分多、体验复杂深刻且波动大；人际交往方面呈现出的差异表现为部分大学生善于交往，部分大学生回避或害怕交往[⑤]。刘晓慧、杨玉岩等人（2012）的研究结果表明，留守儿童与非留守儿童之间在攻击性、抑郁焦虑、自卑、偏执、孤僻冷漠五个维度上均有显著性差异，其中，留守儿童的情绪性问题行为存在性别差异，留守男生的情绪性问题行为高于留守女生[⑥]。

---

① 王玉花：《有童年期留守经历的大学生成人依恋、社会支持与主观幸福感关系的研究》，硕士学位论文，华中科技大学，2008，第43-46页。

② 杨曙民、李素敏、李建秀、龚晓会：《某高校留守大学生抑郁症患病率调查》，《中国卫生统计》2008年第4期，第417-418页。

③ 温义媛、曾建国：《留守经历对大学生人格及心理健康影响》，《中国公共卫生》2010年第2期，第146-147页。

④ 徐礼平、王平：《有"留守经历"的大学生自我和谐状况分析》，《新余高专学报》2009年第1期，第114-117页。

⑤ 齐红霞：《大学生留守经历回溯性调查研究——留守儿童留守生活调查研究》，《宿州学院学报》2010年第3期，第109-112页。

⑥ 刘晓慧、杨玉岩、哈丽娜、王晓娟、李秋丽、戴秀英：《留守儿童情绪性问题行为与社会支持的关系研究》，《中国全科医学》2012年第28期，第3287-3290页。

（三）文献述评

无论是国内还是国外的研究，都强调了情绪管理的重要性。但是，具体聚焦到有留守经历大学生的情绪管理研究，仍有不足之处，体现在两个方面：

其一，国内对于情绪管理的研究对象分散性较强，以大学生为对象的研究较少。其二，既有研究缺乏对西部地区的关注。本研究将关注的视角投向西部地区的大学生，希望更全面、深入地理解有留守经历大学生的情绪管理状况。

## 三、研究设计与成果

### （一）研究设计

#### 1.研究方法

本研究主要采用定量与定性相结合的研究方法，具体来说，用到了文献研究法、调查研究法和比较研究法三种科学研究方法。

#### 2.研究对象

本调查研究的对象是"有留守经历大学生"，以西部地区重点大学与普通大学在读大学生为主要研究对象。

### （二）研究成果

#### 1.调查样本分析

本研究以甘肃省兰州市全国统招全日制本科在校大学生为研究对象，选取有留守经历大学生和无留守经历大学生作为对照样本进行研究。

本研究以现场与网络两种形式发放问卷，共计发放1100份，回收1035份，回收率为94.1%，剔除无效问卷81份，有效问卷为954份，有效率为92.2%。具体的样本基本信息见表4-27：

表4-27　样本基本信息

| 变量 | 类别 | 有留守经历大学生 | | 无留守经历大学生 | | 合计 | |
|------|------|------|--------|------|--------|------|--------|
| | | 人数 | 百分比 | 人数 | 百分比 | 人数 | 百分比 |
| 性别 | 男 | 263 | 44.28% | 263 | 44.28% | 405 | 42.45% |
| | 女 | 331 | 55.72% | 331 | 55.72% | 549 | 57.55% |

续表4-27

| 变量 | 类别 | 有留守经历大学生 | | 无留守经历大学生 | | 合计 | |
|---|---|---|---|---|---|---|---|
| | | 人数 | 百分比 | 人数 | 百分比 | 人数 | 百分比 |
| 年级 | 大一 | 168 | 46.67% | 205 | 34.51% | 373 | 39.1% |
| | 大二 | 62 | 17.22% | 134 | 22.56% | 196 | 20.55% |
| | 大三 | 65 | 18.06% | 104 | 17.57% | 169 | 17.71% |
| | 大四 | 65 | 18.06% | 151 | 25.42% | 216 | 22.64% |
| 民族 | 汉族 | 320 | 88.89% | 540 | 90.91% | 860 | 90.15% |
| | 少数民族 | 40 | 11.11% | 54 | 9.09% | 94 | 9.85% |
| 户籍 | 农村 | 279 | 77.5% | 298 | 50.17% | 577 | 60.48% |
| | 城镇 | 81 | 22.5% | 296 | 49.83% | 377 | 39.52% |
| 生源地域 | 东部 | 68 | 18.89% | 208 | 35.02% | 276 | 28.93% |
| | 中部 | 93 | 25.83% | 109 | 18.35% | 202 | 21.17% |
| | 西部 | 199 | 55.28% | 277 | 46.63% | 476 | 49.9% |
| 学科类型 | 人文学科 | 64 | 17.78% | 144 | 24.24% | 208 | 21.8% |
| | 社会学科 | 37 | 10.28% | 127 | 21.38% | 164 | 17.19% |
| | 理工学科 | 120 | 33.33% | 197 | 31.16% | 317 | 33.23% |
| | 医学学科 | 139 | 38.61% | 126 | 21.21% | 265 | 27.78% |
| 政治面貌 | 共产党员 | 20 | 5.56% | 48 | 8.08% | 68 | 7.13% |
| | 共青团员 | 323 | 89.72% | 524 | 88.22% | 847 | 88.78% |
| | 群众 | 16 | 4.44% | 21 | 3.54% | 37 | 3.88% |
| | 民主党派 | 1 | 0.28% | 1 | 0.17% | 2 | 0.21% |
| 独生子女 | 是 | 78 | 21.67% | 257 | 43.27% | 335 | 35.12% |
| | 否 | 282 | 78.33% | 337 | 56.73% | 619 | 64.88% |
| 学生干部 | 是 | 91 | 25.28% | 221 | 37.21% | 312 | 32.7% |
| | 否 | 269 | 74.72% | 373 | 62.79% | 642 | 67.3% |

多变量视角的大学生学习心理机制研究

续表4-27

| 变量 | 类别 | 有留守经历大学生 | | 无留守经历大学生 | | 合计 | |
|---|---|---|---|---|---|---|---|
| | | 人数 | 百分比 | 人数 | 百分比 | 人数 | 百分比 |
| 学习成绩（班级排名） | 上（前30%） | 154 | 42.78% | 253 | 42.59% | 407 | 42.66% |
| | 中（中间40%） | 160 | 44.44% | 274 | 46.13% | 434 | 45.49% |
| | 下（后30%） | 46 | 12.78% | 67 | 11.28% | 113 | 11.84% |
| 父亲学历水平 | 小学及以下 | 75 | 20.83% | 75 | 12.63% | 150 | 15.72% |
| | 初中 | 146 | 40.56% | 187 | 31.48% | 333 | 34.91% |
| | 高中、中专或技校 | 103 | 28.61% | 153 | 25.76% | 256 | 26.83% |
| | 大专 | 17 | 4.72% | 72 | 12.12% | 89 | 9.33% |
| | 本科 | 18 | 5% | 93 | 15.66% | 111 | 11.64% |
| | 硕士及以上 | 1 | 0.28% | 14 | 2.368% | 15 | 1.57% |
| 母亲学历水平 | 小学及以下 | 152 | 42.22% | 134 | 22.56% | 286 | 29.98% |
| | 初中 | 116 | 32.22% | 169 | 28.45% | 285 | 29.87% |
| | 高中、中专或技校 | 64 | 17.78% | 139 | 23.4% | 203 | 21.28% |
| | 大专 | 16 | 4.44% | 75 | 12.63% | 91 | 9.54% |
| | 本科 | 12 | 3.33% | 64 | 10.77% | 76 | 7.97% |
| | 硕士及以上 | 0 | 0% | 13 | 2.19% | 13 | 1.36% |
| 家庭年收入情况 | 3万元以下 | 179 | 49.72% | 170 | 28.62% | 349 | 36.58% |
| | 3万—8万元 | 110 | 30.56% | 196 | 33% | 306 | 32.08% |
| | 8万—15万元 | 43 | 11.94% | 133 | 22.39% | 176 | 18.45% |
| | 15万—30万元 | 16 | 4.44% | 72 | 12.12% | 88 | 9.22% |
| | 30万—80万元 | 8 | 2.22% | 18 | 3.03% | 26 | 2.73% |
| | 80万元以上 | 4 | 1.11% | 5 | 0.84% | 9 | 0.94% |
| 与父母关系 | 疏远 | 7 | 1.94% | 8 | 1.35% | 15 | 1.57% |
| | 一般 | 148 | 41.11% | 191 | 32.15% | 339 | 35.53% |

续表4-27

| 变量 | 类别 | 有留守经历大学生 | | 无留守经历大学生 | | 合计 | |
|---|---|---|---|---|---|---|---|
| | | 人数 | 百分比 | 人数 | 百分比 | 人数 | 百分比 |
| 与父母关系 | 亲密 | 205 | 56.94% | 395 | 66.5% | 600 | 62.89% |
| 父母教养方式 | 专制型 | 47 | 13.06% | 65 | 10.94% | 112 | 11.74% |
| | 民主型 | 278 | 77.22% | 493 | 83% | 771 | 80.82% |
| | 溺爱型 | 16 | 4.44% | 21 | 3.54% | 37 | 3.88% |
| | 漠不关心型 | 19 | 5.28% | 15 | 2.53% | 34 | 3.56% |

**2.有留守经历大学生情绪管理调查研究的比较与分析**

（1）有留守经历大学生的情绪管理总现状分析

表4-28是有留守经历大学生情绪管理情况描述统计表，根据表中结果，可以看出，有留守经历大学生情绪管理总问卷的平均值为4.0805，除情绪理解维度平均值为3.5130以外，其他三个维度的平均值得分均在4分以上。此结果表明有留守经历大学生在情绪管理方面整体较好。其中，情绪觉察的得分最高，其余从高到低依次分别是情绪调控、情绪表达、情绪理解。

表4-28　有留守经历大学生情绪管理情况描述统计表（N=360）

| 维度 | 最小值 | 最大值 | 均值（M） | 标准差（SD） |
|---|---|---|---|---|
| 情绪觉察 | 3.00 | 5.00 | 4.0948 | 0.37093 |
| 情绪理解 | 2.67 | 4.17 | 3.5130 | 0.30009 |
| 情绪表达 | 3.00 | 5.00 | 4.0042 | 0.37431 |
| 情绪调控 | 3.00 | 4.89 | 4.0451 | 0.33976 |
| 留守总问卷 | 3.15 | 4.96 | 4.0805 | 0.28515 |

（2）有留守经历大学生的基本情况频数统计分析

根据有留守经历大学生样本的基本情况统计表（表4-29）进行分析可以看出：超过37%的大学生有持续5年以上的留守经历；首次留守时间在12岁及以下的学生占86.9%；留守时父母外出务工情况主要是以父母双方都外出为主，占73.6%；学生在留守期间的监护人主要是隔代亲属，占

60.6%；父母外出务工时，学生大多半年能够见父母一次，半年及半年以上见一次父母的学生比例达到83.7%；超过一半学生可以通过移动设备至少每周联系一次父母，占有留守经历大学生的50%。

表4—29　有留守经历大学生关于留守基本情况统计表（N=360）

| 变量 | 类别 | 频率 | 百分比 |
|---|---|---|---|
| 留守持续时间 | 0.5—1年 | 78 | 21.7% |
| | 1—3年 | 91 | 25.3% |
| | 3—5年 | 56 | 15.6% |
| | 5年以上 | 135 | 37.5% |
| 首次留守时间 | 6岁以下 | 174 | 48.3% |
| | 6—12岁 | 139 | 38.6% |
| | 12—15岁 | 36 | 10.0% |
| | 15岁以上 | 11 | 3.1% |
| 留守时父亲外出务工情况 | 父亲外出 | 75 | 20.8% |
| | 母亲外出 | 20 | 5.6% |
| | 父母都外出 | 265 | 73.6% |
| 留守期间监护人 | 父母一方 | 71 | 19.7% |
| | 隔代监护 | 218 | 60.6% |
| | 亲戚监护 | 55 | 15.3% |
| | 同辈或自我监护 | 16 | 4.4% |
| 父母外出务工平均多久见一次 | 每天 | 5 | 1.4% |
| | 每周 | 20 | 5.6% |
| | 每月 | 34 | 9.4% |
| | 每半年 | 150 | 41.7% |
| | 每年 | 113 | 31.4% |
| | 一年以上 | 38 | 10.6% |

续表4-29

| 变量 | 类别 | 频率 | 百分比 |
|---|---|---|---|
| 父母外出平均多久通过移动设备联系一次 | 每天 | 22 | 6.1% |
| | 每周 | 158 | 43.9% |
| | 每月 | 113 | 31.4% |
| | 每半年 | 45 | 12.5% |
| | 每年 | 15 | 4.2% |
| | 一年以上 | 7 | 1.9% |

对有留守经历大学生在其留守期间感受到较多的情绪进行频数统计，结果如图4-3及表4-30所示：51.7%的学生感受到孤独；39.4%的学生感受到快乐；27.2%的学生感受到自卑；26.1%的学生感受到悲伤；23.3%的学生感到忧虑；21.1%的学生感受到高兴；22.2%的学生选择了"其他"，经过统计发现，选择"其他"的学生感受到较多的情绪是平静。

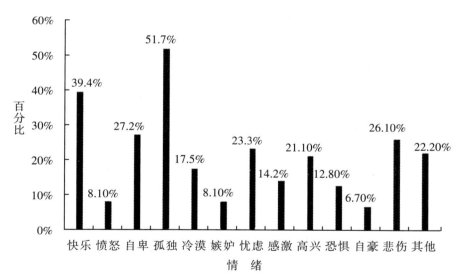

图4-3  留守期间感受到较多的情绪

表4-30　在留守期间感受到较多的情绪

| 情绪 | 快乐 | 愤怒 | 自卑 | 孤独 | 冷漠 | 嫉妒 | 忧虑 |
|---|---|---|---|---|---|---|---|
| 人数 | 142 | 29 | 98 | 186 | 63 | 29 | 84 |
| 百分比(%) | 39.4 | 8.1 | 27.2 | 51.7 | 17.5 | 8.1 | 23.3 |
| 情绪 | 感激 | 高兴 | 恐惧 | 自豪 | 悲伤 | 其他 | |
| 人数 | 51 | 76 | 46 | 24 | 94 | 80 | |
| 百分比% | 14.2 | 21.1 | 12.8 | 6.7 | 26.1 | 22.2 | |

对有留守经历大学生在其留守期间寻求帮助的主要对象进行频数统计，结果如表4-31所示：有46.1%的学生寻求祖父母的帮助；42.2%的学生寻求同学和朋友的帮助；25.3%的学生寻求兄弟姐妹的帮助。表明有留守经历的大学生在留守期间多以寻求监护人帮助为主，其次是寻求同龄人帮助。

表4-31　在留守期间寻求帮助的主要对象

| 求助对象 | 爸爸 | 妈妈 | 祖父母 | 外祖父母 | 兄弟姐妹 | 老师 | 同学朋友 | 其他 |
|---|---|---|---|---|---|---|---|---|
| 人数 | 30 | 70 | 166 | 66 | 91 | 61 | 152 | 47 |
| 百分比(%) | 8.3 | 19.4 | 46.1 | 18.3 | 25.3 | 16.9 | 42.2 | 13.1 |

对有留守经历大学生在留守期间对情绪进行调节与控制的主要方式进行频数统计，结果如表4-32所示：最主要的情绪调节方式为自我安慰（47.8%），其次为转移注意力（44.2%），其余由高到低依次是积极暗示（38.9%）、寻求他人帮助与支持（27.5%）、自我封闭（21.7%）、宣泄（18.9%）、其他方式（13.9%）。由此可以看出，有留守经历大学生在留守期间主要倾向于自我调节情绪，较为独立。

表4-32　留守期间调节和控制情绪的方式

| 调控方式 | 宣泄 | 转移注意力 | 自我封闭 | 寻求他人帮助与支持 | 自我安慰 | 积极暗示 | 其他 |
|---|---|---|---|---|---|---|---|
| 人数 | 68 | 159 | 78 | 99 | 172 | 140 | 50 |
| 百分比(%) | 18.9 | 44.2 | 21.7 | 27.5 | 47.8 | 38.9 | 13.9 |

对有留守经历大学生在其留守期间呈现的基本情况问卷结果进行频数统计，问卷采用分级作答，包括"非常不符合""比较不符合""不确定""比较符合""非常符合"5个等级。为便于统计，将"非常不符合"与"比较不符合"记为"不符合"选项，"不确定"记为"中立"选项，"比较符合"与"非常符合"记为"符合"选项，在此3项上作答频数的分布如表4-33所示。

表4-33　有留守经历大学生在其留守期间呈现状态情况统计

| 题目 | 不符合（%） | 中立（%） | 符合（%） |
|---|---|---|---|
| 1.在留守期间，我与监护人相处得很融洽 | 8.3 | 10 | 81.7 |
| 2.在留守期间，遇到困难，我一般会定一个计划和解决的方案 | 23.9 | 38.3 | 37.8 |
| 3.在留守期间，我很喜欢待在学校 | 54.2 | 18.1 | 27.8 |
| 4.在留守期间，我习惯把事情放（憋）在心里，而不是向别人倾诉 | 35.8 | 17.8 | 46.4 |
| 5.在留守期间,我在学校与老师相处得很不错 | 11.7 | 18.1 | 70.3 |
| 6.在留守期间,我经常会故意说点什么或做点什么以引起他人注意 | 44.4 | 27.8 | 27.8 |
| 7.在留守期间,父母对我缺乏信心和精神上的支持 | 53.1 | 14.7 | 32.2 |
| 8.在留守期间,我有很多的朋友 | 17.5 | 14.7 | 67.8 |
| 9.在留守期间,当我遇到不愉快的事情时,总找不到合适的倾诉对象 | 48.1 | 22.8 | 29.2 |
| 10.在留守期间,我一般要过很久才能忘记不愉快的事情 | 46.1 | 24.4 | 29.5 |
| 11.在留守期间，我在学校与同学关系都不错 | 8.9 | 16.4 | 74.7 |
| 12.在留守期间，遭遇挫折或失败会让我怀疑自己的能力 | 38.6 | 24.2 | 37.2 |

对有留守经历大学生作答频数的分析，可以从人际关系、处理问题方式、父母支持这几个方面着手来了解有留守经历大学生在留守期间的基本情况。

从人际关系层面来看，81.7%的有留守经历大学生认为在留守期间与监护人相处得比较融洽；67.8%的有留守经历大学生认为在留守期间有较多的好朋友；70.3%的大学生认为在留守期间与老师相处得很不错；74.2%

的大学生认为在留守期间与同学之间相处得不错。人际关系题目均超过半数得到正向选择，表明对于大学生来说，留守经历并没有对人际关系产生较大的影响。

从问题处理方式来看，有37.8%的学生在遇到困难时，会制定计划和解决方案；37.2%的学生在遇到挫折时会对自己的能力产生怀疑；当有不愉快的事情发生时，有48.1%的学生会及时调整以忘记不愉快的事情；有46.4%的学生在留守期间习惯于把事情放（憋）在心里，而不是向别人倾诉；有48.1%的学生在留守期间遇到不愉快的事情时可以找到合适的倾诉对象。

从父母支持方面来看，有53.1%的大学生认为父母对自己有信心，会给予精神上的支持。

总的来说，有留守经历大学生在其留守期间人际关系良好，遇到困难时能够及时进行自我调整，其父母虽然不在身边，但是会给予一定的支持。

（3）有留守经历大学生情绪管理的差异性分析

1）性别差异

表4-34是有留守经历大学生的性别变量差异性分析。就有留守经历大学生来看，男生在情绪管理总体水平上平均值得分均高于女生，但二者并不存在显著性差异（p＞0.05）。男生在情绪觉察、情绪理解和情绪调控三个维度上的平均值得分均高于女生，但平均值差值都在0.025以下，差异极小。而在情绪表达上，女生的平均值得分略高于男生（4.0092＞3.9965），但不存在显著性差异。

表4-34　有留守经历大学生性别变量差异性分析

| 维度 | 性别 | 个案数 | 均值（M） | 平均值差值 | T值 | p值 |
|------|------|--------|-----------|------------|-----|-----|
| 情绪觉察 | 男 | 142 | 4.1097 | 0.02447 | 0.611 | 0.541 |
| | 女 | 218 | 4.0852 | | | |
| 情绪理解 | 男 | 142 | 3.5176 | 0.00767 | 0.237 | 0.813 |
| | 女 | 218 | 3.5099 | | | |
| 情绪表达 | 男 | 142 | 3.9965 | −0.01270 | −0.314 | 0.754 |
| | 女 | 218 | 4.0092 | | | |

续表4-34

| | | | | | | |
|---|---|---|---|---|---|---|
| 情绪调控 | 男 | 142 | 4.0462 | 0.00182 | 0.050 | 0.960 |
| | 女 | 218 | 4.0443 | | | |
| 留守总问卷 | 男 | 142 | 4.0840 | 0.00583 | 0.189 | 0.850 |
| | 女 | 218 | 4.0782 | | | |

2）学科类型差异

通过对有留守经历大学生有效问卷的学科类型进行单因素方差分析，情绪管理各个维度与总问卷的得分及检验情况如表4-35所示。有留守经历的不同学科类型大学生，在总问卷上的情绪管理能力由高到低排序为理工学科＞社会学科＞人文学科＞医学学科，但并不存在显著性差异。经过LSD检验发现，在总问卷上的情绪管理能力高到低排序为理工学科＞医学学科，且差异显著。具体到四个维度发现，在情绪觉察和情绪理解维度上，理工学科显著优于医学学科的学生。

表4-35 不同学科类型的有留守经历大学生在情绪管理上的差异性分析

| 维度 | 学科类型 | 个案数 | 均值(M) | 标准差(SD) | F值 | p值 | LSD |
|---|---|---|---|---|---|---|---|
| 情绪觉察 | 人文学科 | 64 | 4.0982 | 0.36075 | 2.116 | 0.098 | 理工学科＞医学学科 |
| | 社会学科 | 37 | 4.0541 | 0.40033 | | | |
| | 理工学科 | 120 | 4.1595 | 0.37371 | | | |
| | 医学学科 | 139 | 4.0483 | 0.36056 | | | |
| 情绪理解 | 人文学科 | 64 | 3.5052 | 0.27211 | 2.031 | 0.109 | 理工学科＞医学学科 |
| | 社会学科 | 37 | 3.5225 | 0.28911 | | | |
| | 理工学科 | 120 | 3.5625 | 0.28751 | | | |
| | 医学学科 | 139 | 3.4712 | 0.32161 | | | |
| 情绪表达 | 人文学科 | 64 | 4.0156 | 0.36818 | 1.422 | 0.236 | — |
| | 社会学科 | 37 | 4.0405 | 0.31033 | | | |
| | 理工学科 | 120 | 4.0444 | 0.37532 | | | |
| | 医学学科 | 139 | 3.9544 | 0.38948 | | | |

续表4-35

| 维度 | 学科类型 | 个案数 | 均值(M) | 标准差(SD) | F值 | p值 | LSD |
|---|---|---|---|---|---|---|---|
| 情绪调控 | 人文学科 | 64 | 4.0382 | 0.34073 | 0.189 | 0.904 | — |
| | 社会学科 | 37 | 4.0631 | 0.31267 | | | |
| | 理工学科 | 120 | 4.0593 | 0.32207 | | | |
| | 医学学科 | 139 | 4.0312 | 0.36314 | | | |
| 留守总问卷 | 人文学科 | 64 | 4.0799 | 0.27330 | 1.640 | 0.180 | 理工学科＞医学学科 |
| | 社会学科 | 37 | 4.0861 | 0.24397 | | | |
| | 理工学科 | 120 | 4.1219 | 0.28493 | | | |
| | 医学学科 | 139 | 4.0434 | 0.29833 | | | |

3) 是否与学生干部的差异

表4-36是学生干部与非学生干部的有留守经历大学生在情绪管理上的差异性分析。由表可知，学生干部在情绪管理总问卷上的得分高于非学生干部的大学生，但并不存在显著性差异，从四个维度来看，学生干部大学生在情绪觉察、情绪理解和情绪表达三个维度上的平均值得分均高于非学生干部的大学生，且在情绪理解维度呈现出显著性差异。在情绪调控维度，非学生干部的大学生平均值得分略高于学生干部大学生，平均值差值为0.00475，不存在显著性差异。

表4-36　学生干部与非学生干部的有留守经历大学生在情绪管理上的差异性分析

| 维度 | 学生干部 | 个案数 | 均值(N) | 标准差(SD) | 平均值差值 | T值 | p值 |
|---|---|---|---|---|---|---|---|
| 情绪觉察 | 是 | 91 | 4.1115 | 0.37785 | 0.02224 | 0.494 | 0.622 |
| | 否 | 269 | 4.0892 | 0.36910 | | | |
| 情绪理解 | 是 | 91 | 3.5842 | 0.28693 | 0.09540 | 2.643 | 0.009 |
| | 否 | 269 | 3.4888 | 0.30112 | | | |
| 情绪表达 | 是 | 91 | 4.0531 | 0.36079 | 0.06551 | 1.445 | 0.149 |
| | 否 | 269 | 3.9876 | 0.37800 | | | |

| 维度 | 学生干部 | 个案数 | 均值（N） | 标准差（SD） | 平均值差值 | T值 | p值 |
|------|---------|--------|----------|------------|-----------|-----|-----|
| 情绪调控 | 是 | 91 | 4.0415 | 0.33971 | -0.00475 | -0.115 | 0.908 |
| | 否 | 269 | 4.0463 | 0.34040 | | | |
| 留守总问卷 | 是 | 91 | 4.1103 | 0.28625 | 0.03994 | 1.156 | 0.249 |
| | 否 | 269 | 4.0704 | 0.28460 | | | |

4）所属高校差异

表4-37是不同水平高校的有留守经历大学生情绪管理差异比较。从表中数据发现，重点大学的有留守经历大学生，其情绪管理能力在总问卷及各维度得分均高于普通大学的有留守经历大学生，且在情绪理解维度呈现出显著性差异。说明学校综合水平越高，有留守经历大学生的情绪管理能力越高，有留守经历大学生的知识水平越高，情绪理解能力越强。

表4-37　不同水平高校的有留守经历大学生情绪管理差异比较

| 维度 | 所属高校 | 个案数 | 均值（M） | 标准差（SD） | 平均值差值 | T值 | p值 |
|------|---------|--------|----------|------------|-----------|-----|-----|
| 情绪觉察 | 重点大学 | 209 | 4.1271 | 0.36750 | 0.07699 | 1.951 | 0.052 |
| | 普通大学 | 151 | 4.0501 | 0.37223 | | | |
| 情绪理解 | 重点大学 | 209 | 3.5447 | 0.28612 | 0.07556 | 2.373 | 0.018 |
| | 普通大学 | 151 | 3.4691 | 0.31411 | | | |
| 情绪表达 | 重点大学 | 209 | 4.0279 | 0.37216 | 0.05661 | 1.418 | 0.157 |
| | 普通大学 | 151 | 3.9713 | 0.37602 | | | |
| 情绪调控 | 重点大学 | 209 | 4.0542 | 0.31916 | 0.02185 | 0.602 | 0.548 |
| | 普通大学 | 151 | 4.0324 | 0.36708 | | | |
| 留守总问卷 | 重点大学 | 209 | 4.1042 | 0.27097 | 0.05662 | 1.865 | 0.063 |
| | 普通大学 | 151 | 4.0476 | 0.30151 | | | |

## 五、结论与建议

### （一）结论

#### 1.大学生情绪管理的主要特征

由上文数据分析可以得出结论，大学生情绪管理总体趋于积极。根据数据分析结果发现，大学生情绪管理总问卷的平均值得分为3.8488，各维度的平均值得分在3.3421—3.9531之间，呈现正向的趋势。其中，情绪觉察的得分最高，从高到低排序依次为情绪觉察＞情绪表达＞情绪调控＞情绪理解，这表明大学生能够较好地觉察到自己和他人的情绪变化，也能够通过适当的方式进行情绪表达。

首先，情绪管理能力的提高有助于大学生更好地应对生活中的各种挑战和压力。在大学阶段，学生们会面临各种各样的挑战，如学业、人际关系、职业规划、压力等。如果他们有较好的情绪管理能力，就能够更有效地应对这些问题，避免因为情绪失控而导致的问题。其次，情绪管理能力的提高有助于大学生建立更好的人际关系。情绪管理能力较强的人通常更容易与他人建立和谐的人际关系，因为他们能够更好地理解和接纳他人的情绪，也能够更好地表达自己的情感。最后，情绪管理能力的提高还有助于大学生的职业发展。在职场中，情绪管理能力是非常重要的素质之一，情绪管理能力较强的人通常更容易获得同事和领导的信任，也更容易在工作中取得成功。

但是，大学生对情绪的理解调控能力仍然相对偏弱，易对情绪进行曲解，从而出现一些过激行为。这可能是因为：

第一，发展阶段的制约。大学生正处于青春期后期和成年早期，这个阶段是个体情绪发展的重要时期。由于大脑的前额叶皮层尚未完全发育，他们在情绪调节上可能还不够成熟，导致在面对压力和挑战时，容易出现情绪反应过激的情况。第二，情绪智力有待提高。情绪智力（Emotional Quotient，EQ）是指个体识别、理解、管理自己情绪，以及识别、理解、管理他人情绪的能力。虽然大学生在知识和智力上有所提升，但在情绪智力，尤其是在自我情绪管理方面的发展可能需要更长的时间。第三，心理适应能力尚未成熟。大学生活环境的变化，如远离家乡、新的学习和人际关系压力等,都可能给大学生带来适应上的挑战。这种适应过程可能导致他们对情绪的理解和调控能力下降。第四,社会文化因素限制。在某些文化环境中,人们可能不太重视情绪表达和情绪管理方面的教育,这也会影响个体的情绪智力发展。

本研究结果与许多学者的研究结果相似,但也存在差异。孟佳的研究结果中,情绪觉察能力得分最高[1],与本研究结果一致,不同的是,孟佳研究中大学生群体情绪理解能力较强,在本研究中大学生的情绪理解相对其他维度较弱,结果的不同可能是由于研究对象的不同。

**2. 有留守经历大学生情绪管理的主要特征**

有留守经历大学生的情绪管理总体水平良好。根据数据分析结果来看,有留守经历大学生情绪管理总问卷的平均值得分为4.0805,情绪觉察维度平均值得分为4.0948,情绪理解维度的平均值得分为3.5130,情绪表达维度的平均值得分为4.0042,情绪调控维度的平均值得分为4.0451,各维度得分由高到低依次为情绪觉察>情绪调控>情绪表达>情绪理解。由此可以看出,有留守经历大学生的情绪管理及各维度得分均处于中等偏上水平,说明有留守经历大学生整体的情绪管理能力较好。

留守经历本身是一种逆境,它可能带来痛苦和挑战,但也为学生提供了学习和成长的机会。留守大学生在童年或青少年时期可能不得不更早地学会独立和自理,因而锻炼了自我控制和情绪调节能力。在留守期间,学生会发展出一套有效的应对策略来应对孤独和不确定性,这些策略会延续到他们的大学生活中,帮助他们更好地管理情绪。另外,长期的留守经历可能培养出较强的心理韧性,使这些学生更能抵抗压力、适应变化,以及有效管理情绪。

**3. 影响因素分析**

对影响因素进行分析与探讨,有助于研究者了解大学生群体和有留守经历大学生群体的情绪管理特点及其不足之处,为大学生的情绪管理教育工作奠定基础。

---

[1] 孟佳:《大学生情绪管理能力问卷的编制》,硕士学位论文,山西医科大学,2012,第15-16页。

（1）大学生情绪管理的影响因素分析

大学生的情绪管理能力受到多种因素的影响，包括留守经历、是否担任学生干部、与父母的关系、年级、学科类型以及家庭经济水平等。

首先，研究发现，有留守经历的大学生往往具有更高的情绪管理能力。可能因为他们在成长过程中经历了更多的挑战和困难，从而培养了更强的自我调节能力和应对压力的能力。相比之下，没有留守经历的大学生在面对压力和挫折时更容易出现情绪波动。留守经历对大学生的情绪管理有着深远的影响，这种影响的核心在于留守经历可能改变个体在情绪认知、表达和调节上的模式。

其一，从情绪认知的发展来看，有留守经历的大学生在面对孤独和压力时，会更加深入地思考自己的情绪状态和需求，通过长期的自我反思和情绪管理实践，他们逐渐形成了更加成熟和深刻的情绪认知体系。与此同时，他们更加擅长从多个角度审视自己的情绪，所以能更好地理解和处理自己的情绪问题。其二，从情绪表达的变化来看，由于长期与父母分离，有留守经历的大学生在成长过程中面临更多的孤独感和压力感。分离的经历促使他们更加珍惜与他人的交流机会，学会更加细腻和准确的情绪表达，以便在与他人交流的过程中更加懂得如何表达自己的情感，使沟通更加顺畅和有效。其三，从情绪调节的能力来看，长期的留守经历能够让这部分大学生们在面对挫折和困难时更加冷静和理智，愿意学习用更加积极的方式调节情绪。通过不断的实践和学习，有留守经历的大学生会掌握更多的情绪调节技巧，如深呼吸、冥想、运动等，他们也更加擅长根据具体情况选择合适的情绪调节策略，以达到最佳的情绪管理效果。

其次，担任学生干部的大学生也表现出较高的情绪管理能力。这可能是因为他们需要处理各种人际关系和组织事务，从而锻炼了沟通技巧和解决问题的能力。

具体分析，有六点原因：

其一，角色要求。作为学生干部，他们常常需要在团队中发挥领导作用，协调成员间的关系，解决冲突，这些工作都需要良好情绪管理能力的支撑。他们必须学会如何在压力下保持冷静，有效地沟通和表达自己的观点，同时也需要理解和接纳他人的情绪。其二，责任与压力。学生干部通常承担着更多的责任和压力，他们需要处理来自学业、组织和个人的多重压力。这种压力可能会激发他们提高自己的情绪管理能力的意识，以便更有效地应对挑战。其三，社交技能提升。担任学生干部意味着与不同的人打交道，这有助于学生提高社交技能，包括理解他人的情绪和需求，以及有效地表达自己的情感。其四，自我成长的驱动。许多学生干部出于对自我成长的追求和对组织的承诺，会主动寻求提高自己的情绪管理能力的办法。他们可能会参加相关的培训和研讨会，阅读相关书籍，或者寻求导师的指导。其五，榜样作用。学生干部往往被视为同龄人的榜样，他们会意识到自己的言行可能影响他人，因此会更加注意自己的情绪管理，以避免对他人产生不良影响。其六，实践经验。担任学生干部的过程中，学生有机会在实际工作中应用和提升自己的情绪管理能力，这种实践经验对于情绪管理能力的提升是非常宝贵的。同时，学生也更有可能在担任干部的过程中，接触到更多关于情绪管理的知识和技能，从而提高了自身的情绪管理水平。

再次，与父母关系亲密的大学生通常具有更好的情绪管理能力。具体分析，有如下原因：

第一，安全感。与父母保持紧密关系的大学生通常在成长过程中获得了足够的安全感，这有助于他们在面对压力和挑战时保持冷静，能更有效地管理自己的情绪。第二，情绪智力。情绪智力包括识别、理解、管理和使用情绪的能力。与父母保持良好关系的大学生可能在成长过程中学习了如何理解和表达自己的情绪，以及如何理解和回应他人的情绪，从而提高了他们的情绪智力。第三，社交技能。与父母关系亲密的大学生可能在家庭中获得了良好的社交技能示范，学会了如何有效地与他人沟通和建立关系，这对情绪管理也是非常重要的。第四，应对策略。在遇到困难时，与父母保持紧密关系学生可能会向父母寻求支持和建议，父母可以作为他们应对压力和挑战的策略的来源。第五，自我效能感。与父母关系亲密的大学生可能拥有更高的自我效能感，相信自己有能力应对生活中的挑战，这种信念有助于他们在面对压力时保持情绪稳定。第六，情绪稳定性。与父母保持良好的关系可能有助于学生建立稳定的情绪状态，使他们能够更好地应对生活中的变化和压力。这是因为良好的家庭氛围有助于培养个体的情感安全感和自我认同感，从而使他们更能够有效地管理和调节自己的情绪。相反，与父母关系疏远的大学生会面临更多的心理压力和情感困扰，从而影响到他们的情绪管理能力。

又次，不同年级的大学生情绪管理能力也存在差异。一般来说，大一年级的学生由于刚刚步入大学生活，面临着适应新环境和建立新社交圈的压力，因此，他们的情绪管理能力相对较弱。随着年级的增长，学生们逐渐适应了大学生活并积累了一定的经验和技能，他们的情绪管理能力也随之提高。到了大四年级，学生们面对着毕业、就业等现实问题，种种压力可能导致他们的情绪管理能力有所下降。

最后，家庭经济水平也能对大学生的情绪管理能力产生影响。具体原因分析如下：

第一，资源获取。经济条件较好的家庭可以为子女提供更好的教育资源和心理支持，包括情绪管理的相关课程和辅导，这有助于子女学习和掌握情绪管理的技巧和方法，从而帮助他们更好地应对学习和生活中的挑战。第二，压力水平。家庭经济状况较差的学生会承受更大的经济压力，这种压力可能影响他们的情绪稳定性。相反，经济条件较好的学生可能在生存方面感到较小的压力，因而更有可能保持良好的情绪状态。第三，家庭教育意识。经济条件较好的家庭可能更早地意识到心理健康的重要性，并愿意投资于孩子的心理健康服务，如心理咨询等。

总而言之，大学生的情绪管理受到多种因素的共同影响，其中最主要的影响因素有留守经历、学生干部担任情况、与父母之间关系，其次为年级、学科类型、家庭经济水平，最后是父母学历水平、独生子女与否、学习成绩的影响。

（2）有留守经历大学生情绪管理的影响因素分析

从情绪管理能力总体水平来看，有留守经历大学生的情绪管理能力受到与父母关系、独生子女与否两个变量的影响。具体表现为：

第一，有留守经历的独生子女大学生，其情绪管理能力高于非独生子女的有留守经历大学生。有留守经历的独生子女大学生在情绪管理能力上高于非独生子女的有留守经历大学生，这可能与他们的家庭环境、社交技能、自我效能感、应对策略、心理弹性和社会支持等因素有关。第二，有留守经历大学生与父母之间关系越亲密，其情绪管理能力越好。与父母保持良好的关系可能有助于学生建立稳定的情绪状态，使他们能够更好地应对生活中的变化和压力。与父母保持良好关系的学生在成长过程中学习了如何理解和表达自己的情绪，以及如何理解和回应他人的情绪，从而提高了他们的情绪智力。第三，有留守经历大学生在留守期间与父母见面的频率越高，其情绪觉察能力越好。根据依恋理论，安全依恋的个体在情绪觉察和调节方面表现得更好。与父母的高频率见面可能促进了孩子形成安全依恋，从而提升了他们的情绪觉察能力。高频率的见面意味着更多的亲子互动时间，这有助于孩子从父母那里学习和模仿情绪表达和调节的技巧，频繁的接触和交流也可以加强孩子对情绪的敏感度和认知深度，进而促进其情绪智力的发展。与父母保持亲密关系的孩子在成长过程中更有可能获得安全感，这种感觉可以帮助他们在面对压力和挑战时保持冷静，更有效地管理自己的情绪。

有留守经历大学生的情绪理解能力受到担任学生干部与否、留守期间监护人和年级三个变量的影响。具体表现为：留守期间监护人为父母一方和隔代监护的有留守经历大学生，其情绪理解能力高于同辈监护或自我监护的大学生。

究其原因：第一，亲子关系。父母一方的监护可能保持了一定程度的亲子关系连续性，而隔代监护可能因为祖辈的慈爱和支持，为留守儿童提供相对稳定和充满爱的环境，这两种情况都有助于儿童情绪智力的发展。第二，成熟的情绪指导。父母或祖父母通常比同辈有更丰富的人生经验和更成熟的情绪指导能力，他们能更好地帮助孩子理解和处理情绪。第三，社交技能的传递。父母或祖父母可以向儿童传授更有效的社交技能，包括如何理解和解读他人的情绪，这对于儿童情绪理解能力的提升非常重要。第四，情绪表达的示范。父母或祖父母在处理自身情绪时可以为儿童提供良好的示范，儿童通过观察和模仿，可以提高自己的情绪理解能力。第五，稳定的情感支持。父母或祖父母的监护可能为儿童提供了更稳定的情感支持，这种支持有助于儿童在面对压力和挑战时保持情绪稳定，从而提高情绪理解能力。第六，教育重视程度。父母或祖父母可能更重视儿童的教育和情绪智力培养，他们会花更多的时间和精力来培养孩子的情绪理解能力。

综上所述，留守期间监护人为父母一方和隔代监护的有留守经历大学生，其情绪理解能力高于同辈或自我监护的大学生，这可能与亲子关系、成熟的情绪指导、社交技能的传递、情绪表达的示范、稳定的情感支持和教育重视程度等因素有关。

有留守经历大学生的情绪表达能力受独生子女与否及留守期间与父母见面的频率两个变量的影响。表现为：有留守经历的独生子女大学生，其情绪表达能力高于非独生子女的有留守经历大学生。有留守经历的独生子女大学生在情绪表达能力上高于非独生子女的有留守经历大学生，这可能与他们的家庭环境、社交技能、自我效能感、应对策略、心理弹性和社会支持等因素有关。例如，独生子女可能因为能够获得家庭的全部关注和资源投入，培养出更强的心理弹性，进而能够更好地应对生活中的压力和挑战。独生子女在留守期间可能得到更多的社会支持，如亲戚、老师等的关心和帮助，这些支持将有助于他们更好地应对留守期间的压力和挑战。

从以上影响因素分析可以看出，留守经历是大学生情绪管理的核心影响因素，且对大学生的情绪管理有着正向的影响作用。担任学生干部情况与亲子关系情况也是大学生情绪管理的重要影响因素，表现为担任学生干部的大学生情绪管理能力强；亲子之间关系越密切，情绪管理能力越好。

## （二）建议

留守儿童这个词语背后隐藏着太多的辛酸和无奈。留守儿童现象是我国经济社会发展中的一个重要问题，需要全社会共同努力来解决。加强农村基础教育设施建设，提高农村教育质量，让更多的留守儿童能够接受到优质的教育。建立留守儿童关爱保护体系，为留守儿童提供心理辅导、生活照顾等服务，这都是亟须施行的措施。解决留守儿童问题是一项长期而艰巨的任务。笔者希望企业、社会组织和个人都能积极参与进来，共同为留守儿童创造一个更加美好的成长环境。

### 1.个人层面：向内求与向外求兼顾

对全体大学生及有留守经历大学生在是否为学生干部、与父母关系方面进行结果讨论发现，学生干部的情绪管理能力显著高于非学生干部；与父母关系亲密的大学生情绪管理能力高于与父母关系一般的大学生，由此可以发现人际关系对于大学生情绪管理的重要性。因此,有留守经历的大学生个体需要学会转化自身的消极情绪,调整心态变化,同时注重拓宽自己的人际交往途径,提升人际交往能力。

留守经历的大学生拥有独特的生命体验,可以通过有意识地培养,开发出巨大潜力。第一,培养积极的认知。个体的独特性并不会因环境的变化而消失,因此,有留守经历的大学生要发掘自身优良的个性品质。通过自我反思和成长,有留守经历的学生可以更加自信地与他人交流,利用自己的优势来吸引和保持友谊。第二,主动拓展社交。参与社交活动,加入社团组织,可以帮助留守学生实践社交技能,并在实际互动中提高人际交往能力,学习交往技能和有效的沟通策略,增进积极的情绪体验。另外,大学生也可以利用社交媒体平台,与远方的亲朋好友保持联系,还可以结识新朋友,扩大交际圈。第三,学会倾听和理解。理解他人是自我表达的前提,通过倾听,留守学生可以更好地理解他人,同时也更能够表达自己的想法和感受,建立起更深层次的人际关系,获得丰富的情感体验。

向内求是留守大学生向上生长的途径之一,这需要他们在自我认知、情绪管理、目标设定和行动实施等多个方面进行努力。首先,留守大学生可以通过自我反思来深化对自己的理解。留守大学生可以在独处的时候记录下自己的想法和感受,这样可以帮助他们更好地理解自己的情绪和需求。这种自我反思的过程,不仅可以让他们更好地理解自己,也可以帮助他们提高自我意识,从而更好地管理自己的情绪和行为。其次,留守大学生可以通过设定目标和计划来引导自己的行为。他们可以根据自己的兴趣和能力,设定短期和长期的目标,然后制订出实现这些目标的计划。这样的目标和计划,不仅可以为他们提供方向,也可以帮助他们保持动力,从而更好地实现自己的潜力。再次,留守大学生可以通过学习和实践来提高自己的技能和知识。他们可以利用课余时间阅读书籍、参加讲座,或者通过网络来学习新的知识和技能,也可以通过实习或者志愿者活动来提高自己的实践操作能力。最后,留守大学生可以通过建立良好的人际关系来获得支持和帮助。他们可以通过参加社团活动,或者与朋友、老师交流等方式来建立和维护良好的人际关系。这样的人际关系,不仅可以给他们提供情感的支持,也可以帮助他们获得信息和资源,从而更好地实现自己的理想目标。

### 2.家庭层面：注重培养孩子自信，增强独立性

从对有无留守经历大学生之间的对比中可以发现，有留守经历大学生的情绪管理能力显著高于无留守经历大学生。家庭的教育方式、亲子关系等都会对孩子产生潜移默化的影响，有留守经历的大学生在留守期间缺少父母的陪伴，让他们更多地感受到孤独与冷漠，因此，外出务工的父母需要做好子女与监护人的衔接工作，避免给孩子带来更多的消极情绪体验。尽管父母不能在身边，但应尽可能通过电话、视频通话等方式与孩子保持频繁的沟通，了解他们的生活、学习和心理状态，传递家庭的温暖和支持。

笔者研究发现，大多数有留守经历大学生的父母会给予孩子物质和精神上的鼓励与支持，让他们在遇到挫折或困难时，能够迎难而上，积极应对，及时调整自己的消极情绪，也因此增强了他们的独立性。而无留守经历大学生在遇到问题时，多由父母出面解决，孩子缺少自信与独立性的培养。所以，在家庭层面，父母作为家庭教育的主导者，需要建立科学合理的教养方式，营造良好的家庭氛围，及时关注孩子的心理动态，注重培养孩子的自信心与情绪自我管理能力。

总而言之，无论孩子有无留守经历，大学生父母都应该鼓励孩子学会独立生活与学习，培养他们解决问题的能力，增强其自信心，以便其能更好地应对生活中的挑战。家长应随时随地关注孩子的心理健康，与学校和老师保持紧密的联系，密切关注孩子的心理变化，一旦发现孩子有情绪问题或异常行为，应及时与学校沟通，并提供必要的心理支持和引导。

### 3.学校层面：注重把握干预关键期

从非留守大学生及有留守经历大学生的情绪管理总问卷各维度的年级变化趋势来看，大学四年级和二年级是大学生情绪管理发展的关键转折期，可塑性较强。

大学生这一群体有其自身的年龄段特点，因此，在学校层面针对不同年级、各个阶段的学生进行情绪管理和干预理论教育，可采取不同的侧重方式。

大一年级的情绪管理教育可以侧重于帮助新生适应大学生活。这包括

处理离家独立生活的情绪波动，应对新的人际关系，以及平衡学业和社交活动。学校应做好心理健康档案，开设情绪管理课程，使之与心理健康教育、职业生涯规划教育、生命教育课程等相互融合，发挥更大作用。

大二年级的情绪管理教育可以侧重于职业发展和个人成长主题。这包括处理职业决策的压力，应对失败和拒绝，以及维持长期的学习和工作动力。这一时期学生的需求更进一步，需要心理健康教育工作者及辅导员等对实际交往水平较差及性格内向、不愿表达的个体进行持续关注，可以加强情绪管理教育的实践化，通过情景模拟、游戏等不同方式让学生进行情绪探索。

大三年级时要注重大二时的遗留问题，学校可以鼓励学生加入考研指导课程，对学生个体出现的消极情绪问题能够早发现、早解决。

大四年级的情绪管理教育可以侧重于毕业压力的应对和未来规划。这包括处理毕业论文的压力，应对就业市场的竞争，以及设定和调整个人的职业目标。学校应及时开展就业指导，组织学生参加有益于缓解压力的团体辅导活动。对于有特殊需求的学生，如有留守经历的学生或有心理健康问题的学生，学校应该提供个性化的情绪管理干预。这可能包括一对一的心理咨询，也包括针对这些学生开设情绪管理课程和组织活动。

除了以上针对各个年级的指导和关怀之外，高校在顶层设计上也要调控好留守学生群体的真实需求。第一，建立完善的帮扶机制。尤其是在"后疫情"时代，严峻的就业形势和高负荷的毕业压力使得留守大学生面临双重困扰。因此，学校要设立专门的留守大学生帮扶项目，为他们提供经济援助、学习辅导和心理支持，帮助他们更好地适应大学生活。第二，提供个性化服务。辅导员和教师可以根据留守大学生的具体情况，提供个性化的学习和生活指导，帮助他们解决遇到的问题。学校应通过多样化的渠道普及抗压能力的培养方法，如举办关于抗压能力的心理健康研讨会，传播心理健康常识等，向大学生传授如何直面困境和挑战。对于有过留守经历的大学生在逆境中难以控制情绪的问题，学校应增加相关的情绪管理心理课程，激发学生自身的积极情绪，避免其陷入消极情绪的泥潭，尽早摆脱逆境的阴霾。第三，落实心理健康教育。学校应开设心理健康教育课程，提供心理咨询服务，帮助留守大学生处理可能出现的心理问题，提高他们的心理素质。学校也可以根据不同大学生的情况进行适当的心理预防、个体咨询、团体辅导、心理教育等干预，形成多元参与的大学生情绪管理常态机制。第四，高校可以通过为留守大学生搭建交流平台、提供职业指导规划、建立社会实践基地、开展社会志愿服务等多种举措鼓励留守大学生展示自我，敢于社交。

### 4.社会层面：关注留守群体与留守环境

留守儿童在与父母分开生活的时期里，获得的社会支持较少，缺乏情感交流，这些相对不利的因素可能会使他们感受到来自他人的歧视，增加他们的孤独感与自卑感①。而留守期间的消极情绪体验也对他们的成长发展带来许多不利影响，其中，冷漠情绪对有留守经历大学生的情绪管理有着显著的消极影响。因此，社会层面应关注留守群体和留守环境：

第一，政府和相关机构应出台并实施有利于留守儿童的政策和法律，确保他们的权益得到保障。例如，建立健全留守儿童关爱服务体系，提供必要的物质和精神支持。教育部门、卫生计生部门、公安部门等需要协同工作，形成全社会共同关爱留守儿童的良好局面。例如，司法行政部门应为留守儿童提供法律援助，宣传相关法律法规，确保他们的合法权益不受侵害。

第二，发挥社会组织的中坚力量。非政府组织和民间团体可以发挥桥梁作用，连接留守儿童和家庭、学校及社会，为留守儿童提供个性化的关爱服务。社会各界在对留守群体提供帮助时，要关注留守环境的变化，注重以平等、接纳、关爱的态度来对待留守群体，不要让他们在同龄群体中被"边缘化"。减少留守群体的心理压力，帮助他们建立良好的人际关系，提升他们的幸福感与心理安全感，降低他们的孤独感。

第三，提升对留守群体的关注度。社会团体应利用"互联网+"的模式，将社会资源进行有效整合，为留守儿童创造更多获取教育资源的机会。比如，通过网络平台提供在线教育和心理辅导，打破地域限制，让留守儿童也能享受到优质教育资源。

第四，鼓励有条件的儿童福利机构和未成年人救助保护机构向留守儿

---

① 李纬：《不同留守经历大学生心理安全感与亲子亲合的关系研究》，硕士学位论文，西华师范大学，2018，第34—35页。

童和其他有需要的儿童提供心理健康服务，关注他们的情感需求，提供心理疏导服务。

针对心理困扰水平相对较高的有留守经历大学生，社会层面要进一步采取有效措施提升其心理困扰调适水平，提升对有留守经历大学生的社会支持。首先，社会可以通过建立社区支持网络，提供心理咨询服务、学习辅导服务等，来帮助留守经历大学生获得更多的社会支持。其次，社会可以通过媒体宣传，让更多的人理解和接纳留守经历大学生，纠正大众对留守人群的偏见和误解，形成对留守群体向上向好的正向风气，帮助留守经历大学生更好地应对他们的留守经历。

根据皮格马利翁效应，当周围人对学生抱有积极的期待和充沛的感情时，留守大学生将会以更加乐观的心态面对生活，从而较少地出现心理困扰和行为困扰。